DIE

RECHTSSTELLUNG DER FRAU

ALS GATTIN UND MUTTER

GESCHICHTLICHE ENTWICKLUNG
IHRER PERSÖNLICHEN STELLUNG IM PRIVATRECHT
BIS IN DAS ACHTZEHNTE JAHRHUNDERT

VON

DR. ROBERT BARTSCH

LEIPZIG
VERLAG VON VEIT & COMP.
1903

DIE

RECHTSSTELLUNG DER FRAU
ALS GATTIN UND MUTTER

GESCHICHTLICHE ENTWICKLUNG
IHRER PERSÖNLICHEN STELLUNG IM PRIVATRECHT
BIS IN DAS ACHTZEHNTE JAHRHUNDERT

VON

DR. ROBERT BARTSCH

LEIPZIG
VERLAG VON VEIT & COMP.
1903

Druck von Metzger & Wittig in Leipzig.

Vorrede.

Die vorliegende Arbeit will einen Beitrag zur Entwicklungsgeschichte des modernen Privatrechts innerhalb eines eng begrenzten Gebietes geben. Aus der Geschichte der Stellung der Frauen bleibt nicht nur alles weg, was sich auf das öffentliche Recht bezieht, sondern auch im Gebiet des Privatrechts beschränkt sich die Untersuchung auf die Stellung der Frau innerhalb der Familienorganisation einerseits, auf das personenrechtliche Element andrerseits. Es ist somit die Stellung der Frau außerhalb der Familie (z. B. die Handlungsfähigkeit im Verkehr, die Erbfähigkeit, das Verhältnis zu außerehelichen Kindern) und das Familiengüterrecht von der Darstellung prinzipiell ausgeschlossen. Nur insofern als die Entwicklung auf diesen Gebieten einen nachweisbaren Einfluß auf den eigentlichen Gegenstand der Untersuchung ausübt, wurde sie in den Kreis der Untersuchung gezogen, ebenso wie die Lehre von der väterlichen Gewalt und das Vormundschaftsrecht oft mitbehandelt werden mußte. Der Zweck der Arbeit, der, wie erwähnt, entwicklungsgeschichtlicher Natur ist, brachte es ferner mit sich, daß das Hauptgewicht nicht auf eine abgeschlossene Darstellung der Verhältnisse vergangener Epochen, sondern auf die Darlegung der entwicklungsgeschichtlichen Tendenzen gelegt wurde.

Das vorhandene, oft überreiche Material an Quellen und literarischen Bearbeitungen machte es einerseits nicht möglich, im Apparat auch nur annähernd eine Vollständigkeit zu erreichen, andrerseits bot es die große Schwierigkeit, daß fast nie die uns interessierenden Fragen direkt behandelt waren, sondern daß das Thema regelmäßig von ganz anderen Gesichtspunkten aus betrachtet wurde. In ersterer Hinsicht mußte also eine gewisse Beschränkung in der Aufnahme von Material stattfinden, wenn nicht infolge allzu reichlicher Allegierungen die Klarheit der Hauptgedanken durch kasuistische Zersplitterungen leiden sollte (so hätte z. B. das siebente Kapitel durch Anführungen der mitunter ganz interessanten Betrachtungen eines Schilter, Leyser, Böhmer u. s. w. leicht den dreifachen Umfang erreichen können). In letzterer Hinsicht mußte dagegen gerade eine Mannigfaltigkeit von Quellen herangezogen werden, unter denen auch die nordfranzösischen nicht ganz fehlen durften, ja es mußten sogar wiederholt auch nichtjuristische Quellen benutzt werden, wenn sich aus den vielfach nur höchst einseitigen Streiflichtern eine allgemeine gleichmäßige Beleuchtung ergeben sollte. Es ist darum eine Auswahl von Quellenstellen geboten worden, der man ebensowohl Unvollständigkeit als bunte Vielfältigkeit vorwerfen kann. Wenn bei dieser Auswahl auf das bayrisch-österreichische und böhmisch-mährische Gebiet besondere Rücksicht genommen wurde, so hat das seinen Grund darin, daß ich auch für die Entwicklungsgeschichte des österreichischen Privatrechts, das ja derselben Wurzel wie das deutsche entspringt, und das doch gerade im Familienrecht manche abweichende Bildung zeigt, einen Beitrag liefern wollte.

Wien, im Juli 1903.

Der Verfasser.

Inhalt.

Erstes Kapitel.

Einleitung.

Literatur: Riehl, Die Familie. 10. Aufl. Stuttgart 1889. — Hellwald, Die menschliche Familie. Leipzig 1884. — Lippert, Geschichte der Familie. Stuttgart 1884. — Engels, Ursprung der Familie, des Privateigentums und des Staates. Zürich 1884. 4. Aufl. 1892. — Bebel, Die Frau und der Sozialismus. 33. Aufl. Stuttgart 1902. — Königswarter, Histoire de l'organisation de la famille en France. 1851. — Klemm, Die Frauen. Dresden 1854. 6 Bd. — Giraud-Teulon, Les origines du mariage et de la famille. Paris 1884. — Starcke, Die primitive Familie und ihre Entstehung und Entwicklung. Leipzig 1888 (66. Bd. der internat. wissensch. Bibliothek). — Westermarck, History of human marriage. London 1891. Deutsche Übersetzung: Geschichte der menschlichen Ehe, von Katscher und Grazer. Jena 1893. — Darwin, Descent of man. London 1871. Zwei Bde. (Abstammung des Menschen.) Deutsch von Carus in D.s Gesammelte Werke, 5. u. 6. Bd., 1875. — Maine, Ancient law. London 1861. — Lubbock, The origin of civilisation and the primitive condition of man. 3. Aufl. 1876. — MacLennan, Studies in ancient history. London 1876. — Bachofen, Mutterrecht. Stuttgart 1861. — Dargun, Mutterrecht und Raubehe (in Gierkes Untersuchungen XVI) 1883. — Mutterrecht und Vaterrecht. 1892. — Kohler, Indisches Ehe- und Familienrecht Ztschr. f. vgl. R.W. III, 342—442), Studien über Frauengemeinschaft, Frauenraub und Frauenkauf (Ztschr. f. vgl. R.W. V, 334—368). — Post, Geschlechtsgenossenschaft der Urzeit. 1875. — Ursprung des Rechts. 1876. — Anfänge des Rechts- und Staatslebens. 1878. — Bausteine für eine allgemeine Rechtswissenschaft auf vergleichender ethnologischer Basis. Zwei Bde. 1880—1881 — Die Grundlagen des Rechts und die Grundzüge seiner Entwicklungsgeschichte. 1884. — Unger, Die Ehe in ihrer welthistorischen Entwicklung. Wien 1850. — Viollet, Histoire du droit civil français (2. Aufl. des Précis de l'histoire du dr. fr.). Paris 1893. — Bluntschli, Deutsches Staatswörterbuch, Art.: Ehe III, 203—226 (Bluntschli). — Art.: Familie III, 495—503 (Maurer).

Nur teilweise noch benützen konnte ich die unmittelbar vor Abschluß dieser Arbeit erschienenen Werke:

Wilutzky, Vorgeschichte des Rechts. I. Teil: Mann und Weib. Breslau, 1903. — Thal, Mutterrecht, Frauenfrage und Weltanschauung. Breslau 1903.

Es gehört zu den banalsten Wahrheiten der Kulturgeschichte, daß jeder positive, räumlich und zeitlich gegebene Kulturzustand das notwendige Resultat eines Prozesses ist, der sich im wesentlichen als das Wirken ändernder Einflüsse auf den früheren Zustand darstellt. Die ändernden Einflüsse selbst aber stehen, soweit sie menschliche Willenshandlungen voraussetzen, unter dem Einfluß des jeweiligen Kulturideals, dem man sich unausgesetzt zu nähern sucht. Aber dieses Ideal ist nicht konstant, es unterliegt gleichfalls den Einwirkungen mannigfacher Faktoren, die seinen Inhalt beständig ändern. Darum gibt es keine geradlinige Kulturentwicklung, weil das Ziel, dem man zwar geradlinig zuzustreben trachtet, fortwährend seinen Standpunkt ändert. Auf die Rechtswissenschaft angewendet, ergibt sich die Wahrheit, daß jeder positive Rechtszustand notwendig ist, weil er durch den vorhergehenden Zustand kausal bedingt ist, daß aber das Rechtsideal, die Anschauung von dem, was Recht sein sollte, variabel, ein accidens des jeweiligen Kulturzustandes ist, abhängig von Faktoren, die zumeist außerhalb des Rechtsgebietes liegen. So selbstverständlich uns das alles erscheint, so gehört diese Erkenntnis doch erst dem vergangenen Jahrhundert an. Vorher war man der entgegengesetzten Ansicht. Der positive Rechtszustand galt als das Zufällige, Willkürliche, das accidens, man dachte sich ihn von einem undeterminierten Willen, mochte dieser nun ein göttlicher oder ein menschlicher sein, gesetzt und durch einen einfachen Willensakt zu ändern. Das Rechtsideal galt dagegen für notwendig und unveränderlich.

Noch das 18. Jahrhundert meinte, daß die ethischen Ideale, die obersten Grundsätze der Moral und ebenso die obersten Rechtsgrundsätze, und zwar nicht nur formale (analytische) Sätze, sondern auch Sätze materiellen Inhalts, ein für allemal gegeben und unveränderlich seien, weil sie aus der „Natur“ fließen[1], und daß es daher lediglich Aufgabe der Vernunft sei, diese Sätze und die in ihnen enthaltenen allgemein gültigen Wahrheiten zu erkennen.[2]

---

[1] Martini, Lehrbegriff des Naturrechts. Vom Verfasser selbst veranstaltete Übersetzung seiner Positiones de Jure naturae. § 3: Die ewige Natur kann nicht zufällig und abhängig seyn: sie läßt sich nicht anders als notwendig und unabhängig denken.

[2] Bluntschli, Art. Recht im Deutschen Staatswörterbuch VIII, S. 499ff. Merkel in Holtzendorffs Encyklopädie der Rechtswissenschaft. 5. Aufl. (1890.) 1. Bd. S. 18f.

Gab schon Kants Erkenntniskritik den theoretischen Voraussetzungen dieser Lehre den Todesstoß, so haben die kultur- und rechtsgeschichtlichen Arbeiten des 19. Jahrhunderts auch den empirischen Nachweis für ihre Unhaltbarkeit erbracht. Es kann vielmehr als festgestellt betrachtet werden, daß die ethischen und rechtlichen Anschauungen ein ebenso veränderlicher Kulturfaktor sind, wie der Stand wissenschaftlicher Erkenntnis und technischen Könnens.

Jene ewigen Wahrheiten des 18. Jahrhunderts, die man für unverrückbar und von jedem historischen Verlauf unabhängig gehalten hatte, haben sich selbst als geschichtliche Gebilde von einer gleichen Abhängigkeit von gegebenen und veränderlichen Lebensbedingungen erwiesen, wie die realen Tatsachen, denen man ewig gültige Musterbilder entgegenstellen wollte.[1]

Die Folge dieser Änderung in der Anschauung über die Grundprinzipien des Rechts ist eine Umgestaltung der Methode. Nicht mehr aus der Betrachtung der Zwecke eines Rechtsinstituts wird dessen Entstehung erklärt, nicht aus dem Vergleiche des geltenden Rechts mit dem, was unserer Meinung nach Recht sein sollte, sondern aus dem Vergleich mit dem, was früher Recht war, wird die positive Gestaltung unserer Institutionen begriffen. Man kam dazu, den Erklärungsgrund vom Entstehungsgrund eines Rechtsinstituts zu unterscheiden. Der Entstehungsgrund gibt uns Aufschluß über die Motive, die zur Einführung und ersten Ausbildung des Instituts geführt haben. Verschieden davon ist der Erklärungsgrund, den man in späterer Zeit einem Institut beilegt. Wenn im Laufe der Zeit die Grundanschauung sich ändert und andere Motive in den Vordergrund treten, finden in den seltensten Fällen durchgreifende Umgestaltungen der Rechtsinstitute statt, schon aus dem Grunde, weil die Änderung der Anschauungen sich so allmählich vollzieht, daß eine fortwährende unmerkliche Anpassung der Rechtsinstitute an die veränderten Rechtsanschauungen stattfindet. Die Rechtsinstitute gleichen jenen Kirchen, an denen jahrhundertelang gebaut wird. Der Stil ändert sich fortwährend, aber man reißt nicht das alte immer wieder um, sondern man baut darauf weiter. Ein Kunsthistoriker würde die Frage nach dem Stile, in welchem eigentlich eine solche Kirche gebaut sei, ganz unhistorisch finden. In der

[1] Merkel a. a. O.

Rechtsgeschichte findet man diese Frage überall gestellt. Der durchaus konservative Charakter des Privatrechts bewirkt, daß Einrichtungen aus uralter Zeit, für die heute wirklich jeder Erklärungsgrund mangelt, sich unglaublich zäh forterhalten. Reformen, Kodifikationen bedeuten immer nur geringfügige Anpassungsschritte an die inzwischen veränderten Rechtsanschauungen.

Während im öffentlichen Recht totale Umstürze des Alten nichts Seltenes sind, kommen sie im Privatrecht kaum vor. Die französische Revolution, so radikal sie auf dem Gebiet des öffentlichen Rechts vorging, auf dem Gebiet des Privatrechts hat sie außer der Beseitigung der abgestorbenen Reste des Lehenrechts nur wenig Neuerungen geschaffen.

Damit ergibt sich auch die Aufgabe des Rechtshistorikers, der ein Rechtsinstitut von der ältesten Zeit bis in die Gegenwart verfolgt. Er muß sich vor Augen halten, daß die faktische Gestalt eines Instituts in einer bestimmten Periode durchaus nicht immer den Rechtsanschauungen dieser Zeit entspricht. Nur die Neuerungen, die Auslegung in der Praxis, geben davon Zeugnis. Der Grundstock ist aus früherer Zeit überliefert. Wichtig ist auch die jeweilige Anschauung über den Entstehungsgrund des Instituts. Historisch sind diese Angaben meist nur wenig wert, dagegen sind sie von der größten Wichtigkeit für den Erklärungsgrund, den man dem Rechtsinstitut in einer bestimmten Epoche beilegte.

So ergibt sich die Umdeutung eines Rechtsinstituts als eines der wichtigsten technischen Hilfsmittel der Rechtsentwicklung. Was man nicht mehr versteht, aber doch forterhält, bekommt einen neuen Erklärungsgrund untergeschoben, und der neue Erklärungsgrund ist die Veranlassung zu einer Neugestaltung des Rechtsinstituts. Diese Technik ist alt. Die klassischen römischen Juristen handhabten sie bereits, die Scholastik, die Wissenschaft des Mittelalters, vollzog durch dieses Mittel die Harmonisierung der antiken Kultur mit dem Christentum, die Glossatoren ermöglichten dadurch die Anwendbarkeit des römischen Rechts auf germanische Lebensverhältnisse.

Auf keinem Gebiet des Privatrechts tritt diese Erscheinung so deutlich zutage, wie im Gebiete des persönlichen Familienrechts; denn nirgends ist das Recht so nahe der Ethik und darum für die kleinste Änderung im sittlichen Ideal so empfindlich und einer sofortigen Anpassung bedürftig, nirgends ist aber auch der Konservativismus, das Hängen an der Form, so stark ausgeprägt. Eine Folge dieses konservativen Sinnes ist es, daß das Gesetzesrecht fast nie dem wirklich geltenden Rechte entspricht, meist ist es um einen Entwicklungsgrad zurückgeblieben. Hier liegt eine große Schwierigkeit für die historische Darstellung. Nicht Gesetze allein, auch Urteile, Verträge, Ansichten der Theologen, Historiker und Dichter, alles das muß zusammengenommen werden, wenn man ein richtiges Bild des wirklichen Rechtszustandes erhalten will.

Da sich die Gesetzgebung meist nur anläßlich einer Kodifikation des gesamten Privatrechts veranlaßt fühlt, sich mit der internen Familienorganisation zu befassen, ist es erklärlich, daß das geschriebene Recht von den Fortschritten in der Rechtsüberzeugung, von den Änderungen in der Auffassung von dem, was gerecht ist, nur wenig berührt wird. Die geltenden Rechtseinrichtungen sind darum in Bezug auf Familienorganisation nur ein unzuverlässiger Maßstab für den Kulturzustand eines Volkes. Wir werden im folgenden wiederholt sehen, daß die Rechtseinrichtungen meist einer schon überwundenen Entwicklungsperiode angehören und daß Sitte und Herkommen meist eine höhere Entwicklungsstufe verwirklichen als das Gesetz.[1] Nirgends wird darum die Differenz zwischen dem, was als gerecht empfunden wird, und dem, was das Gesetz vorschreibt, die Differenz zwischen dem Rechtsideal und dem positiven Rechte so sehr bemerkt, als im Familienrecht; darum hat auch hier das Naturrecht Triumphe gefeiert und tatsächlich auf die Kodifikationen befruchtend gewirkt.

---

[1] Auch die Theorie hat diesen konservativen Charakter; so spinnt sich durch die römische und deutsche wie durch die indische Literatur die Lehre von der perpetua tutela mulierum fort, welche, wie derartige Theoreme überhaupt, immer noch nachgesprochen werden, nachdem sich das Leben längst darüber hinweggesetzt hat (Kohler, Indisches Ehe- und Familienrecht, S. 392). Umgekehrt sind einzelne der Zeit weit voraus. Sie sprechen Gedanken aus, welche nicht nur den bestehenden Rechtseinrichtungen, sondern auch den herrschenden Ansichten gar nicht entsprechen, so z. B. erklärt Sokrates, die Frauen seien den Männern an Naturanlage ebenbürtig, nur fehle es den Frauen an der nötigen Bildung und Belehrung. Xenoph. Sympos. 2. 9: *Ἐν πολλοῖς μὲν, ὦ ἄνδρες, καὶ ἄλλοις δῆλον .... ὅτι ἡ γυναικεία φύσις οὐδὲν χείρων τῆς τοῦ ἀνδρὸς οὖσα τυγχάνει, γνώμης δὲ καὶ ἰσχύος δεῖται· ὥστε εἴ τις ὑμῶν γυναῖκα ἔχει, θαῤῥῶν διδασκέτω, ὅτι βούλοιτ᾽ ἂν αὐτῇ ἐπισταμένῃ χρῆσθαι.*

Auch sonst sind die Schwierigkeiten, die gerade interne Familienbeziehungen der Bearbeitung entgegenstellen, größer als die anderer Rechtsgebiete. Die Verhältnisse, die sich aus dem Leben der Familienmitglieder gegenseitig ergeben, werden nicht einzig nach Rechtsgrundsätzen beurteilt. Im Gegenteil werden Interessenkonflikte zwischen solchen meist nach religiösen, ethischen und anderen Maximen geschlichtet.[1] Wo sich wirklich eine Rechtsüberzeugung gebildet hat, stellen sich der Durchsetzung des Rechts oft unübersteigliche Hindernisse entgegen. Nirgends wird von dem Satze, daß man seine Rechte „haarscharf" ausüben dürfe[2], so wenig Gebrauch gemacht, nirgends wird die Schädigung des anderen durch Ausübung des Rechts so sehr als Unrecht empfunden[3], nirgends wird eine sittliche Pflicht zum Kampfe ums Recht[4] so wenig anerkannt, als bei Ausübung von Familienrechten. Und selbst dort, wo ein Konflikt rein nach rechtlichen Gesichtspunkten beurteilt wird, herrscht eine begreifliche Scheu, diese Konflikte vor der Öffentlichkeit, vor den Gerichten, zum Austrag zu bringen. In aller Regel wird ein Vergleich oder ein Schiedspruch einer Familienautorität die Sache beendigen.

Der Umstand aber, daß die Judikatur sich mit Familienangelegenheiten verhältnismäßig selten zu befassen hat, bringt es mit sich, daß auch der Gesetzgebung in der Regel jeder Anlaß fehlt einzugreifen.[5] Daher erklärt sich die auffallende Dürftigkeit der

---

[1] Vollkommen richtig, wenn auch in seiner Allgemeinheit zu weitgehend, sagt Jhering (Geist des röm. Rechts II, S. 195): „Das römische Haus ist ein der Herrschaft der toten Rechtsregeln eximiertes Gebiet der Liebe und der freien Sittlichkeit". Über das Verhältnis von Recht und Sitte bei den Germanen siehe Wackernagel, Familienrecht und Familienleben der Germanen (in Abhandlungen zur deutschen Altertumskunde und Kunstgeschichte, Leipzig 1872), S. 31; vgl. auch Savigny, Vom Beruf unserer Zeit zur Gesetzgebung S. 9: Die Ehe gehört nur zur Hälfte dem Recht an, zur Hälfte der Sitte.

[2] Dernburg, Pandekten, 6. Aufl. (1900) 1. Bd., 1. Abt., S. 88. Pernice, Labeo, 2. Bd., 2. Abt., S. 48 ff.

[3] Im Gegensatz zu den allgemeinen Regeln der Pandekten l. 55, 151 D. de R. J. 50. 17.

[4] Jhering, Kampf ums Recht, 3. Aufl., S. 42.

[5] „Es kommt noch hinzu, daß nirgends die praktische Verwirklichung desselben (des Systems der Unfreiheit, der gesetzlichen Regelung), der Kontrolle von seiten des Staates, das Urteil von seiten des Richters u. s. w., auf solche Schwierigkeiten stößt, als hier, wo es zu dem Zweck erforderlich ist, in das

Quellen über alles, was innerhalb der Mauern des Hauses sich zuträgt.

Wohl die erste natürliche Ungleichheit unter den Individuen, die sich dem Menschen von selbst aufdrängte, war die Differenz der Geschlechter, und die erste rechtliche Ordnung menschlicher Beziehungen mußte auf diese Differenz Rücksicht nehmen, umsomehr, als einer der stärksten natürlichen Triebe zur Vereinigung von Individuen verschiedenen Geschlechts zu allen Zeiten geführt hatte. In welcher Weise das rechtliche Verhältnis der Geschlechter zueinander in der Urzeit geregelt war, ist unbekannt, und die Meinungen der Forscher gehen hierüber weit auseinander. Die älteste Theorie ist die Degradationshypothese. Ihre Lehre, daß die monogamische Ehe die ursprüngliche Form dieses Verhältnisses gewesen sei, und daß alle anderen historischen Erscheinungen des Verhältnisses der Geschlechter durch Herabsinken in einen Zustand der Entartung zu erklären seien[1], hat sich als ebenso irrig erwiesen, wie die Sage vom goldenen Zeitalter. Die Versuche, in dem Kulturleben von Völkern, welche andere Formen des Geschlechtsverhältnisses kennen, Spuren einer früheren monogamischen Ehe aufzufinden, blieben erfolglos.[2] Aber auch die Anschauung, daß die Monogamie und das Familienverhältnis des Christentums das für immer und überall gültige Ideal sei, das die Heiden bloß wegen der durch sinnliche Leidenschaften bewirkten Verdunkelung ihrer Vernunft nicht erkennen, hat sich als unhaltbar erwiesen. Gewiß können wir heute, bei unserem gegenwärtigen Kulturzustande, ein tiefer gestecktes Ideal als die Monogamie und die später noch zu erörternde Stellung der Frau als Gattin und Mutter in der Familie nicht als solches an-

---

Geheimnis des Familienlebens einzudringen" (Jhering, Geist des römischen Rechts II, S. 195). „Nirgends zieht die Verfolgung und Verwirklichung des Rechtsgesichtspunktes so leicht wirkliche Anstößigkeiten nach sich, nirgends kann das ‚Ethos' so leicht in moralischen Schlamm und Schmutz geraten als hier." (Ebenda.) Über die Kasuistik des debitum conjugale in der Moraltheologie und im Kirchenrecht s. unten Kap. 3 und 7.

[1] Hierüber namentlich Starcke S. 7. Die Kirche hält heute noch, mit Rücksicht auf die Erzählungen der Genesis 2. 4—3. 24 von der Stiftung der Ehe und vom Sündenfall, an der Degradationstheorie fest. Vgl. die Encyklika „Arcanum" Leos XIII. vom 10. Februar 1880.

[2] Vgl. Scherer, Handbuch des Kirchenrechts II, S. 87 ff.

erkennen, allein wir dürfen nicht vergessen, daß es einer Jahrtausende währenden Kulturentwicklung bedurfte, bis sich die Menschheit dieses Ideal erwarb.[1]

Die Ansichten der Soziologen über die Entstehung und die erste Gestalt der Familie zerfallen in zwei Gruppen.[2] Die eine Lehre ist die Promiskuitätstheorie, die Lehren von der Weibergemeinschaft. Es gab anfangs keine dauernde exklusive Verbindung von Mann und Weib. Die Weiber waren Gemeingut des Geschlechts (Clan), der Verkehr erfolgte ganz regellos und ungebunden. Abgesehen von zahlreichen Beispielen solcher Kulturzustände bei wilden Völkern, glaubte man in dem sogenannten Mutterrecht und einer Reihe merkwürdiger uralter Gebräuche[3] bei vielen Kulturvölkern die letzten Spuren dafür zu finden, daß alle Völker einst der Promiskuität, sei es ganz schrankenlos, sei es mit gewissen Einschränkungen in den sogenannten Gruppenehen, gehuldigt hatten. Das Mutterrecht[4] ist bekanntlich ein Rechtssystem, bei welchem die Verwandtschaft ausschließlich durch Frauen vermittelt wird, wo die Vaterschaft und eine dadurch vermittelte Verwandtschaft unbekannt oder doch rechtlich bedeutungslos ist. Diese sonderbare Einrichtung, über die uns bei einer Unzahl von Völkern seit Herodot alle Ethnographen berichteten, wird nach der Promiskuitätstheorie damit erklärt, daß die Promiskuität die Bestimmung der Vaterschaft

---

[1] Ludwig Stein: Die soziale Frage im Licht der Philosophie, Stuttgart 1897, kommt auf Grund einer Menge von Material zu dem Resultat: So befremdlich es klingt, so ist es doch wissenschaftlich festgestellt, daß die Urmenschen ein festes Eheverhältnis (sei es ein polyandrisches oder polygames) gar nicht gekannt haben, daß die Ehe vielmehr als bewußte Institution sich erst allmählich herausgestaltet hat.

[2] Ein vorzügliches Resumé der Theorien über das prähistorische Familienrecht gibt Viollet, Histoire du droit français, S. 383ff.

[3] Darunter die Covada (couvée), wobei der Mann den Geburtsakt symbolisch imitiert. S. Viollet a. a. O. Kohler, Studien über Frauengemeinschaft u. s. w., S. 334—368, der eine Fülle von Material, meist von unkultivierten Völkern, bringt. Aus dem Altertum namentlich Bachofen, S. 10ff.

[4] Theoretisch finden sich die Grundgedanken schon bei Hobbes entwickelt (s. unten Kap. 9). Hauptwerk ist Bachofen, Mutterrecht, 1861; ein Werk, das eine Fülle von geistvollen Gedanken, aber leider auch von üppiger Phantasie enthält und jeder systematischen Ordnung entbehrt. Für die germanischen Völker suchte Dargun S. 20—71, die Existenz eines einstigen Mutterrechts nachzuweisen. Giraud-Teulon, Origines, p. 14ff. Post, Anfänge, S. 209.

unmöglich mache, und daß darum nach dem Satze „mater semper certa“ die Stammesangehörigkeit der Kinder sich nur nach der Mutter richte. Aus einer Reihe griechischer Mythen[1], aus der Bemerkung des Tacitus, daß bei den Germanen der Mutterbruder (avunculus) dem Vater fast gleichstehe, aus der sonderbaren Erbfolge in die Fahrhabe nach der lex Salica, gewissen Bevorzugungen der Spindelmagen und anderen Momenten[2] wollte man auch für die Indogermanen die Existenz eines prähistorischen Mutterechts und damit einen Zustand der Promiskuität nachweisen.

In neuester Zeit hat sich gegen die Annahme der Promiskuität starke Opposition erhoben, sowohl vom anthropologischen[3] als auch vom historischen Standpunkt aus.[4] Namentlich die Tatsache, daß ein Übergang von ausschließlichem Mutterrecht zum Vaterrecht, das wir gerade in der ältesten historischen Zeit besonders scharf ausgeprägt finden, stattgefunden habe, ist schwer zu erklären.[5] Darum neigen neuerdings viele Forscher der Ansicht zu, es hätte seit jeher dauernde, regelmäßige Geschlechtsverbindungen zwischen Mann und

[1] Dies tut namentlich Bachofen an zahlreichen Stellen seines Werkes.

[2] Dargun a. a. O. Die vielbesprochene Stelle aus Tacitus (Germ. c. 20) erklären aus dem Mutterrecht auch Waitz, Deutsche Verfassungsgeschichte, 3. Aufl. I, S. 67f.; Kohler in der krit. Vierteljahrsschrift. Neue Folge IV, S. 179; Dargun, Mutterrecht und Vaterrecht, S. 92ff. Siehe dazu Schröder, Deutsche Rechtsgeschichte, 4. Aufl., S. 64. Über den Tit. 59 der lex Salica siehe Dargun, Mutterrecht und Raubehe, S. 62ff.; Heusler, Institutionen II, S. 521ff.; Amira, Erbenfolge und Verwandtschaftsgliederung, S. 1f. Brunner, Sippe und Wergeld (Ztschr. der Sav. Stiftg. III, Germ. Abt. S. 41).

[3] Devas, Das Familienleben in seiner Entwicklung (deutsche Übersetzung, Paderborn 1896), S. 105ff. Westermarck, History of human marriage. Starcke S. 111—127, 258—264 (eine Kritik von Bachofens Mutterrecht). Die Stellung der Kirche zum Mutterrecht ist natürlich gleichfalls ablehnend. Thönes, Die christliche Anschauung der Ehe. Leiden 1881. Scherer, Kirchenrecht II, § 108, A. 1 u. 7.

[4] Vor allem Schrader, Sprachvergleichung und Urgeschichte, 2. Aufl., S. 535—576. Delbrück, Die indogermanischen Verwandtschaftsnamen (Abhandlungen der sächsischen Gesellschaft d. W. XI, S. 381ff.). Das Mutterrecht bei den Indogermanen (Preuß. Jahrbücher 79, S. 14ff.). Weitere Literatur bei Schröder, Rechtsgeschichte, S. 64, Anm. 26.

[5] Solche Übergänge von der Weibergemeinschaft zur Ehe glaubt Bachofen in teilweisen Beschränkungen des Hetärismus z. B. auf die Brautnacht S. 12, auf eine Familie S. 13 zu finden, siehe auch S. 18. Kohler in der Krit. Vierteljahrsschrift IV, S. 181.

Weib gegeben, in denen der Mann das herrschende Element war. Die Verwandtschaftsbeziehungen sind dabei vorwiegend nach dem Prinzip der Agnation geregelt. Das Hineinheiraten stammesfremder Männer, die den eigenen Clan verlassen haben, in den Stamm des Weibes, was bei Nomaden nicht selten der Fall ist, bewirkt allerdings eine Aufnahme; der Fremdling und seine Kinder werden Glieder der Familie der Frau, und so mögen mutterrechtliche Erscheinungen zutage getreten sein, ohne daß man zu ihrer Erklärung der Annahme der Promiskuität bedarf.

Das älteste arische Familienrecht, aus welchem das römische wie das deutsche Familienrecht stammen, war jedenfalls rein patriarchalisch geordnet.[1] In der Urzeit war die Sippe, der Verwandtschaftsverband der Geschlechtsgenossen, Träger alles Rechts. In historischer Zeit ist bereits die Einzelfamilie als Rechtssubjekt anerkannt vorwiegend unter dem Einfluß einer der Endogamie abgeneigten Sitte. Doch bleiben noch starke Reste des Rechts der Sippe, die Erbfolge beim Mangel von Mitgliedern des Hauses, die Vormundschaft, im ältesten deutschen Recht bekanntlich noch viel weitergehende Rechte und Pflichten, wie die Blutrache, Anspruch auf Wergeld u. s. w.

Für die Stellung der Frau innerhalb der Einzelfamilie können wir vier verschiedene Typen aufstellen: Auf der niedrigsten Stufe betrachtet der Mann die Frau wie eine Sache, sie steht auf gleicher Stufe wie das Haustier; man kennt überhaupt zwischen gewaltunterworfenen Personen und Sachen, Familiengewalt und Eigentum, noch keinen Unterschied.[2] Damit erlangt das Geschlechtsverhältnis gegenüber der Promiskuität zwei Momente, welche es bereits als Urform unserer Ehe erscheinen lassen, Dauer und Exklusivität. Die Begründung des Verhältnisses geschieht, wie die jedes anderen Sachenrechts, durch Okkupation (Frauenraub)[3] oder mit Willen des bisherigen Besitzers

---

[1] Starcke S. 103. Westermarck S. 227.

[2] Die Frauen ermangeln eben der Rechtssubjektivität nach jeder Seite. „Sie stehen außerhalb jedes Rechtsverbandes, gelten lediglich als Vermögensstücke und werden mit Sklaven und Rindern auf eine Stufe gestellt.“ Post, Grundlagen, S. 160.

[3] Dargun, S. 78f., speziell über germanische Verhältnisse S. 111ff. Schröder, Deutsche Rechtsgeschichte, S. 69. Griechisches Recht: Mitteis, Reichsrecht und Volksrecht S. 63. Dionys. Halic. Arch. II, 30. Jhering,

gegen Entgelt (Frauenkauf).[1] Dauer und Exklusivität sind zwar Rechtseinrichtungen geworden, doch durchaus vom Willen des Mannes abhängig; der Mann kann die Frau verkaufen, vertauschen, ausleihen, derelinquieren (verstoßen).

Die Kinder gelten auf dieser Stufe der Entwicklung gewissermaßen als Frucht der Frau.[2] Darum gehören sie dem Herrn der Frau, die Kinder der Verheirateten gehören dem Manne, die der Unverheirateten dem Vater der Frau. Nicht Bande des Bluts binden die Kinder an den Vater, sondern die Tatsache der Unterwerfung der Mutter, die Vaterschaft als solche spielt noch keine Rolle, namentlich dann, wenn der Mann vom Weibe eheliche Treue nicht verlangt, sie wohl gar selbst dem Gastfreund anbietet, sie ausleiht, vertauscht, verschenkt.[3] Die Exklusivität des Geschlechtsverhältnisses

---

Geist des römischen Rechts I, S. 112: Die eheherrliche Gewalt des Mannes über die Frau hat die Spuren der ältesten Rechtsansicht am besten konserviert; sie heißt manus, wird begründet durch Raub und der Speer ist ihr Symbol. Kohler, Studien in der Zeitschrift für vergl. Rechtswissenschaft V, S. 334 bis 368, ferner Kohler, Indisches Ehe- und Familienrecht ebenda III, S. 342 bis 442. Post, Anfänge S. 209. Post, Grundlagen S. 230.

[1] „Das Weib, welches hier bloß Sache ist, wird gekauft.“ Unger, Die Ehe, S. 11. Siehe auch unten Römisches und Deutsches Recht (Kap. 2 und 4). Post, Grundlagen S. 230ff.; vgl. Lehmann, Verlobung und Hochzeit nach den nordgermanischen Rechten, 1882, S. 41ff. Daß auch bei den alten Israeliten die Ehe durch Frauenkauf geschlossen wurde, darüber siehe Wetzer und Welte, Kirchenlexikon IV, S. 154. Unger, Ehe S. 33.

[2] Welche Kluft sittlicher und rechtlicher Entwicklung ist zwischen dieser Stufe und der Zeit, in welcher Gajus (l. 28 § 1 D. de usur. et fructibus 22. 1) schrieb: Partus vero ancillae in fructu non est ... absurdum enim videbatur, hominem in fructu esse, cum omnes fructus rerum natura hominum gratia comparaverit. Nach Ulpians Zeugnis (l. 68 pr. D. de usufr. 7. 1) war übrigens die Ansicht bezüglich der Sklavenkinder noch zur Zeit des Brutus (2. Jahrh. v. Chr. l. 2 § 39 D. de orig. juris 1. 2) kontrovers gewesen. Karlowa, Römische Rechtsgeschichte II, S. 103.

[3] Kohler in der Krit. Vierteljahrsschrift neue Folge IV, S. 11, 17f., 181. Diese Tragweite des Satzes „pater est, quem nuptiae demonstrant“ zeigen auch jene merkwürdigen Sitten und Rechtsinstitute, wonach die Ehefrau unter Umständen verpflichtet ist, einem anderen als ihrem Manne die Beiwohnung zu gestatten, bis sie einen Sohn gebiert, der dann Kind des Gatten ist. Hierher gehört die Leviratsehe des mosaischen Rechts. Deut. 25. 5—6; vgl. Gen. 38. 6—11, Ruth 4. 5, Matth. 22. 24. Post, Grundlagen S. 205f.; ferner das indische Niyoga. Kohler, Indisches Ehe- und Familienrecht S. 394ff.; Post S. 216. Für das deutsche Recht bezeugen einen ähnlichen Brauch das Benker

erstreckt sich nur auf die Frau; der Mann begehrt von ihr nicht Treue, sondern Gehorsam; er kann sie vom Verkehr mit anderen Männern ausschließen, er kann sie aber auch, wenn er will, jedem anderen Manne überlassen. Der Mann hat der Frau gegenüber keinerlei Pflichten.[1] Die Kinder sind dem Gewalthaber der Frau ebenso schrankenlos zu eigen wie diese selbst, er kann sie töten, aussetzen, veräußern, wirtschaftlich ausnützen, wie er will.[2]

Eine zweite höhere Entwicklungsstufe ist dort erreicht, wo der Mann Frau und Kinder als Rechtssubjekte anerkennt, sie als Persönlichkeiten bewertet. Das starr einseitige Abhängigkeitsverhältnis bleibt bestehen; die Hausgewalt des Mannes ist nach wie vor eine diesem um seinetwillen zustehende, ein Recht. Aber das persönliche Verhältnis selbst erlangt einen höheren Wert. Kultische Vorstellungen dringen ein und scheiden die Ehe vom Eigentum, die potestas vom dominium. Die Ehe wird zum religiösen Institut, die eheliche Treue wird zur sittlichen Pflicht. Die Kinder fallen in die Gewalt des Vaters nicht mehr wegen seines Rechts an der Mutter, sondern wegen ihrer Abstammung vom Vater. Auch das Kindschaftsverhältnis wird zum sittlichen Verhältnis.[3] Man beginnt eheliche und uneheliche Kinder zu unterscheiden.[4]

Mit dieser Anerkennung der sittlichen Rechtspersönlichkeit ist die Auflösung des einseitigen schrankenlosen Privatrechts des Hausvaters vorbereitet. Der Wert der Frau steigt abermals einen Grad höher und erreicht eine dritte Entwicklungsstufe. Waren Frau und Kinder früher sittliche Rechtspersönlichkeiten mit der Beschränkung

Heidenrecht (Grimm, Weistümer III, 42, 47) und das Hattnegger Weistum (Grimm III, 48, 77). Siehe übrigens Grimm, Rechtsaltertümer, S. 444f. unten Kap. 4, vgl. Starcke S. 135. Post, Grundlagen S. 184ff.

[1] Darum ist Ehebruch nur mit einem verheirateten Weib möglich, Starcke, S. 284ff. Mit dieser Ansicht hat erst das Christentum gebrochen s. unten Kap. 3.

[2] Das Verwandtschaftsverhältnis ist auf dieser Entwicklungsstufe vollständig auf die Agnation begründet. Kohler in der krit. Vierteljahrsschrift IV, S. 182.

[3] Die Schranken, die der väterlichen Gewalt auf dieser Stufe gezogen werden, sind vorzugsweise auf dem Gebiet der Sitte zu suchen; das Recht, seinem konservativen Charakter entsprechend, kennt sie meist noch nicht. Über die Hausgewalt bei den Ariern s. Westermarck S. 227, bei den Indern S. 227ff., bei den Griechen S. 229. Über die Minderung der väterlichen Gewalt mit fortschreitender Zivilisation ebenda S. 232—236.

[4] Kohler, Indisches Ehe- und Familienrecht, S. 394ff.

der Unterwerfung unter eine einseitige egoistische Hausgewalt gewesen, so werden sie jetzt zu schutzbedürftigen Wesen. Die Gewalt des Mannes wird zu einer Schutzgewalt, die Gewalt dient nicht mehr den Zwecken des Mannes, sondern den Zwecken der Frau und der Kinder, um deren Schwäche auszugleichen. Frau und Kinder haben Anspruch auf Schutz. Die Hausgewalt erlangt einen wesentlich vormundschaftlichen Charakter.[1] Der Charakter eines väterlichen Rechts tritt in den Hintergrund, das primäre Element wird die Pflicht, das Recht wird sekundär.

Die Umwandlung aus der zweiten in diese dritte Stufe hat sich in historischer Zeit namentlich im deutschen Recht in vollkommener Weise vollzogen; sie erstreckte sich aber nicht nur auf die hausväterliche Gewalt, sondern vor allem auf die Vormundschaft. Auf dem letzteren Gebiet fand derselbe Prozeß auch im römischen Recht statt.

Die vierte und letzte Stufe in dem Verhältnis der Geschlechter tritt ein, wenn der Mann die Frau als ein ihm ebenbürtiges, gleichberechtigtes Individuum anerkennt. Die sittlichen und rechtlichen Pflichten der Gatten werden die gleichen, die Frau wird zur „Genossin“ des Mannes. Dabei muß nicht an eine schablonenhafte Gleich-

---

[1] Lehmann, „Die elterliche Gewalt im Vermögensrechte des heutigen Europa“ in Jherings Jahrbüchern, Bd. 25, S. 142—238, unterscheidet für das vermögensrechtliche Verhältnis zwischen Eltern und Kindern drei Prinzipien: väterliche Gewalt, väterliche Unterhaltung und väterliche Vormundschaft. Das Prinzip der Gewalt macht das Kind dem Vater dienstbar und führt zum Eigentum des Vaters am Kindeserwerb, das Prinzip der väterlichen Unterhaltung gründet die väterlichen Rechte auf dessen Stellung als Ernährer des Kindes und gewährt dem Vater als Entschädigung hiefür ein Nutzungsrecht am Kindeserwerb. Das Prinzip der väterlichen Vormundschaft gibt dem Vater bloß das Recht der Verwaltung des Kindesvermögens. Das Prinzip der väterlichen Gewalt fällt mit der zweiten, das der väterlichen Vormundschaft mit der dritten der oben geschilderten Entwicklungsstufen zusammen. Das Prinzip der väterlichen Unterhaltung vermag ich nicht als selbständige Entwicklungsstufe anzuerkennen; es ist ein Übergangsprodukt, eine Mischung der genannten Stufen. Der allgemeine Charakter entspricht der dritten Stufe, der Vater ist zu Schutz und Vertretung des Kindes verpflichtet, das Nutzungsrecht ist ein rudimentärer Rest der zweiten Stufe, welches nun dem allgemeinen Charakter des väterlichen Rechtes dadurch angepaßt wird, daß man es für eine Entschädigung für die Alimente erklärt; daß es eine solche nicht ist, geht daraus hervor, daß der Vater die Alimente nicht nach der Höhe der Nutzung, sondern sogar auch dann leisten muß, wenn das Kind vermögenslos ist.

stellung der Geschlechter gedacht werden, die qualitative, funktionelle Differenz der Geschlechter wird wohl immer in der Sitte ihren Ausdruck finden und kann sich auch rechtlich mannigfach äußern. Allein die Aufstellung quantitativer Maßstäbe, wonach der Mann ein größeres Maß zugeteilt erhält, verschwindet. Die Entwicklung dieser letzten Stufe hat sich in zweierlei Form vollzogen.

Entweder löst sich die Frau aus der Gewalt des Mannes zu Gunsten ihrer individuellen Selbständigkeit, dies führt rasch und vollkommen zu ihrer privatrechtlichen Unabhängigkeit, es führt aber auch eine Trennung der Verbindung mit den Kindern herbei (römisch), oder sie wird zur Teilhaberin an der Familiengewalt (und am Familiengut) des Mannes, sie wird nie vollkommen unabhängig vom Mann, erlangt aber Gewaltrechte über die Kinder (deutsch).[1]

Damit ergeben sich auch verschiedene Begriffe der Familie, in dem einen Falle bleibt sie die Gesamtheit der durch eine Hausgewalt Verbundenen, trotz steigender Bedeutung der Kognation kann die Agnation nicht verschwinden, im anderen Falle ist sie die Gesamtheit der durch die Ehe und die Bande des Bluts Verbundenen, die Kognation ist das einzige Verwandtschaftsband.[2]

Parallel mit dieser Entwicklung des persönlichen Verhältnisses geht die Ausbildung des Familiengüterrechts. Ganz abgesehen von der einem Mutterrecht entsprechenden Gestaltung (Vermittlung der Erbfolge durch Weiber, Matriarchat, Gynaiokratie u. s. w.)[3] finden wir das der ersten Stufe entsprechende Verhältnis in der vollständigen Erwerbsunfähigkeit der Frauen und der Hauskinder, wie sie das älteste römische Recht zeigt. Die zweite Stufe hat ihr Analogon in dem Institut des Pekuliums, die faktische aber nicht rechtliche Anerkennung der Rechtssubjektivität, doch unter Aufrechthaltung des egoistischen Charakters der hausherrlichen Gewalt[4], der dritten Stufe entspricht die vormundschaftliche Verwaltung des Hausvaters, während der vierten die verschiedenen Gütergemeinschaftsformen des deutschen Rechts und das ausgebildete Dotalrecht eigentümlich sind.[5]

---

[1] Vgl. Kohler, Indisches Ehe- und Familienrecht S. 388ff.

[2] Rive, Geschichte der deutschen Vormundschaft II, S. 175ff.

[3] Siehe Bachofen, Mutterrecht S. 18ff.

[4] Über ein Peculium der] materfamilias siehe Jhering, Geist des röm. Rechts II, S. 187, Note 278.

[5] Siehe hiezu Kohler, Indisches Ehe- und Familienrecht S. 425. Über die Entwicklung des ehelichen Gesamteigentums aus pekulienähnlichen Ver-

Die geschilderten Entwicklungsstufen haben den Wert von Typen. Sie sind das Ergebnis der Abstraktion aus wirklichen Kulturzuständen. Überall finden sich Mischformen, Reste früherer Stufen, oft zu Formalitäten erstarrt, hin und wieder auf niederen Stufen Ansätze zu höherer Entwicklung. Auch ist die Entwicklung durchaus nicht immer eine stetige. Klimatische, soziale, politische, nationale und religiöse Verhältnisse bringen abweichende Bildungsreihen zum Vorschein.

So hat sich die Rechtsstellung der Frau als Gattin und Mutter im modernen Recht Mitteleuropas durch das Ineinandergreifen verschiedener Entwicklungsreihen gebildet. Im wesentlichen sind es drei, die selbst wieder einen komplizierten Bildungsprozeß durchgemacht haben.

Da ist zuerst das Römische Recht: ein mit stark ausgeprägten nationalen Eigentümlichkeiten ausgestatteter Abkömmling des altarischen Rechts. Mit der Ausdehnung auf ein Weltreich büßt es den nationalen Charakter ein, gestaltet sich zum Weltrecht aus, erleidet aber dabei namentlich im Famlienrecht viele fremdartige, meist hellenistische Einflüsse. Im Mittelalter wird es durch die italienische Jurisprudenz einer neuerlichen Veränderung, der Adaptierung für die inzwischen wesentlich veränderten Verhältnisse, unterworfen.

Das zweite Element ist das Christentum. Es schöpft seinen familienrechtlichen Inhalt zum Teil aus jüdischen, zum Teil aus hellenistischen Vorstellungskreisen, und macht sich namentlich die Ergebnisse griechischer Philosophie, besonders der Stoa, zu eigen. Das Christentum wird von den Germanen rezipiert, allein wie bei jeder Rezeption erfährt das rezipierte Element hierbei eine gewisse Umgestaltung.

Das deutsche Recht endlich, gleich dem römischen auf arischer Grundlage stehend, wird zweimal stark verändert. Das erste Mal durch die Christianisierung, das zweite Mal durch die Rezeption des römischen Rechts. Darum zerfällt die Geschichte des deutschen Familienrechts in drei Perioden: die vorchristliche Zeit, das christliche Mittelalter und die Zeit seit der Rezeption der fremden Rechte.

---

hältnissen siehe Schröder, Gesch. des ehel. Güterrechts I, S. 84f. Sohm, Fränkisches Recht und Römisches Recht (Ztschr. d. Sav. Stftg., Germ. Abt. I), S. 60.

Zweites Kapitel.

Römisches Recht.

Literatur: Karlowa, Römische Rechtsgeschichte II, 1. Teil. Leipzig 1901, S. 73—309, 1105—1199. — Jhering, Geist des römischen Rechts, 4. Aufl., 1878—1888, II, 1. Abt. § 32. — Schulin, Lehrbuch der Geschichte des römischen Rechts 1889. — Burchardi, Das gemeinrechtliche Erziehungsrecht (ausschließlich nach römischem Recht) im Archiv für civilistische Praxis VIII, S. 151 ff. — Unger, Die Ehe in ihrer welthistorischen Entwicklung S. 66—87. — Heimbach in Weiskes Rechtslexikon „Väterliche Gewalt" (XII, S. 1 ff.) und „Vormundschaft" (XIII, S. 327 ff.). — Rudorff, Das Recht der Vormundschaft, III, 1832—34. — Vangerow, Pandekten I, § 261—294. — Brinz, Pandekten, § 281—306. — Dernburg, Pandekten 6. Aufl., III, § 1—53. — Windscheid, Pandekten II, § 489—526. — Sohm, Institutionen 8. und 9. Aufl., 1900. — Hölder, Die Römische Ehe. Zürich 1874. — Rossbach, Untersuchungen über die römische Ehe. — Czyhlarz, Lehrbuch der Institutionen 5. u. 6. Aufl. — Laboulaye, Recherches sur la condition civile et politique des femmes. Paris 1843, S. 11—76. — Mitteis, Reichsrecht und Volksrecht in den östlichen Provinzen des römischen Kaiserreichs. Leipzig 1891.

In allen Teilen des Privatrechts hat das römische Recht die uralten gemeinsamen indogermanischen Rechtsgedanken in der denkbar vollkommensten Weise entwickelt und auf der Höhe seiner formalen Ausbildung seine nationalen Sondergedanken so sehr gegenüber den gemeinsamen Gedanken (dem jus gentium) in den Hintergrund gestellt, daß eine Rezeption des römischen Rechts für die übrigen Zweige des indogermanischen Stammes wohl einen Bruch mit ihren spezifischen, nationalen Traditionen, aber zugleich ein konsequentes Fortschreiten auf dem Wege der Internationalisierung und Verallgemeinerung des Privatrechts bedeutet.

Nur auf dem Gebiete des Familienrechts ist es anders. Wir finden zwar in Rom die gleichen Grundzüge der Familienorganisation, wie bei den anderen Indogermanen, allein die nationalen Verschiedenheiten treten derart in den Vordergrund, daß die römische Organisation der Familie von dem Urtypus weit abweicht.[1] Es kann hier

[1] Pfaff, Gutachten über die Frage: „Erscheint es angemessen, mit der Verheiratung die Rechtswirkungen der Großjährigkeit zu verknüpfen?" in den Verhandlungen des XIV. Deutschen Juristentags I, S. 156 ff.

nicht Aufgabe sein, die Gründe dieser Sonderentwicklung zu untersuchen [1], aber die Tatsache ist nicht zu leugnen, daß die spätere Entwicklung des römischen Rechts nicht im stande war, die altnationalen Rechtsgedanken derart zu überwinden, wie dies auf dem Gebiete des Vermögensrechts der Fall war.

Die Familienorganisation, wie sie uns das alte jus civile zeigt, entspricht ziemlich gut dem Typus der zweiten Stufe [2] in der oben dargelegten Entwicklungsreihe. Aber die Abkunft aus der ersten Stufe blickt noch überall durch.[3] Außer den Reminiscenzen an die Raubehe (Sage vom Raub der Sabinerinnen u. s. w.)[4] hat sich die Form des Kaufs für die Eheschließung erhalten.[5] Es ist bei dem Umstande, daß die Quellen unserer Kenntnis des römischen Rechts in einer Zeit entstanden sind, die die Vergangenheit nur schlecht

[1] Vgl. Montesquieu, de l'esprit des lois V, 7 am Ende; Mandry, Familiengüterrecht I, S. 51ff.; Pfaff a. a. O. S. 167.

[2] Schilderung des ältesten römischen Familienrechts bei Dionys. Halic. Arch. II, 25 (Ehe), 26, 27 (patria potestas).

[3] Allerdings haben die Italiker und namentlich die Römer von den urzeitlichen Zuständen verhältnismäßig weniger bewahrt als die andern indogermanischen Stämme. Eigentumsunfähigkeit der Weiber, Blutrache, primitive Bestattungsform, lebendiger Natursymbolismus sind bereits spurlos verschwunden. Ebenso hat sich keine Erinnerung an das Mutterrecht erhalten. Insofern kann man sagen, daß die italische Geschichte bei einem weit späteren Civilisationsabschnitt beginnt als z. B. die griechische und deutsche. Mommsen, Röm. Geschichte, 8. Aufl., I, S. 146.

[4] Unger S. 71. Dargun, Mutterrecht und Raubehe, S. 78ff. Schulin S. 202f. Sohm, Institutionen, S. 433, Anm. 3.

[5] Gellius (noct. Atticae IV, 4) zitiert aus S. Sulpicius folgende Stelle über die in Latium bis zur lex Julia gebräuchlichen Sponsalia: „Qui uxorem ducturus erat, ab eo unde ducenda erat, stipulabatur, eam in matrimonium daturum; ductum iri, qui ducturus erat, itidem spondebat. Is contractus stipulationum sponsionumque dicebatur sponsalia." Es wird noch erzählt, daß bei unbegründeter Nichterfüllung dieses Vertrags der Vertragsbrüchige auf das Geldinteresse kondemniert wurde. Leider erfahren wir aus dieser Stelle nichts darüber, ob sich der Bräutigam mittels einer weiteren Sponsion zur Zahlung eines Preises verpflichtete. Soviel ist jedoch gewiß, daß über die Verehelichung einer Frau deren Gewalthaber mit dem Bräutigam einig wurde und sich vertragsmäßig zur Übergabe der Frau in die Gewalt des Mannes verpflichtete.

Über die ursprüngliche Klagbarkeit dieser Sponsalien s. auch Karlowa, S. 176f. Zu dem folgenden vgl. Karlowa, Die Formen der römischen Ehe, S. 2ff. Über Frauenkauf im griechischen Recht s. Mitteis, Reichsrecht und Volksrecht, S. 67. Aristoteles, Pol. II, 8, § 12.

mehr verstand, sehr schwer zu sagen, ob die coëmptio aus dem Frauenkauf hervorgegangen sei[1], oder ob sie erst zu einer Zeit, als die Manzipation zum Formalgeschäft geworden war, entstanden sei.[2] Sehr bestritten ist bekanntlich die Frage, wer bei der coëmptio als Verkäufer fungierte. Aus den Quellenstellen einer späten Zeit, welche die Eheschließung jedenfalls nicht mehr als Kauf der Frau auffaßte, wird sich kaum eine Entscheidung für die ältere Zeit finden lassen[3], aber bei der rechtlichen Identität der väterlichen und ehemännlichen Gewalt in alter Zeit ist es zum mindesten sehr unwahrscheinlich, daß der Vater der Frau bloß die auctoritas zu einem von der Frau selbst vorgenommenen Manzipationsakt erteilte.[4] Es ist vielmehr mit Sicherheit anzunehmen, daß die Frau dem Ehemanne in ältester Zeit wie eine Sache verkauft wurde. Demgemäß war auch ihre rechtliche Stellung im Hause des Mannes. Die Ehe der ältesten Zeit ist ein dingliches Verhältnis, die Frau die rechtlose Sache, der Mann das berechtigte Individuum, dessen Recht unbegrenzt, von keiner Pflicht beschränkt.[5] Spuren dieser völligen Rechtslosigkeit der Frau haben sich lange erhalten.[6]

Auch an den Kindern hatte der Mann ein eigentumsähnliches Recht. Überhaupt gab es nur einerlei Recht: die Gewalt des Hausherrn. Die Bezeichnungen potestas, manus, dominium, waren ursprünglich identisch, daß sie später technische Bedeutung für verschiedene Gestaltungen dieses seinem Begriffe nach einheitlichen

---

[1] Dafür Sohm, Institutionen, 8. u. 9. Aufl., S. 431f., hauptsächlich wegen der Analogie des deutschen Rechts; er hält sie für älter als die confarreatio. Dagegen Karlowa S. 166. Dieser hält die Sponsalia der Latiner für einen Rest des Brautkaufs. S. oben S. 17, Anm. 5.

[2] Karlowa a. a. O.

[3] Darum beweist z. B. Gaj. I, § 115, 123 nichts; vgl. Jhering, S. 551, Anm. 734; Rossbach S. 67—81.

[4] So Karlowa S. 159.

[5] Unger S. 71.

[6] Gellius (noct. Atticae X, 23) überliefert einen charakteristischen Ausspruch Catos: Wenn der Mann die Frau im Ehebruch ertappt, kann er sie straflos töten, wenn dagegen der Mann die Ehe bricht, darf die Frau ihn nicht mit dem Finger berühren (digito non auderet contingere). Über eine von Strabo (XI) und Plutarch (Cato minor c. 25) überlieferte altrömische Sitte, Frauen auszuleihen, bei welch letzterem dies sogar φύσει καλὸν καὶ πολιτικόν genannt wird, siehe Unger S. 76. Auch Jhering S. 112.

Verhältnisses wurden, ist ein Produkt der fortschreitenden Entwicklung.[1] Für diese Einheit der Gewalt des Hausvaters bezeichnend ist, daß ein Kollektivname für alles, was dieser Gewalt unterworfen ist, existiert: familia.[2] Er umfaßt Weib und Kind, ebenso wie Sklaven und Vieh. Der allgemeine Name für die Gewalt über die familia war manus. Das Geschäft, wodurch man die Gewalt erlangte, war die mancipatio. Was nicht Gegenstand der mancipatio ist, gehört daher nicht zur familia im weiteren Sinne, sondern zur pecunia. So kommt es, daß der Römer bei der Haupteinteilung, welche er unter den Objekten seiner Hausgewalt macht, Pferde und Rinder mit der Ehefrau und den Kindern in die eine Kategorie (die familia) stellt, während er Ziegen und Schafe (pecunia) der anderen zuweist.[3]

Recht und Sitte der Römer haben sich in vorhistorischer Zeit vielleicht gedeckt. Damals mochte der Rechtszustand, der der ersten Entwicklungsstufe des Verhältnisses von Mann und Weib entspricht, mit den sittlichen Anschauungen im Einklang gewesen sein. In der Zeit, in welcher das jus civile feste juristische Gestaltung erlangte (XII Tafeln) und noch mehr, als dieses Recht zum erstenmale einer wissenschaftlichen Behandlung unterzogen wurde (im letzten Jahrhundert der Republik), war das nicht mehr der Fall. Die sittlichen Anschauungen waren auf die zweite Entwicklungsstufe gelangt, Frau und Kinder galten als personae liberae, es tritt eine Umwertung dieser Glieder der familia ein, Herrschaftsrecht über Freie und Eigentum scheiden sich und werden zu zwei verschiedenen Begriffen, die Ehe und das Kindschaftsverhältnis erhalten eine religiöse Weihe; aber die starre alte Rechtsform bleibt bestehen. Rechtliche Schranken kennt die Hausgewalt (manus und potestas) ebensowenig wie das

---

[1] Jhering S. 162f. Rossbach S. 28 führt Belege für nicht technische Verwendungen an, so wird die eheliche Gewalt auch als potestas bezeichnet, und umgekehrt wird manus, abgesehen von Zusammensetzungen wie manumittere, mancipium hin und wieder im weiteren Sinne für die Hausgewalt überhaupt gebraucht.

[2] Jhering S. 161, Rossbach S. 14. Karlowa S. 73 gibt als Definition: Familia ist der Inbegriff der unter der privatrechtlichen Herrschaft eines selbständigen römischen Bürgers vereinigten Gegenstände, sowohl Personen als Sachen. Siehe Ulpians deutliche Explikation in l. 195. §§ 1ff. D. de verb. sign. 50. 16.

[3] Siehe hierüber Karlowa S. 75.

Eigentum (dominium). Aber der sittliche Inhalt beider ist himmelweit verschieden, und es ist selbstverständlich, daß diese sittliche Verschiedenheit, wenn auch nicht im Rechtssystem, so doch in Detailbestimmungen des Rechts Ausdruck findet.[1]

Von diesem Standpunkt löst sich auch die vielumstrittene Frage, ob manus und potestas ein Eigentumsrecht an Weib und Kind bedeuten. Für das jus civile ist die Frage zweifellos zu verneinen, denn das eine ist ein Recht an Freien, das andere an Sachen. „Dem Vater gehört das Kind nicht wie eine Sache, sondern als eine Entfaltung seiner eigenen Persönlichkeit; der Sklave gehört ihm wie eine Sache. Das Kind kann der Vater aussetzen, wie er sich ein Glied abschneiden kann, das Sklavenkind kann er aussetzen und derelinquieren, wie ein wertloses Besitztum. Den Sohn kann der Vater töten als Richter, den Sklaven, wie der Eigentümer eine Sache vernichten kann. Der Erwerb des Sklaven fällt dem Herrn zu wie die Früchte seiner Sachen, der Erwerb des Sohnes als der eines persönlich zu ihm gehörenden Wesens wie der Erwerb durch sich selbst“.[2]

Eigentum und patria potestas sind im jus civile zwei voneinander ganz verschiedene Rechtsinstitute.[3] Aber unverkennbar ist die gemeinsame Abkunft beider Institute aus einer vorhistorischen allgemeinen Hausgewalt, die noch ungeschieden Kinder und Sklaven umfaßt, aber die Keime der später immer weiter von einander abweichenden Rechtsgebilde der patria potestas und des Eigentums in sich schließt.[4]

---

[1] Die berühmteste derartige Bestimmung ist wohl der Satz der XII Tafeln: Pater si filium ter venumduuit, filius a patre liber esto. Gaj. I, § 132. Bekanntlich wurde an diese Bestimmung, die zunächst nur Verkäufe von Söhnen hintanhalten wollte, durch eine streng genommen freilich widersinnige Rechtsdeduction die Möglichkeit geknüpft, daß sich der Vater freiwillig der Herrschaft über den Sohn durch Emanzipation begebe. Mommsen I, S. 433.

[2] Karlowa S. 79. Siehe auch Mommsen I, S. 60.

[3] Über die Absurditäten, zu welchen die einfache Anwendung des ausgebildeten Eigentumsbegriffes auf Frau und Kinder führen würde (Miteigentum, Legat der manus u. s. w.) siehe Jhering S. 164.

[4] Jhering in der ersten Auflage S. 171 sagt treffend: „Sie sind divergierende Linien, die im Laufe der Zeit immer weiter auseinandergehen, deren Entfernung im gegenwärtigen System aber noch eine sehr unbedeutende ist. Verlängert man die Linien nach rückwärts, so trifft man bald den Punkt, wo sie sich schneiden.“

Die hiemit vom Eigentum abgelöste Familiengewalt beginnt sich später wieder in zwei Äste zu spalten, in die Hausgewalt über die Ehefrau (manus) und in die Gewalt über die Kinder (patria potestas).[1] Aber auch diese Unterscheidung war anfänglich nur eine sittliche und rechtlich ohne Bedeutung. Die manus verschwand, bevor noch eine wirkliche rechtliche Differenz zwischen ihr und der patria potestas sich herausgebildet hatte. Im alten jus civile stehen Frau und Kind auf gleicher Stufe, sie sind unter sich ganz gleich[2]; darum heißt es von der Frau, die in manu steht, sie sei filiae loco[3] dem Manne, sororis loco ihren eigenen Kindern. Eine inhaltliche Differenz zwischen dem Recht über die Frau und dem Recht über die Kinder ist nicht merkbar. Gerade die weitest gehenden Konsequenzen des Gewaltverhältnisses erstrecken sich auf Weib und Kind in gleichem Maße. Der Vater hat über beide das jus vitae necisque[4] und das Recht der Züchtigung, beide sind unfähig zu eigenem Vermögen und können nur durch Zuweisung eines Pekuliums eine gewisse interne ökonomisehe Selbständigkeit haben.[5]

Unter diesen Verhältnissen ist es natürlich undenkbar, daß der Frau irgend welches Gewaltrecht über ihre Kinder zugestanden wäre. Die Hausgewalt konnte nur einem zustehen, eine Beschränkung durch einen kollidierenden Rechtskreis oder eine Teilnahme daran war gänzlich ausgeschlossen. Am allerwenigsten konnte aber eine

---

[1] Die Ansicht Hölders (S. 9), das Recht des Ehemannes sei dem des Vaters nachgebildet, die eheherrliche Gewalt sei eine Nachahmung der väterlichen Gewalt, ist daher nur von demselben Standpunkte aus möglich, von dem aus man die Familiengewalt vom Eigentum ableiten wollte. Eine konkrete Erscheinung einer späteren Entwicklungsstufe wird willkürlich als Urerscheinung aufgefaßt, und die verwandten Erscheinungen werden daraus abgeleitet. Methodologisch mag das vorteilhaft, didaktisch sogar empfehlenswert sein, historisch richtig ist es nicht; genau so, als ob man eines der heute lebenden indogermanischen Völker als das Urvolk bezeichnen wollte, von dem die anderen abstammten.

[2] Jhering, Geist S. 163, siehe auch S. 103 ebenda.

[3] Gaj. III, § 24; I, § 111, 114 u. s. w. Sohm S. 438.

[4] Jhering S. 187. Die Möglichkeit eines Verkaufs der Frau in historischer Zeit ist fraglich, Jhering ebenda, Karlowa S. 153; sie wird von Sohm behauptet S. 437f. Die früher herrschende Meinung, daß die noxae deditio der uxor in manu ausgeschlossen war, widerlegt Schlesinger (Ztschr. für Rechtsgesch. 8. 50 ff.). Siehe auch Plutarch, Rom. 22.

[5] Jhering ebenda Anm. 278.

Person, die selbst der Gewalt des Hausvaters unterworfen war, irgend eine Gewalt im Hause haben.

Soweit war das römische Familienrecht in seiner Entwicklung mit dem anderer indogermanischer Völker ganz parallel gegangen, Griechen und Germanen haben dieselbe Entwicklungsstufe durchschritten.[1] Wir sind gewohnt, die Hausgewalt der Römer für etwas Exorbitantes zu halten; ihre Unbeschränktheit, ihr ungeheuerer Umfang erscheinen uns ganz außerordentlich. Die Römer selbst haben dies in späterer Zeit getan.[2] Daß bei den Galliern eine ähnliche Hausgewalt vorhanden war, erzählt Gajus als Kuriosität.[3] Aber für die alte Zeit war diese Hausgewalt etwas durchaus Normales, nicht einmal etwas spezifisch Römisches[4]; wir müssen sie für ein gemeinsames indogermanisches Rechtsinstitut erklären.

Aber eigentümlich ist den Römern die von allen andern Völkern verschiedene Art der Fortentwicklung des Gewaltverhältnisses. Es ist den Römern nicht gelungen, die Gewalt statt als Recht als Pflicht aufzufassen und damit jene Umdeutung zu vollziehen, welche dem deutschen Recht mit dem Begriffe der Munt gelang, welche ursprünglich der römischen Hausgewalt zum Verwechseln ähnlich sah.

Die unumschränkte Autonomie im Privatrechtskreise, die starke Betonung des Individualismus machten eine Reform der Hausverfassung nicht möglich. Die Schrankenlosigkeit des Individuums ist ein Grundzug des römischen Rechts bis in die letzte Zeit geblieben. Es gibt keine Kompetenzabgrenzung der Magistrate, sondern nur das volle imperium für jeden, es gibt keine Beschränkungen

---

[1] Jhering S. 164. Über das spätere griechische (hellenistische) Recht, welches eine dem deutschen ganz ähnliche Entwicklung hatte, siehe Mitteis S. 106 und 209.

[2] Gajus I, § 55: Fere enim nulli sunt homines, qui talem in filios suos habent potestatem, qualem nos habemus, vgl. l. 3 D. de his qui sui 1. 6. In l. 10 C. de patria pot. 8. 47 wird das einstige jus vitae necisque als etwas ganz Auffallendes betrachtet.

[3] Gajus I, § 55: Nec me praeterit Galatorum gentem credere in potestate parentum liberos esse. Caesar b. G. VI, 16: Viri in uxores sicuti in liberos vitae necisque habent potestatem, vgl. auch den Brief des Apostel Paulus an die Galater 4. 1: So lang der Erbe unmündig ist, ist zwischen ihm und einem Sklaven kein Unterschied.

[4] Jhering, Geist S. 164. Die römische potestas ist somit nur ein besonders konserviertes Überbleibsel der väterlichen Gewalt, welche bei den Ariern vorhanden gewesen war. Westermarck S. 227.

des Eigentums, welche dessen Substanz schmälern, es gibt nicht zwei Testamente nebeneinander, ebenso gibt es keine Gewalt im Hause außer der des Vaters. Über diesen Gedanken kam man nicht hinaus. Der Genossenschaftsgedanke, der durch das Güterrecht auch in das persönliche Verhältnis der Familienmitglieder im deutschen Rechte eindrang, war dem Römer ebenso unverständlich, wie das geteilte Eigentum oder die verschiedenen Arten der Gewere, die im deutschen Recht gleichzeitig an einer Sache nebeneinander bestehen. Dazu kommt die eigentümliche Starrheit, die Härte und Schärfe des römischen Rechts, das entweder alle oder gar keine Macht gibt, dem Gläubiger entweder die Klage versagt oder ihn bis zum „secare in partes" gehen läßt, über Hausgenossen entweder gar keine Gewalt oder das jus vitae ac necis gibt; „es ist, als fände das Recht eine Freude daran, überall die schärfsten Spitzen hervorzukehren, die äußersten Konsequenzen zu ziehen, das Tyrannische des Rechtsbegriffs gewaltsam dem blödesten Verstande aufzudrängen.".[1]

Nur eine Schranke zieht das Recht dem, dem es die Gewalt gibt; es entzieht ihm die Verfügung über seine Macht, die Möglichkeit seine Freiheit selbst zu beschränken; die Freiheit ist dem Römer ein Gut, das er rechtlich weder sich selbst, noch seinen Nachkommen verkümmern kann.[2]

Damit sind die beiden Wege abgeschnitten, auf welchen das römische Recht zu einer Überwindung der schrankenlosen Hausgewalt hätte gelangen können: Einengung der Gewalt durch Rechtssatz oder durch Rechtsgeschäft, Rechtsbildung (Gesetz und Gewohnheitsrecht) und Willkür waren gleich unfähig, an der Unumschränktheit der Hausgewalt zu rütteln. Was die Gesetzgebung tatsächlich erreichte, war nur das Abbrechen der äußersten Spitzen, und auch das nicht durch Einschränkung der Gewalt, sondern durch Verbindung von Rechtsfolgen mit mißbräuchlicher Gewaltausübung.[3]

War sonach das römische Recht zu einer folgerichtigen Weiterentwicklung der Familienorganisation im Sinne einer „Emanzipation" der Ehefrau unfähig, so sehen wir mit um so größerem Erstaunen dasselbe Recht auf dem extrem entgegengesetzten Punkte einsetzen.

---

[1] Mommsen, I, S. 157.

[2] Den Nachweis hierfür liefert Jhering § 33. Der objektive Freiheitsgehalt der Institute ist eine Schranke der subjektiven Autonomie.

[3] Siehe oben S. 20, Anm. 1.

Es ist die Erscheinung der Ehe ohne manus. Wann sie zuerst aufkam, ist ungewiß, jedenfalls kennt sie bereits die Zeit der zwölf Tafeln, weil diese bereits das Trinoctium als genügende Unterbrechung des Usus zur Verhinderung der Entstehung der manus festsetzen. Was der Grund zu dieser abnormen Gestaltung des Grundverhältnisses der Familienverfassung war, ist unaufgeklärt. Politische Gründe aus der Zeit des Kampfes der Patrizier mit den Plebejern, das Streben der Frauen, ihre Vermögensfähigkeit zu erhalten[1], der Wunsch, das nicht zu erlangende Zustimmungsrecht der Agnaten zur Eingehung einer Manusehe auszuschließen[2], alles das mag mitgewirkt haben, daß die anfänglich gewiß nur ausnahmsweise auftretende Erscheinung einer Ehe ohne manus die alte Manusehe schließlich ganz verdrängte.[3]

In der Ehe ohne manus finden wir zwei Fälle, von denen jeder eine nicht nur von der Manusehe, sondern auch von unseren heutigen Vorstellungen über die Familienverfassung abweichende Form des Verhältnisses der Frau zu dem Manne und dessen Familie darstellt. In dem einem Falle ist die Frau unter der potestas ihres Vaters oder Großvaters.[4] Sie bleibt unter dieser Gewalt wie bisher, der Vater schließt nicht nur die persönliche Vermögensfähigkeit der Tochter aus, er behält auch die volle persönliche Gewalt über die Tochter[5], er kann die Ehe jeden Augenblick trennen,[6] seine Tochter

[1] Das Streben der Frau, sich persönlich selbständiger zu machen und sich von der Unterwürfigkeit unter den Ehemann zu befreien (Karlowa S. 168), kann für den Fall, daß sie selbst unter einer potestas steht, überhaupt nicht, und für den Fall, daß sie sui juris ist, in der ältesten Zeit wenigstens, wo die Geschlechtstutel in voller Strenge bestand, kaum in Betracht kommen. Jhering S. 190. In der Zeit Ciceros (pro Murena c. 12) war es freilich anders; damals handelte es sich um wirkliche Abhängigkeit vom Manne oder scheinbare vom Tutor. Jhering, Anm. 288.

[2] Jhering a. a. O.

[3] Über die Entstehung der freien Ehe siehe Bernhöft in der Ztschr. f. vergl. R.W. VIII, S. 197f.

[4] Ein nicht nur nach deutschem, sondern auch nach griechischem Recht mit der Ehe ganz unvereinbarer Zustand. Mitteis, Reichsrecht und Volksrecht, S. 67.

[5] Es ist sogar wahrscheinlich, daß er allein das jus vitae ac necis hatte (Jhering S. 191).

[6] Belege aus Ennius und Plautus bei Karlowa S. 181, Anm. 4. S. auch Laboulaye S. 15f.

von ihrem Gatten vindizieren; die Frau erscheint tatsächlich als ein Glied der väterlichen Familie, „das dem Manne nur behufs Fortpflanzung seiner Familie geliehen ist.“[1]

Tatsächlich bleibt die Frau von allen Rechtsbeziehungen zu der Familie ihres Gatten, daher auch zu ihren eigenen Kindern, ausgeschlossen. An dieser Zerschneidung jedes Rechtsbandes mit der Familie des Mannes änderte sich nichts, wenn die Frau sui juris war. Die persönliche Gewalt des Vaters, das Hereinragen einer fremden Macht in das Haus des Mannes[2], war zwar weggefallen, aber die Bande der Agnation fesselten die Frau immer noch an ihre Verwandten, ihr Vermögen wurde von den Tutoren verwaltet. Es ist allerdings wahrscheinlich, daß der Mann eine gewisse persönliche Oberhoheit über die Frau ausübte, ohne Rücksicht auf die manus.[3] Der Mann war Haupt der Familie gegenüber der Frau etwa in demselben Sinne wie heute, der Mann bestimmt das Domicilium[4], er hat Anspruch auf reverentia[5] und die Frau ist „in officio mariti“[6], aber eine feste juristische Gestaltung hat dieses Rechtsverhältnis im römischen Recht nicht mehr erlangt. Rechtsmittel zur Durchsetzung der gegenseitigen Ansprüche gab es nicht.[7]

Am allerwenigsten hat die Frau eine Rechtsstellung innerhalb des Hauses des Mannes gegenüber ihren Kindern erhalten. Ich kann in der Ehe ohne Manus in dieser Richtung keinen Fortschritt gegenüber der Manusehe erblicken. Im Gegenteil, die Rechtsstellung,

---

[1] Czyhlarz, Römisches Dotalrecht, 1870, S. 10.

[2] Jhering S. 192.

[3] Jhering ebenda. Unger S. 87.

[4] „Ducit uxorem“, daher ist die Ehe geschlossen, wenn die Frau in Abwesenheit des Mannes in dessen Haus mit seiner Zustimmung durch einen Stellvertreter gebracht wird, nicht aber, wenn die Frau schriftlich ihre Zustimmung zur Deductio gibt und in ihrem Wohnsitze bleibt; darum sagt Pomponius in l. 5 D. de rit. nupt. 23. 2: (placet) deductione enim opus esse in mariti, non uxoris domum, quasi in domicilium matrimonii.

[5] Die reverentia erfordert z. B., daß die Frau dem Manne die Rechtswohltat der Kompetenz lassen muß, selbst wenn er vertragsmäßig darauf verzichtet hat, l. 14 § 1 D. soluto matr. 24. 3.

[6] Daher erlischt durch die Verehelichung einer Freigelassenen der Anspruch des Patrons auf operae l. 48 pr. D. de op. lib. 38. 1.

[7] Karlowa S. 181.

die der Frau die Manusehe gab, war vernichtet, ohne daß ein Ersatz dafür geschaffen war. Nicht nur daß die Frau auf den Ehrentitel einer mater familias verzichten und sich mit der Bezeichnung uxor begnügen mußte, das Band der Agnation fehlte zwischen der Frau und der Familie des Mannes. Aber daß damit die Idee der Kognatenfamilie des jus gentium aufgelebt hätte, daß nunmehr an der Spitze des Hauses, nicht mehr der Vater, sondern Vater und Mutter stünden, ist wohl nicht richtig. Daß die Mutter als solche dem jus civile unbekannt war, ist richtig; aber daß sie mit der Ehe ohne manus in das römische Recht eingeführt wurde, ist nicht wahr.[1]

Der Vater bleibt alleiniger Herrscher im Hause, nur zählt er eine unterworfene Person weniger; die eigene Frau ist eine Fremde, die sich von ihm jederzeit scheiden, und die ihm sogar ihr Gewalthaber wegnehmen kann. Hatten die Kinder früher an der Mutter eine Agnatin, eine Quasi-Schwester besessen, so haben sie nunmehr auch diese verloren. Hausmütterliche Rechte hat die Frau keine, nicht nur kein Band der Gewalt, auch keine vermögensrechtlichen Beziehungen knüpfen sie an die Kinder. Das jus civile gewährt ihnen kein gegenseitiges Intestaterbrecht.[2] Am allerwenigsten hat Sohm recht, wenn er das Rechtsverhältnis zwischen Mann und Frau als Genossenschaftsverhältnis charakterisiert. Gerade dessen, was das Grundprinzip der Genossenschaft ausmacht, der Vereinigung und Durchdringung des Prinzips der Einheit und des Prinzips der individuellen Freiheit, war der römische Geist unfähig. Der Römer kennt nur die Gesellschaft Gleichgestellter, mit völliger Unabhängigkeit der Gesellschafter, oder die totale Unterordnung des einen unter den anderen. Er versuchte das Problem der Ehe in diesen beiden extremen Richtungen zu lösen. Hier in der uralten einseitig starren Manusehe, dort in der ebenso starr individualistischen freien Ehe.[3] Die Wahrung der individuellen Freiheit unter gleichzeitiger Zu-

[1] Sohm S. 439f.

[2] Karlowa S. 169.

[3] Genau so wie er in den Personengemeinschaften des Vermögensrechtes nur die absolute Bejahung des schrankenlosen Individuums (societas) oder die absolute Verneinung des Individuums (juristische Person), aber keinerlei Zwischenstufe kennt. Man vergleiche damit die zahlreichen Zwischenstufen des deutschen Rechts.

sammenfassung der Individuen in eine höhere Einheit blieb den Römern versagt. So sehen wir zur Zeit der höchsten Entwicklung der römischen Nationalität und des spezifisch römischen Rechts einen eigentümlichen Dualismus in der Behandlungsweise der Frauen. Einerseits werden sie kaum höher als bloße Sachen gestellt, anderseits werden sie als den Männern[1] gleichberechtigte Individuen betrachtet, denen man Ehren erweist[2], wie sie nur da stattfinden können, wo man in dem einzelnen Menschen und in der ganzen Gattung bereits eine höhere geistige Seite erfaßt und würdigt.[3]

Ganz parallel mit der Verdrängung der Manusehe geht die Einschränkung der Geschlechtsvormundschaft, und auch hier erringt der Individualismus den Sieg. Was von der Geschlechtsvormundschaft in der klassischen Zeit noch vorhanden ist, sind Ruinen ohne jede praktische Bedeutung, durch einfache Praktiken leicht zu handhabende Formalitäten, die die materielle Handlungsfreiheit der Frauen nicht mehr beeinträchtigen.[4] Die Manusehe verschwindet, zur Zeit des Tiberius ist conventio in manum nicht mehr üblich[5], wir finden sie zuletzt noch in den fragmenta Ulpiani[6] erwähnt, in den Pandekten kommt sie ebensowenig mehr vor, wie die Geschlechtsvormundschaft. Der einstige Dualismus im Eherecht ist zu Gunsten der freien Ehe entschieden, die Frau ist frei geworden vom Manne, frei vom Tutor, allerdings auf Kosten ihrer Familienangehörigkeit zum Hause des Mannes.

---

[1] In der Anerkennung der vollen privatrechtlichen Rechts- und Handlungsfähigkeit der Frauen hat das römische Recht alle anderen Rechte überflügelt. Bekanntlich haben sich deutschrechtliche Beschränkungen der Frauen in der Verpflichtungs- und Prozeßfähigkeit bis in die neueste Zeit sowohl im französischen, als in zahlreichen deutschen partikularen Rechten erhalten. Es ist ungemein charakteristisch, daß, abgesehen von der Unfähigkeit zum Solennitätszeugnis die Zurückstellung der Frau sich im gemeinen Rechte nur bei gewissen familienrechtlichen Instituten erhalten hat (Unfähigkeit zur patria potestas, zur Vormundschaft und zur Arrogation), die ausschließlich in der römischen Familienorganisation ihren Grund hat.

[2] Zahlreiche Beispiele hierfür mit Quellenbelegen bei Unger S. 75 und Jhering S. 202ff.

[3] Unger S. 74.

[4] Über die ursprüngliche Gestalt und spätere Entartung dieses Instituts Karlowa S. 292—300. Rudorff I, S. 53ff.

[5] Tac. Annal. IV, c. 16.

[6] tit. 9 und 11, § 13.

Daß die Befreiung der Frau in der Weise, wie sie im römischen Rechte sich vollzog, auch ethisch betrachtet, kein Fortschritt war, zeigt die sittliche Entwicklung der römischen Welt. Allgemein wird berichtet, daß die Sitte in der ältesten Zeit, in der wir uns die Manusehe als Regel vorstellen müssen, der Frau im Hause einen hohen Platz anwies.[1]

Diese würdige, trotz aller Rechtslosigkeit geachtete und einflußreiche Stellung ging den Frauen mit dem Überhandnehmen der freien Ehe verloren. Die Bande der Familie lockerten sich mit unheimlicher Geschwindigkeit. Ehen wurden leichtfertig geschlossen und leichtfertig gelöst[2]; trotzdem nahm die Ehelosigkeit immer mehr zu. Bereits im Jahre 403 v. Chr. sah sich Camillus als Censor veranlaßt, eine Hagestolzensteuer (aes uxorium) einzuführen[3], den ersten Vorläufer der julischen Ehezwangsgesetze.

Mit dem Verschwinden der Manusehe verliert das Institut der Manus den realen Boden. Es bleibt nur die leere Form der manus zurück, sie löst sich von ihrer Verbindung mit der Ehe vollständig ab; wir finden, daß in späterer Zeit die manus nur zur Erreichung gewisser vermögensrechtlicher Folgen gebraucht — fast möchte ich sagen — mißbraucht wird. Einen Einfluß auf das Familienrecht, auf die Stellung als Gattin und Mutter, hat die coëmptio fiduciae causa nicht mehr. Daß diese ganze Umwandlung nur ein mißglückter Fortschritt, der Beginn des Verfalles und der Entartung ist, hat bereits derjenige gefühlt, den man als den letzten Römer der alten nationalen Zeit betrachten kann, der unermüdliche Kämpfer gegen das Eindringen fremden, namentlich griechischen Geistes, gegen die Lockerung nationaler Sitte und Zucht, M. Porcius Cato.[4]

Es gehört nicht in die Rechtsgeschichte, den weiteren Ent-

[1] Siehe Mommsen S. 57 und die dort angeführten ehrenden Grabschriften für Frauen, unter deren Tugenden auch das „obsequium“ nicht fehlt. Dion. Halic. II, 25 berichtet von der ehrenvollen Behandlung der Frauen nach der ältesten römischen Sitte (leges regiae).

[2] Angeblich fand das erste divortium erst mehr als 500 Jahre nach der Gründung Roms statt. So erzählen wenigstens Gellius (N. A. IV, 3) und Val. Max. II, 1. 4. Drastische Beispiele für die Leichtfertigkeit, mit welcher Ehen geschlossen und gelöst wurden bei Laboulaye S. 49ff.

[3] Mommsen I, S. 434.

[4] Seine Charakteristik bei Mommsen I, S. 815ff., sein Familienideal ebenda

wicklungsgang der Sitte zu schildern, den vollständigen Zerfall der alten Familienzucht und Familiensitte.[1] Eine weitere Rechtsentwicklung in Bezug auf das Verhältnis der Ehegatten hat im römischen Recht nicht mehr stattgefunden. Dagegen hat an der Umgestaltung des unnatürlichen Verhältnisses zwischen Mutter und Kind, diesem unbefriedigendsten Teil des römischen Privatrechts, die Rechtsentwicklung vom prätorischen Edikt bis auf Justinian unablässig gearbeitet. An Stelle des früher alleinherrschenden Prinzips der Agnation trat immer mehr die natürliche Verwandtschaft, die Kognation, in den Vordergrund. Das unnatürlicherweise zerschnittene Band der Verwandtschaft zwischen Mutter und Kind wird wieder angeknüpft und allmählich verstärkt. Intestaterbrecht, Pflichtteilsrecht, Alimentationspflicht, Rechtswohltat der Kompetenz, alles muß erst wieder neu geschaffen werden.[2]

Während so Mutter und Kind einander rechtlich näher gebracht werden, wird auf der anderen Seite die übermächtige Stellung des Vaters gegenüber dem Kinde immer mehr eingeschränkt. Nicht, daß die patria potestas ihren egoistischen Zug, den Charakter eines einseitigen, eigennützigen und eigensüchtigen Herrschaftsrechts eingebüßt hätte[3], aber seit man das Übermaß in dem Umfange der

S. 871 ff., seine Rede gegen die neuere Sitte anläßlich der Agitation der Frauen für Aufhebung der lex Oppia bei Livius 34, Kap. 2—4.

[1] Siehe hierüber die anschaulichen Schilderungen bei Mommsen I, S. 874 bis 875; III, S. 529—530 (republikanische Zeit); ferner Friedländer, Darstellungen aus der Sittengeschichte Roms in der Zeit von Augustus bis zum Ausgange der Antonine I, 5. Kap., Die Frauen S. 363—430.

[2] Diese Entwicklung begann bereits im prätorischen Edikt (unde cognati) und erklärt sich daraus, daß die Verwandtschaft als solche, die Blutsgemeinschaft als ein rechtlich zu respektierendes Band betrachtet wird. Ebenso wie sich die väterliche Gewalt aus einem Sachenrecht in ein Familienrecht verwandelt (Übergang von der ersten Stufe zur zweiten Stufe), verblaßt auch der Gedanke der Agnation als einzigen Rechtsbandes in der Familie. Fremde Einflüsse hier wittern zu wollen, hieße die Römer für einer natürlichen Empfindung unfähig erklären. Es sind darum nichts als Phantasien, wenn man in der Annäherung zwischen Mutter und Kinder auf der einen Seite, (Bachofen, Mutterrecht S. 414) einen Einfluß der stofflichen (d. h. mutterrechtlichen) Ideen des Orients finden will, und wenn anderseits Laboulaye (S. 59) sagt: Cette amélioration dans la position de la mère ... elle le doit evidemment aux influences chrétiennes. Vgl. Mitteis S. 3, Anm. 2.

[3] Darum fand keine Aufhebung der Gewalt durch Erreichung eines bestimmten Alters oder Austritt aus dem väterlichen Hause statt. Man hat lange

Gewalt fühlte, war man bestrebt, Beschränkungen in der Ausübung aufzurichten.[1] Die Möglichkeit einer Beendigung der Gewalt bei Lebzeiten des Vaters wird anerkannt, auf künstlichem Wege das Institut der Emanzipation geschaffen, aber auch dessen Konstruktion zeigt deutlich die Unfähigkeit des römischen Rechts zu einer Fortbildung des Familienrechts. Auch hier, wie bei der freien Ehe, der Sprung ins Extreme.

Die Emanzipation hebt nicht nur die Unterwürfigkeit des Kindes auf, sie scheidet es auch gänzlich vom Hause des Vaters, die civile Verwandtschaft mit dem Vater, den Geschwistern, den Agnaten des Vaters, ist zerrissen. War das Kind einer freien Ehe nach jus civile rechtlich ohne Mutter, so war der Emanzipierte auch rechtlich ohne Vater und ohne Agnaten. Auch hier hat das jus gentium vom Prätor bis auf Justinian an der Vermittlung dieses krassen Gegensatzes gearbeitet.

Den Beschränkungen gegenüber, die diese Rechtsbildung der väterlichen Gewalt setzte, verhielt sich diese gerade so starr unbeugsam, jedes Kompromiß verschmähend, wie andere Rechtsinstitute absoluten Charakters. Wie das quiritische Eigentum mit einer Art eigensinnigen Trotzes von seinen Prätensionen nicht ein Jota nachgibt, wiewohl es neben dem bonitarischen zur Fratze herabsinkt, so vergibt sich auch die väterliche Gewalt nichts. Wenn sie auch Stück für Stück von ihren Gerechtsamen einbüßt, sie gibt ihren einheitlichen Charakter nicht auf, und protestiert gewissermaßen gegen jede neue Beschränkung.[2] Allerdings zum wesenlosen Scheine, wie

---

Zeit diese Dauer der väterlichen Gewalt auf Lebenszeit für etwas ganz spezifisch Römisches gehalten. Sie scheint aber gleichfalls in älterer Zeit allgemein gewesen zu sein, da sie aus dem Charakter der ersten Entwicklungsstufe des Familienrechts folgt (s. oben S. 11) und das Erlöschen mit Erreichung des handlungsfähigen Alters erst der dritten Entwicklungsstufe entspricht.

[1] Von diesen Beschränkungen interessirt uns namentlich die Einschränkung des Ehezwangsrechtes. Das Recht des Vaters, seine Kinder zu verheiraten, wird, wie später im deutschen Recht, zu einem bloßen Konsensrecht herabgedrückt, und doch bleibt der Wille des Vaters die Hauptsache. l. 12 pr. D. de sponsal. 23. 1: Quae patris voluntati non repugnat, consentire intelligitur. § 1: Tunc autem solum dissentiendi a patre licentia filiae conceditur, si indignum moribus vel turpem sponsum ei pater eligat.

[2] So z. B. wenn der kastrensische Erwerb des Hauskindes konsequent als ein peculium bezeichnet wird.

das jus quiritium, sank sie nie herab. Sie behielt einen realen Inhalt. Aber im Verhältnis zu der Prätension der Allmacht, die sie immer noch aufrecht hält, macht die väterliche Gewalt im justinianischen Recht einen zwitterhaften Eindruck und zeigt den Anblick einer gefallenen Größe. Speziell die Entwicklung des persönlichen Verhältnisses der Eltern zu den nicht volljährigen Kindern, welches uns ja wegen seiner Einwirkung auf das heutige Recht besonders interessiert, zeigt dieselben Züge. Dabei ist zweierlei zu beachten. Erstens: daß die patria potestas nicht dem natürlichen Vater als solchem zusteht, sondern nur insofern er sui juris und damit Familienhaupt ist. Wo der Vater selbst unter väterlicher Gewalt stand[1], war er zu seinem Kinde in einem ähnlichen Rechtsverhältnis wie die Mutter in der Manusehe; die Vaterschaft kam erst dann zur rechtlichen Wirkung, wenn der Vater ohne capitis deminutio aus der väterlichen Gewalt ausschied.[2] So mag es gekommen sein, daß die Erziehung regelmäßig ein Recht des väterlichen Großvaters mit Ausschluß beider Eltern war. Freilich wird der faktische Einfluß des Vaters, namentlich dann, wenn er, mit einem Pekulium ausgestattet, einen eigenen Haushalt führte, ganz bedeutend gewesen sein, allein bei Konflikten gab doch der Gewalthaber den Ausschlag.

Zweitens ist zu bemerken, daß die im späteren Recht erfolgende Einschränkung der väterlichen Gewalt ausschließlich zu Gunsten des Kindes, nicht der Mutter erfolgt. Namentlich gilt dies von der immer mehr sich erweiternden vermögensrechtlichen Selbständigkeit des Kindes. Aber auch im persönlichen Verhältnisse bleibt die Mutter von jedem Rechte ausgeschlossen. Wo das Recht des Vaters mit den Interessen des Kindes kollidiert, erhält das Kind ein von ihm selbst auszuübendes Recht, oder es tritt direkter obrigkeitlicher Schutz des Kindes ein. Es waren immer nur ver-

---

[1] Dann ist der Gewalthaber des Vaters auch Gewalthaber der Kinder, l. 4 D. de his qui sui 1. 6: qui ex filio meo et uxore eius nascitur, id est nepos meus et neptis, aeque in mea sunt potestate; et pronepos et proneptis et deinceps ceteri (Ulpian), ebenso § 3. J. de patr. pot. 1. 9, vgl. Windscheid § 524.

[2] l. 5 D. de his qui sui 1. 6; pr. J. quibus modis ius 1. 12.

einzelte Ausnahmsfälle, in denen der Mutter die Wahrung der Interessen des Kindes überlassen wurde.[1]

Regelmäßig bestimmt der Gewalthaber (Vater) allein den Aufenthalt des Kindes; er hat auch gegen die Mutter das interdictum de liberis exhibendis et ducendis[2], selbst für die Zeit nach seinem Tode bestimmt er den Erzieher.[3] Doch kann der Prätor eingreifen[4], er kann gegen Übergriffe der väterlichen Gewalt einschreiten, er kann den Aufenthalt des Kindes auch gegen den Willen des Vaters bestimmen.[5] Ein Dekret von Antoninus Pius, welches Marc Aurel und Severus nach dem Zeugnisse Ulpians ihren Reskripten zu grunde legten, gab sogar der Mutter unter Umständen aus ganz besonders triftigen Gründen eine exceptio gegen die Klage des Vaters auf Herausgabe der Kinder.[6]

Aber damit sollte ein Recht der Mutter auf ein Gewaltverhältnis keineswegs begründet werden. Nur im Interesse der Kinder wird das Vindikationsrecht des Vaters beschränkt; der Mutter selbst wird das interdictum de exhibendis vel ducendis liberis nirgends

---

[1] Alle Rechtssätze, welche die Tendenz haben, der Mutter eine Art Recht über ihre Kinder zu geben, stammen erst aus der Zeit der klassischen Juristen. Ich wage nicht zu entscheiden, in wieweit sich hiebei hellenistische und orientalische Einflüsse geltend gemacht haben, deren Eindringen ins römische Recht die natürliche Reaktion gegen die durch die antoninische Bürgerrechtsverleihung bewirkte Rezeption des römischen Rechts in der Osthälfte des Reiches war. Siehe Mitteis S. 3.

Auch mag es vielleicht mehr als ein bloßer Zufall sein, daß die uns erhaltenen Sätze dieser Richtung fast ausschließlich aus der Feder des Phöniziers Ulpian stammen.

[2] Burchardi S. 163.

[3] Burchardi S. 166. l. 1 § 1 und 3 D. ubi pupilli 27. 2; l. 1 § 10 D. de inspic. ventre 25. 4; l. 7 pr. D. de annuis legatis 33. 1.

[4] l. 3 C. de patr. pot. 8. 47; l. un. C. de emend. popinqu. 9. 15.

[5] l. 1 § 10 D. de inspic. ventre 25. 4; l. 1 D. ubi pup. 27. 2; l. 7 pr. D. de annuis leg. 33. 1.

[6] l. 1 § 3 D. de lib. exhib. 43. 30 (Ulpian). Si vero mater sit, quae retinet, apud quam interdum magis quam apud patrem morari filium debere ex justissima scilicet causa Divus Pius decrevit et a Marco et a Severo rescriptum est, aeque subveniendum ei erit per exceptionem.

l. 3 § 5 eod. (Ulpian). Etiam si maxime autem probet filium pater in sua potestate esse, tamen causa cognita mater in retinendo eo potior erit: idque decretis Divi Pii quibusdam continetur: obtinuit enim mater ob nequitiam patris, ut sine deminutione patriae potestatis apud eum filius moretur.

eingeräumt. Ausdrücklich fügt Ulpian hinzu, wenn auf diese Weise die Mutter es erreiche, daß die Kinder bei ihr bleiben dürfen, daß dies „sine deminutione patriae potestatis"[1] erfolge.

Damit ist freilich nicht gesagt, daß außer den erwähnten Ausnahmefällen der Mutter kein faktischer Einfluß auf die Erziehung ihrer Kinder zustand. Im Gegenteil scheint die Mutter hierin oft weitreichenden Einfluß besessen zu haben[2]; aber rechtlich hat sie „in der Regel nicht mehr zu sagen, als ihr der Pater familias gestatten will."[3]

Im allgemeinen gelangte das römische Recht zu dem Grundsatz, daß in gewissen Fällen, jedoch ohne Anerkennung eines Rechtes der Mutter hierauf, die Erziehung (die aber niemals potestas oder tutela, sondern einfach educatio heißt)[4] bei Lebzeiten des Vaters an die Mutter übertragen werden könne. Dies ist namentlich dann der Fall, wenn der Vater zur Führung der Erziehung unfähig oder wegen turpitudo dazu für ungeeignet erklärt wird.[5] Es galten dann für das Erziehungsrecht die Normen von den Unmündigen, welche sui juris waren.

Eine Konstitution von Alexander Severus bestimmte ausdrücklich, daß in solchen Fällen die Mutter die Nächste war, die

---

[1] D. h. dem Vater wird die Erziehung nur faktisch, nicht dem Rechte nach genommen, vgl. Burchardi S. 185f.

Rudorff, Vormundschaft I. Bd., S. 183 erklärt diesen Beisatz dahin, daß bei dem enormen Umfang der väterlichen Gewalt das Erziehungsverhältnis in den Hintergrund trat, so daß man annahm, die Erziehung könne, dem Wesen der väterlichen Gewalt unbeschadet, dem paterfamilias fehlen.

[2] Nachweise bei Rudorff I, S. 178.

[3] Burchardi S. 163.

[4] Für den Charakter der educatio bezeichnend ist ihre Ableitung aus dem jus naturale und ihre Zusammenstellung mit der maris et feminae conjunctio und der procreatio liberorum, welche Einrichtungen außer den Menschen „cetera animalia ferae etiam" haben. So Ulpian in l. 1 § 3 D. de just. et jure 1. 1, ebenso pr. J. de jure nat. 1. 2.

[5] l. 1 § 3, l. 3 § 5 D. de lib. exhib. 43. 30. Vgl. l. 22 § 6 D. soluto matrim. 24. 3; l. 17 § 13, 14 D. de injur. 47. 10; l. 13 § 2 C. sententiam passis 9. 51. Diese drei Stellen bilden eine Erläuterung des Charakters der Übertragung der educatio. Denn sie sprechen davon, daß dem Vater einzelne Funktionen der patria potestas wegen turpitudo entzogen (Dotalklage für die Tochter, Injurienklage für ein beleidigtes Kind u. s. w.) und dem Kinde selbst oder einem zu bestellenden Tutor übertragen werden können.

zur Erziehung berufen wurde[1], was von Justinian[2] bestätigt wurde.[3] War der Pater familias, dem die Erziehung entzogen wurde, ein anderer als der leibliche Vater, so ging dieser, falls er am Leben und geeignet war, vor und schloß die Mutter aus.[4] Endlich wurde in späterer Zeit, und das ist bereits ganz unrömisch[5], im Falle der Ehescheidung die Erziehung der Kinder zum Teil der Mutter übertragen und sogar ein Recht der Mutter hierauf bis zu einem gewissen Grade anerkannt. Im allgemeinen war zwar die Verteilung der Kinder dem Richter überlassen. Doch stellte Diocletian die Teilung nach Geschlechtern[6] wenigstens suppletorisch als Regel auf, während Justinian die Kinder im Falle eines Verschuldens des Mannes der Mutter zugewiesen haben wollte[7], wobei natürlich vorauszusetzen ist, daß die Erziehung vor der Scheidung dem Manne und nicht etwa dessen Gewalthaber zugestanden war.

An dieser im allgemeinen recht prekären Stellung der Mutter änderte sich nur wenig, wenn durch den Tod des Vaters oder sonstigen Gewalthabers das Kind gewaltfrei wurde. An Stelle der väterlichen Gewalt tritt die Tutela. Ein voller Ersatz der väterlichen Gewalt ist diese nicht, sie bleibt ein Surrogat, ein Ersatz der mangelnden Handlungsfähigkeit des Unmündigen. Der Schutz des Wehrlosen ist darin enthalten, aber er ist nicht das wesentlichste oder gar das einzige Moment. Nur insofern zur vollen Handlungsfähigkeit auch die Fähigkeit gehört, sich gegen Unrecht zu schützen, bildet der Schutz einen Bestandteil der Tutel. Die väterliche Gewalt ist ein eigenes Recht über eine rechtlich unvollkommene Person, die Tutel dagegen wesentlich Vertretung einer rechtlich selbständigen, nur tatsächlich nicht vollkommenen (handlungsfähigen) Person. Darum

---

[1] l. 1 C. ubi pup. 5. 49: Educatio pupillorum tuorum nullo magis quam matri eorum, si non vitricum induxerit, committenda est.

[2] Nov. 22. c. 38: Omnium mater fide dignior ad filiorum educationem.

[3] Burchardi S. 175, Rudorff II, S. 251.

[4] l. 17 § 18, § 20 D. de injuriis 47. 10; l. 9 pr. D. de ritu nupt. 23. 2.

[5] Über das Eindringen hellenistischen Rechts in das römische Recht der späteren Zeit siehe Mitteis S. 217ff.

[6] l. un. C. divort. facto 5. 24: Ut per sexum liberorum inter parentes divisio celebretur.

[7] Nov. 117 c. 7: Si pater causam divortii praestiterit, apud matrem ad secundas nuptias non venientem liberi nutriantur patris expensis.

erstreckt sich die potestas auch auf Handlungsfähige, die Tutel nur auf Personen, die des Schutzes und der Vertretung bedürfen, der Vater verwaltet im peculium sein eigenes Vermögen, er handelt für sich, wenn er sein Kind vertritt; der Vormund verwaltet fremdes Gut und handelt als Stellvertreter, und soll der unwirksame Wille des Kindes wirksam gemacht werden, so tut dies der Vater durch seinen jussus, der Vormund durch die auctoritas.[1]

Gleichwohl ist die Tutel ein Recht, das eine Familiengewalt über den Mündel verleiht.[2] Eine solche Gewalt hat notwendig eine Unterordnung des Mündels unter den Willen des Vormunds zur Folge. Wie weit sich diese in ältester Zeit erstreckte, ob bloß auf das Vermögen, oder auch auf die davon unabhängigen Verhältnisse, ist nicht festzustellen[3]; doch scheint der Tutor unter einer Überwachung und Oberaufsicht der gentiles gestanden zu sein.[4] An Stelle der Gentilen sind später die Magistrate getreten. Aber ob die einzelnen Funktionen der Obervormundschaft früher dem Tutor allein oder einem größeren oder kleineren Kreise von Verwandten zustanden, kann nicht gesagt werden.

Jedenfalls finden wir, daß auf persönlichem Gebiet ein viel stärkeres Eingreifen der magistratischen Obervormundschaft stattfand, als auf vermögensrechtlichem, so daß sich das Gewaltverhältnis nahezu gänzlich in ein obligatorisches Rechtsverhältnis auflöst.

Die Leitung der Erziehung obliegt jetzt der Obervormundschaft, indem sie den Aufenthaltsort des Mündels bestimmt[5] und die Person des Erziehers wählt.[6]

---

[1] Rudorff I, S. 169ff.

[2] l. 1 pr. D. de tutelis 26. 1: Tutela est vis ac potestas in capite libero ad tuendum eum, qui propter aetatem sua sponte se defendere nequit, iure civili data ac permissa. Über den Begriff der Tutela und ihren Unterschied von der Cura siehe Savigny, vom Beruf unserer Zeit S. 103ff. Löhr, Über die römischen Begriffe von Tutel und Cura, Rudorff I, S. 287ff. Vangerow, Anm. zu § 263. Karlowa S. 269ff., S. 301ff.

[3] Voigt, Die XII Tafeln S. 407f. schreibt dem Vormund das Recht zu, die gesamte Pflege des Pupillen anzuordnen und zu überwachen, die Erziehung zu leiten, ihn auch zu züchtigen. Nach Brinz (Pand. 2. Aufl. S. 1314) dagegen hat der Tutor nur die Stelle eines Rechtsbeistandes.

[4] Jhering I, S. 185ff.

[5] l. 1 § 1 D. ubi pupillus 27. 2.

[6] l. 2 C. ubi pupillus 5. 49.

Es ist nun wohl anzunehmen, daß diese Erziehung, die aber wieder nur eine faktische, keine rechtliche Macht über den Mündel war, regelmäßig der Mutter überlassen wurde[1] und zwar scheint eine zweite Ehe der Mutter kein Hindernis gewesen zu sein, wenigstens finden sich Beispiele einer Erziehung bei dem Stiefvater, allerdings meist mit üblem Ausgang.[2] Livius erzählt sogar bereits aus dem 5. Jahrhundert v. Chr., daß in der latinischen Stadt Ardea der Magistrat bei einem Streit der Tutoren mit der Mutter über die Frage, wer über die Verheiratung des Mündels zu beschließen habe, zu Gunsten der Mutter entschieden habe. Allerdings bewirkte diese Entscheidung einen Aufruhr.[3] Gesetzlich wurde ein Vorzug der Mutter vor anderen Personen erst in der oben (S. 33) erwähnten Konstitution von Alexander Severus (l. 1 C. ubi pup. 5. 49) und in der sie zitierenden Novella 22 ausgesprochen; beide Gesetze fügen jedoch ausdrücklich die Bedingung hinzu, daß die Mutter sich nicht wieder verehelichen dürfe.[4]

Das eigentliche Gewaltverhältnis über den Unmündigen, die Tutel, war, wie aus der Familienorganisation sich ergab, den Frauen, damit auch der Mutter als ein virile munus verschlossen. Die oben erwähnte Stelle bei Livius (39. c. 9) spricht zwar von einer tutela matris, doch ist damit gewiß nichts anderes als die educatio gemeint und der Ausdruck tutela nicht in technischem Sinne gebraucht.[5] Noch zur Zeit der Pandektenschriftsteller waren nur Männer zur Vormundschaft fähig.[6] Doch scheint ein rechtswidriger Gebrauch in den Provinzen vorgekommen zu sein, daß Mütter zu

[1] Cicero in Verrem I, c. 58: Quis est enim, qui tueri possit liberum nostrorum pueritiam contra improbitatem magistratuum? Mater credo. scilicet magno praesidio fuit Anniae pupillae mater, femina primaria. Horaz, Epist. I, 1. V. 22: Pupillis, quos dura premit custodia matrum. Seneca, Consol. ad Marciam c. 24: Pupillus relictus sub tutorum cura usque ad quartum decimum annum fuit, sub matris tutela semper.

[2] Cicero in Verrem I, c. 52; Livius 39. c. 9: P. Aebutius .... pupillus relictus, mortuis deinde tutoribus sub tutela Duroniae matris et vitrici T. Sempronii Rutili eductus fuerat.

[3] Livius 4. c. 9.

[4] „ni vitricum induxerit" (l. 1 C. ubi pup. 5. 49), „nisi ad secundas accesserit nuptias" (Nov. 22. c. 38).

[5] Rudorff I, S. 178f. Emmerich, Beiträge zur Lehre von der Vormundschaft der Mutter und Großmutter in der Gießener Zeitschrift III, S. 201ff.

[6] Vangerow § 266.

Vormündern bestellt wurden. Wenigstens ist aus der Schärfe, mit welcher Papinian unter Betonung des römischen Rechts (jus nostrum) sich gegen diesen Gebrauch wendet, welcher sogar von einem Provinzstatthalter in Unkenntnis der römischen Rechtsnormen geduldet wird, zu ersehen, daß nicht nur die Handhabung des römischen Rechts in den Provinzen nicht ganz sicher war, sondern daß auch im öffentlichen Rechtsbewußtsein die volksrechtlichen Anschauungen durch das römische Recht nicht überwunden waren.[1]

Doch schon in klassischer Zeit konnte ein kaiserliches Privilegium, das allerdings ganz Gnadensache war und auch verweigert werden konnte, die Mutter zur Tutela zulassen.[2] Erst Valentinian II., Theodosius und Arcadius bestimmten im Jahre 390 n. Chr., daß unter gewissen Voraussetzungen die Vormundschaft der Mutter übertragen werden können.[3] Die Zulässigkeit der Übertragung der Vormundschaft wird sodann von Justinian auf die unehelichen Kinder ausgedehnt[4] und sukzessive erweitert.[5] Festgehalten wird aber immer daran, daß durch eine zweite Ehe der Mutter die Vormundschaft erlösche.

---

[1] l. 26 pr. D. 26. 2. (Pap. libro IV. resp.): Jure nostro tutela communium liberorum matri testamento patris frustra mandatur; nec si provinciae praeses imperitia lapsus patris voluntatem sequendam decreverit, successor eius sententiam, quam leges nostrae non admittunt, recte sequetur. Mitteis, S. 155. Ob sich Papinian in diesen Stellen gerade gegen ägyptisches Provinzialrecht wendet, in welchem sich mutterrechtliche Gedanken forterhalten haben, wie Bachofen (Mutterrecht, S. 414) meint, wird wohl kaum zu erweisen sein.

[2] l. 18 D. de tutelis 26. 1 (Neratius): Feminae tutores dari non possunt: quia id munus masculorum est; nisi a principe filiorum tutelam specialiter postulent.

Eine Ablehnung eines solchen Gesuches enthält l. 1 C. quando mulier 5. 35: Imp. Alexander A. Otaciliae. Tutelam administrare virile munus est, et ultra sexum femineae infirmitatis tale officium est. (224 n. Chr.)

[3] l. 2 C. quando mulier 5. 35.

[4] l. 3 C. eod. tit.; Nov. 89 c. 14.

[5] Nov. 22. c. 40; Nov. 94. c. 2; Nov. 118. c. 5; Nov. 155.

Drittes Kapitel
Christentum und Kirchenrecht.

Literatur: Scherer, Handbuch des Kirchenrechts, 2. Bd. Graz und Leipzig 1885—1898. — Zschokke, Das Weib im alten Testament. Wien 1883. — Schulte, Handbuch des kath. Eherechts. 1855. — Kutschker, Das Eherecht der kath. Kirche, 5. Bd. 1856—1857. — Wetzer und Welte, Kirchenlexikon 2. Aufl. Art. „Ehe" und „Weib". — Groß, Lehrbuch des katholischen Kirchenrechts, 3. Aufl. Wien 1899. — Die ethische Ausgestaltung der Ehe im Kulturleben der Völker. Wien 1892. — Walter, Lehrbuch des Kirchenrechts, 14. Aufl. Bonn 1871. — Unger, Die Ehe in ihrer welthistorischen Entwicklung, S. 33—35, S. 88—100, S. 114—131. — Thönes, Die christliche Anschauung der Ehe. Leiden 1881. — Michaelis, Mosaisches Recht, 6. Bd. Frankfurt a. M. 1776. — Stade und Holtzmann, Geschichte des Volkes Israel. 1887—88 in Onckens Allg. Geschichte.

Zitate aus der Bibel werden sowohl hier als auch später immer nach dem Text der Vulgata gegeben hauptsächlich darum, weil in dieser Form die Einwirkung der Kirche auf das deutsche Rechtsleben im Mittelalter erfolgte.

Der Boden, auf welchem das Christentum entstand und seine erste Entwicklung erlebte, ist die Osthälfte des römischen Reichs. Eine Unzahl von Völkerschaften, verschieden an Rasse, Religion, Kultur und Rechtseinrichtungen waren in einem unter dem überwiegenden Einfluß griechischer Kultur bewirkten Verschmelzungsprozeß begriffen, ohne daß die partikulären Sitten und Gewohnheiten deshalb gänzlich verschwunden wären.

Im Familienrecht herrschten die verschiedensten Zustände nebeneinander. Mutterrechtliche Einrichtungen in deutlichen Spuren in Kleinasien und Ägypten[1], Weibergemeinschaft in Heliopolis[2], Polygamie bei vielen Völkern des Orients, aber auch in Europa[3], Monogamie bei den Hellenen.[4]

---

[1] Zahlreiche Belege hiefür bei Bachofen, Mutterrecht.

[2] Siehe hierüber den Bericht des Kirchenhistorikers Sokrates, zitiert bei Mitteis, Reichsrecht und Volksrecht, S. 28, vgl. auch ebenda S. 222.

[3] Z. B. die Thraker.

[4] Mitteis S. 67 und 221. Das griechische Familienrecht steht ungefähr auf gleicher Stufe wie das deutsche im Mittelalter. Die Philosophie ist aber

Speziell bei den Juden finden wir dieselben Grundzüge der Entwicklung des Familienrechts, die wir bei den Römern, Griechen und Germanen finden; allerdings gelangen sie über eine gewisse Stufe nicht hinaus. Wir finden Polygamie[1], Herrschaft des Mannes über Weib und Kind[2], Auffassung des Ehebruches als eines bloß vom Eheweib und am Eheweib begangenen Delikts[3], wesentliche Vorteile für den Erstgeborenen, Streben nach Reichtum an Kindern, in dem man den Segen Gottes erblickt[4], das Institut der Leviratsehe[5], alles Einrichtungen, die der ersten Entwicklungsstufe des Familienrechts entsprechen. Dementsprechend finden wir den Kauf

---

dem weit voraus. Die Ansichten des Sokrates über die Frauen siehe oben S. 5. Die peripatetische Schule suchte zwischen einer prinzipiellen Gleichstellung der Geschlechter und der tatsächlichen Rechtsgestaltung zu vermitteln. Über das Verhältnis der Ehegatten sagt eine lange Zeit dem Aristoteles zugeschriebene Schrift (Magn. Moral. I, 34): *Ἐν γυναικὸς καὶ ἀνδρὸς κοινωνίᾳ δίκαιόν ἐστιν ἐγγὺς τοῦ πολιτικοῦ δικαίου· χεῖρον μὲν γάρ ἐστι ἡ γυνὴ τοῦ ἀνδρὸς, ἀλλ' οἰκειότερον καὶ μετέχει ἰσότητός πως μᾶλλον.* Über das Verhältnis der Kinder zum Vater heißt es an derselben Stelle: *υἱῷ πρὸς πατέρα καὶ οἰκέτῃ πρὸς δεσπότην οὐκ ἂν δόξειεν εἶναι δίκαιον οὐδέν.* Aristoteles selbst spricht aber von der Ehe (Nicomach. Eth. 8. 12): *οἱ δὲ ἄνθρωποι οὐ μόνον τῆς τεκνοποιίας χάριν συνοικοῦσιν, ἀλλὰ καὶ τῶν εἰς τὸν βίον· εὐθὺς γὰρ διῄρηται τὰ ἔργα, καὶ ἔστιν ἕτερα ἀνδρὸς καὶ γυναικός. Ἐπαρκοῦσιν οὖν ἀλλήλοις, εἰς τὸ κοινὸν τιθέντες τὰ ἴδια διὰ ταῦτα δὲ καὶ τὸ χρήσιμον εἶναι δοκεῖ, καὶ τὸ ἡδὺ ἐν ταύτῃ τῇ φιλίᾳ.* Ähnliche Aussprüche finden sich bei späteren Philosophen zahlreich. Es ist sicher, daß das auf hellenistischem Milieu entstandene Christentum wesentliche Stücke seines familienrechtlichen Inhalts der griechischen Philosophie verdankt.

[1] Außer den bekannten mehrfachen Ehen der Patriarchen, von welchen die Genesis berichtet, siehe über David 2. Reg. 3. 1—4, 5. 11—16; 1. Chron. 3. 1—9, 14. 3—7; über Salomo 3. Reg. 11. 3; Hohes Lied 6. 7; siehe auch Michaelis, Mos. Recht II, S. 174ff. Mitteis, S. 221.

[2] Gen. 3. 16: Et sub viri potestate eris et dominabitur tui.

[3] Lev. 20. 10: Si moechatus quis fuerit cum uxore alterius et adulterium perpetraverit cum coniuge proximi morte moriantur et moechus et adultera. Deut. 22. 22. Si dormierit vir cum uxore alterius, uterque morietur. Wie man sich auf diese beiden Stellen zum Beweise für die Behauptung berufen kann, das mosaische Recht verlange gleiche eheliche Treue von beiden Geschlechtern (so Wetzer und Welte, Kirchenlexikon, XII, S. 1249), ist mir unerklärlich. Siehe dagegen Scherer II, S. 579, Anm. 7.

[4] Unger, Ehe, S. 33. Psalm 127. 3—5, Psalm 128. 3.

[5] Siehe oben S. 11 Anm. 3. Die Leviratsehe scheint noch zur Zeit des römisch-syrischen Rechtsbuchs im Orient gebräuchlich gewesen zu sein. Mitteis, S. 223, Anm. 1.

der Frau[1], der Vater bestimmt dem Sohne die Frau[2], der Mann kann die Frau ohne jeden Grund entlassen.[3] Auch die Zusammenstellung der Frau mit dem Sklaven und dem Vieh finden wir wie in der römischen familia im letzten Gebot des Dekalogs wieder.[4] Namentlich die schrankenlose Polygamie in Verbindung mit dem unbeschränkten willkürlichen Scheidungsrecht des Mannes läßt die Stellung der Frau als eine ziemlich rechtlose gegenüber dem Manne erscheinen. Der Mann kann darum auch von seiner Frau nach dem sogenannten Eifergesetz (lex zelotypiae)[5] ganz ohne jeden Anhaltspunkt die denkbar stärkste Garantie für ihre eheliche Treue durch einen mit schauerlichen Verwünschungen begleiteten Reinigungseid verlangen, und zwar treffen den Mann, wenn er die Frau ganz unbegründet dieser Prozedur aussetzt, weder ein Vorwurf noch eine Schuld.[6] Doch zeigt sich gegenüber diesem Rechtszustand die Sitte bedeutend vorgeschritten. Es bahnt sich allmählich die Vorstellung Raum von dem hohen sittlichen Wert einer tüchtigen Frau.[7] Es wird nicht mehr einseitig betont, daß die Frau dem Manne gehöre, sondern auch umgekehrt, daß der Mann dem Weibe gehöre.[8]

Der ins Judentum eindringende Hellenismus hat wohl dazu

---

[1] Wetzer und Welte, Kirchenlexikon IV, S. 154. Unger S. 33. Der Kaufpreis „mohar" (Vulgata: dos, Luther: Morgengabe) ist ungefähr dem eines leibeigenen Knechtes gleich. Gen. 34. 12; Ex. 22. 16, 17; Deut. 22. 29; Scherer II, S. 232, Anm. 2. Zschokke S. 54ff.

[2] Gen. 24. Ex. 21. 9—11. Judic. 14. 2—4.

[3] Deut. 24. 1: Si acceperit homo uxorem et habuerit eam, et non invenerit gratiam ante oculos eius propter aliquam foeditatem, scribet libellum repudii et dabit in manu illius et dimittet eam de domo sua. Über die Auslegung des Ausdrucks propter aliquam foeditatem siehe Scherer II, S. 542, Anm. 5; vgl. auch Matth. 19. 3.

[4] Ex. 20. 17: Nec desiderabis uxorem eius, non servum, non ancillam, non bovem, non asinum, nec omnia quae illius sunt. Ebenso Deut. 5. 21.

[5] Num. 5. 11—31.

[6] Unger S. 35, Anm. 1. Num. 5. 31: Maritus absque culpa erit, et illa recipit iniquitatem suam.

[7] Prov. 18. 22: Qui invenit mulierem bonam, invenit bonum et hauriet jucunditatem a Domino. „Wer eine Hausfrau findet, findet was Gutes und kann guter Dinge sein im HERRN" (Luther), siehe auch Prov. 5. 18, 19. 14, Eccles. 9. 9 und das bekannte Loblied auf eine tüchtige Frau Prov. 31, 10ff.

[8] Genes. 2. 24: Quamobrem relinquet homo patrem suum et matrem et adhaerebit uxori suae: et erunt duo in carne una.

beigetragen, daß die Polygamie allmählich verschwand.[1] Die Aussprüche der Evangelien über die eheliche Treue passen nur auf eine monogamische Ehe. Gleichwohl scheint sich die Polygamie lange forterhalten zu haben und noch ein Gesetz aus dem Jahre 393 n. Chr. verbietet den Juden doppelte Ehe unter Hinweis auf die jüdische Sitte.[2] Der Frauenkauf wird wie anderwärts zur bloßen Zeremonie, die Leviratsehe verschwindet. Der bereits unter starken griechischen Einflüssen stehende Jesus Sirach ist zwar den Frauen im allgemeinen nicht günstig gesinnt. Er sieht sie als Urquell der Sünde an (ein Gedanke, der im christlichen Mittelalter eine große Rolle spielt)[3], er warnt vor ihren Versuchungen[4] und weist sie im Hause unter den Mann[5], aber er gibt der Frau doch eine Art genossenschaftlicher Stellung gegenüber dem Manne und erklärt ein gutes Einverständnis zwischen Mann und Frau zu den drei Dingen (neben Eintracht unter Brüdern und Liebe unter Verwandten), welche Gottes Gefallen erregen.[6]

Die Kinder stehen unter der Gewalt des Vaters, die in älterer Zeit wesentlich denselben Charakter hatte, wie die väterliche Gewalt in Rom. Das „Bundesbuch", das die ältesten uns überlieferten Rechtssatzungen enthält, erwähnt den Verkauf einer Tochter, ohne daß dabei an den Brautkauf gedacht wurde.[7] Aber wiewohl auch in der jüdischen Familie, namentlich bei der Herrschaft der Polygamie[8], der Vater der alleinige Träger der Gewalt war, finden wir doch seit

---

[1] Das Aufgeben der Polygamie war „eine Konzession an den Okzident" (Unger S. 35). Aber noch Maimonides († 1204) gestattet jedem Juden vier Frauen. Art. „Ehe bei den Juden" im Kirchenlexikon IV, S. 156.

[2] l. 7 C. de Iudaeis 1, 9: Nemo Iudaeorum morem suum in conjunctionibus retineat, nec juxta legem suam nuptias sortiatur, nec in diversa sub uno tempore conjugia conveniat.

[3] Eccli. 25. 33: A muliere initium factum est peccati et per illam omnes morimur.

[4] Eccli. 9. 1—13.

[5] Eccli. 25. 30: Mulier si primatum habeat contraria est viro suo.

[6] Eccli. 25. 2: Vir et mulier bene sibi consentientes. Vgl. auch 26. 1: Mulieris bonae beatus vir: numerus enim annorum illius duplex. Ferner Eccli 7. 28. Tob. 6. 17ff. Schon der Prophet Maleachi (Malachias) weist auf die genossenschaftliche Stellung der Frau hin (2. 14—16).

[7] Ex. 21. 7.

[8] Zu welchen Streitigkeiten die Polygamie führte, zeigt uns der Bericht Gen. 30. 1—24, welcher für das nach unseren Begriffen darin liegende Unsittliche gar keine Empfindung hat.

altersher der Mutter eine Art Autoritätsstellung gegenüber ihren Kindern eingeräumt. Gerade die Polygamie mag bewirkt haben, daß die Kinder verschiedener Frauen sich zu Unterabteilungen des Hauses organisierten, an deren Spitze die Mütter standen.[1] Jedenfalls wird Ehrfurcht vor der Mutter seit jeher als sittliche Pflicht der Kinder gelehrt.[2]

Das wäre an sich nichts Auffälliges. Aber eigentümlich ist, daß bei allen Hauptpflichten, welche den Kindern auferlegt werden, regelmäßig neben dem Vater die Mutter genannt wird[3], und auf diese Weise eine Art Gleichstellung beider Elternteile stattfindet. Von dem berühmten vierten Gebot des Dekalogs angefangen, finden wir im alten Testament immer wieder die gleiche Ehrfurcht vor Vater und Mutter gepredigt.[4] Das Kind ist beiden Eltern Gehorsam schuldig[5], erfreut und betrübt durch sein Benehmen beide Eltern[6], Segen und Fluch beider ist von gleicher Kraft.[7] Der sterbende Vater empfiehlt seinem Sohne Ehrfurcht gegen die Mutter[8], Ehrfurchtsverletzungen gegen beide Eltern werden in gleicher Weise mißbilligt[9], auf schwerere Fälle ist die Todestrafe gesetzt.[10]

Diese sittliche Gleichstellung von Vater und Mutter findet an einzelnen Punkten auch rechtlichen Ausdruck. So scheint der

---

[1] Auch hierfür bilden die Verhältnisse in der Familie des Patriarchen Jakob den besten Beleg. Vgl. Westermarck, Geschichte der menschlichen Ehe, S. 332.

[2] Man beachte das Zeremoniell, mit welchem Salomo seine Mutter empfängt. 3. Reg. 2. 19: Venit ergo Bethsabee ad regem Salomonem, ut loqueretur ei pro Adonia et surrexit rex in occursum eius, adoravitque eam, et sedit super thronum suum; positusque est thronus matri regis, quae sedit ad dexteram eius.

[3] Wetzer und Welte, Kirchenlexikon, XII. S. 1249.

[4] Ex. 20. 12: Honora patrem tuum et matrem tuam, ut sis longaevus super terram, quam Dominus Deus dabit tibi. Ebenso Levit. 19. 3, Deut. 5. 16, 27. 16. Eccli. 3. 3, 5, 7; 7. 29, 23. 18. Siehe über das vierte Gebot Gans, Erbrecht I, S. 134.

[5] Prov. 1. 8, 6. 20, 23. 22.

[6] Prov. 10. 1, 15. 20, 17. 25, 23. 25.

[7] Eccli. 3. 11: Benedictio patris firmat domus filiorum; maledictio autem matris eradicat fundamenta.

[8] Tob. 4. 3: Et honorem habebis matri tuae omnibus diebus vitae eius.

[9] Deut. 27. 16, Prov. 19. 26, 20. 20, 28. 24, 30. 17. Ezechiel 22. 7.

[10] Ex. 21. 15, 17. Lev. 20. 9.

Mutter ein entscheidendes Wort bei der Verheiratung von Söhnen neben dem Vater zugestanden zu sein.[1] Wenn der Mann der Tochter deren Jungfräulichkeit bestreitet und damit die Hausehre kränkt, tritt nicht der Vater allein, sondern es treten beide Eltern als Kläger auf. Die Buße erhält allerdings der Vater.[2] Das jus vitae ac necis ist dem Vater entzogen, gegen den ungehorsamen Sohn müssen Vater und Mutter als Kläger auftreten und die verhängte Todesstrafe vollzieht das ganze Volk durch Steinigung.[3]

Man darf diese gewiß sehr einflußreiche Stellung der Mutter nicht überschätzen. Die Frau blieb trotz aller Verehrung für die Mutter bei den Juden immer ein minderwertiges Geschöpf.[4] Darum kann auch ihre Rechtsstellung gegenüber den Kindern nicht so bedeutend gewesen sein, als es auf den ersten Blick scheint. Es ist auch kaum richtig, ja sogar mit dem oben angeführten Rechtssatz im Widerspruch, wenn Philo von Alexandrien (offenbar in bewußtem Gegensatz zum römischen Recht) behauptet, Gewalt über Leben und Tod des Kindes hätten nur beide Eltern gemeinsam.[5] Noch viel weniger aber kann man sagen, die einseitige patria potestas der Römer sei hier dem Elternrecht zu Gunsten der Mutter gewichen.[6] Es heißt das, christliche und moderne Ideen ins Judentum tragen, die einer viel jüngeren Kulturstufe angehören.

Auf eine neue höhere Stufe wird das Familienleben durch das Christentum gehoben. Mit Bestimmtheit wird in den Evangelien die Pflicht der ehelichen Treue auf den Mann ausgedehnt[7] und das

---

[1] Wenigstens wird dies von der Ehe Samsons berichtet, Iudic. 14. 2—4. Vgl. auch Gen. 24. 4, 28. 1 ff., Ex. 34. 16, Deut. 7. 3.

[2] Deut. 22. 13—19.

[3] Deut. 21. 18—20.

[4] Lev. 12. 1—5. Zurücksetzung im Erbrecht Num. 27. 8.

[5] Holtzmann, Geschichte des Volkes Israel II, S. 542.

[6] So Wetzer und Welte, Kirchenlexikon XII, S. 1249.

[7] In Matth. 5. 32 findet sich noch anläßlich des Scheidungsverbotes ein Anklang an das alte Recht, wonach nur das Weib die Ehe brechen konnte: Ergo autem dico vobis: quia omnis, qui dimiserit uxorem suam excepta fornicationis causa, facit eam moechari (ποιεῖ αὐτὴν μοιχᾶσθαι), et qui dimissam duxerit, adulterat. Dagegen bereits ganz klar: Matth. 19. 9: Dico autem vobis, quia quicumque dimiserit uxorem suam nisi ob fornicationem et aliam duxerit, moechatur et, qui dimissam duxerit, moechatur. Ebenso fast wörtlich gleichlautend Marc. 10. 11—12, Luc. 16. 18. Vgl. auch Matth. 5. 28.

Recht des Mannes, die Ehe willkürlich zu scheiden verneint.[1] Das Verhältnis des Menschen zu Gott wird zu einem Kindschaftsverhältnis und damit erlangt umgekehrt das Verhältnis zwischen Vater und Kindern eine sittliche symbolische Bedeutung, die sich mit einem einseitigen schrankenlosen Gewaltverhältnis nicht verträgt. Das vierte Gebot wird in den Evangelien als ein fortgeltendes wiederholt zitiert.[2] Noch bestimmter als in den Evangelien treten die Grundzüge des christlichen Familienideals in den apostolischen Briefen hervor. Im wesentlichen sind es folgende Grundsätze, die für das Familienleben aufgestellt werden:

1. Zum Reich Gottes sind Männer und Frauen in gleicher Weise berufen. Ebenso wie der Unterschied der Nationalität und des Standes der Freiheit oder Unfreiheit, ist auch der Unterschied der Geschlechter belanglos.[3] Die Gebote der Moral sind in gleicher Weise für Mann und Weib bindend, die Standespflichten der Ehegatten sind wesentlich gegenseitiger Natur[4]; immer wieder wird hervorgehoben, daß der Mann durch die Ehe ebenso eine Freiheitsbeschränkung erfahre wie das Weib und daß beide Geschlechter einander gegenseitig bedingen.[5]

2. Innerhalb der Familie soll das Weib dem Manne untertan sein[6], der Mann ist das Haupt des Weibes, so wie Christus das Haupt der Kirche[7]; das Weib ist nach dem Manne für diesen er-

---

[1] Siehe die vorstehenden Stellen. Zugleich ist hier die Monogamie deutlich zum Ausdruck gebracht. Bekanntlich ist die Bedeutung des Beisatzes excepta fornicationis causa (*παρεκτὸς λόγου πορνείας*) und nisi ob fornicationem (*μὴ ἐπὶ πορνείᾳ*) streitig. Das katholische Eherecht hält mit Rücksicht auf Matth. 19. 6 = Marc. 10. 9: Quod ergo Deus conjunxit, homo non separet, nur eine Scheidung von Tisch und Bett ohne Lösung des Bandes für zulässig, während das protestantische Eherecht aus diesem Zusatze die Lösbarkeit der Ehe wegen Ehebruchs ableitet.

[2] Matth. 15. 4, 19. 19, Marc. 10. 19, Luc. 18. 20.

[3] Gal. 3. 28: Non est Iudaeus neque Graecus, non est servus neque liber, non est masculus neque femina: omnes enim vos unum estis in Christo Jesu.

[4] 1. Cor. 7. 1—11. 1. Petri 3. 7.

[5] 1. Cor. 11. 11: Verum tamen neque vir sine muliere, neque mulier sine viro in Domino. 12: Nam sicut mulier de viro, ita et vir per mulierem: omnia autem ex Deo.

[6] Col. 3. 18: Mulieres subditae estote viris, sicut oportet, in Domino. Rom. 7. 2. Eph. 5. 22, 33. 1. Petri 3. 7.

[7] 1. Cor. 11. 3. Eph. 5. 23—24.

schaffen worden, nicht umgekehrt.[1] Auch in der Gemeinde soll die Frau dieses Subordinationsverhältnis kund tun, sowohl in ihrer Kleidung[2], wie in ihrem Benehmen, namentlich soll sie nicht öffentlich reden, sondern soll daheim den Mann fragen, wenn sie etwas lernen will.[3]

3. Das Verhältnis des auf dieser Weise übergeordneten Mannes ist aber kein egoistisches Gewaltverhältnis. Immer wieder wird gepredigt, daß der Mann sein Weib lieben soll, wie Christus die Kirche liebt, wie er seinen eigenen Leib liebt, von dem sie gleichsam ein Stück sei[4], der Mann solle dem Weibe, als dem schwächeren Teil, Ehre erweisen, da ja die Frau Miterbe der Gnade des Lebens sei.[5]

4. Der Frau wird innerhalb des Hauses ihr eigener Wirkungskreis angewiesen; die Bestellung des Hauses und die Pflege und Erziehung der Kinder werden als ihre Aufgabe bezeichnet.[6] Häuslichkeit[7] und Liebe zum Manne und den Kindern[8] werden neben Sittsamkeit und Güte als Haupttugenden der Frau gepriesen.

5. Dem ehelichen Verhältnis entsprechend wird auch das Verhältnis zwischen Eltern und Kindern herzlicher gestaltet und auf gegenseitige Liebe gegründet. Auch der Apostel predigt den Kindern

---

[1] 1. Cor. 11. 7—9: Vir ... imago et gloria Dei est, mulier autem gloria viri est. Non enim vir ex muliere est, sed mulier ex viro. Etenim non est creatus vir propter mulierem, sed mulier propter virum. Vgl. auch 1. Tim. 2. 13—14. Ob mit diesen Stellen eine Zurückweisung der im Orient noch lebendigen mutterrechtlichen Gedanken beabsichtigt ist, wie Bachofen (Mutterrecht S. 390) behauptet, muß dahingestellt bleiben.

[2] 1. Cor. 11. 4—7.

[3] 1. Cor. 14. 34: Mulieres in ecclesiis taceant. Siehe auch 1. Cor. 14. 35, 1. Tim. 2. 11—12.

[4] Eph. 5. 25: Viri diligite uxores vestras sicut et Christus dilexit ecclesiam et se ipsum tradidit pro ea. 28: Ita et viri debent diligere uxores suas ut corpora sua. Qui suam uxorem diligit, se ipsum diligit. Ebenso 5. 33 und Col. 3. 19.

[5] 1. Petr. 3. 7. Die Ehe selbst erklärt Paulus (Eph. 5. 31—33), nachdem er die Worte der Genesis (2. 18) über die Einheit der Gatten zitiert hat, für ein großes Geheimnis (*μυστήριον*, Vulgata: sacramentum) und erblickt darin ein Abbild des Verhältnisses zwischen Christus und der Kirche.

[6] 1. Tim. 2. 15, 5. 3, 9—11, 14. Tit. 2. 3—5.

[7] Tit. 2. 5: domus curam habentes.

[8] Tit. 2. 4: ut viros suos ament, filios suos diligant.

das vierte Gebot als Pflicht gegen Vater und Mutter.[1] Aber er wendet sich auch sofort an die Väter und warnt sie vor Mißbrauch der Gewalt.[2] Gerade die Hervorhebung dieser Kehrseite des vierten Gebotes macht einen modernen Eindruck. Bemerkenswert ist, daß diese Mahnung sich nur an die Väter richtet; das beweist, daß bei aller sittlicher Gleichstellung von Vater und Mutter doch nur der Vater rechtlich als Machthaber in den hellenistischen juden- und heidenchristlichen Gemeinden galt, an welche sich die Briefe des Apostels richten.

Diese ungemein hochentwickelten Grundsätze des Neuen Testaments[3] haben einen unmittelbaren Einfluß auf das römische Recht nicht ausgeübt. Das Familienrecht der justinianischen Kodifikation enthält bei aller Internationalisierung und Beseitigung des jus civile Romanorum immer noch sehr viel National-römisches und fast nichts Jüdisches oder Christliches.[4] Die Kirchenlehrer des beginnenden Mittelalters sind sich darüber im klaren, sie wissen sehr wohl, daß die Vorschriften der Bibel außerhalb des bürgerlichen Rechts stehen, wenn sie nicht gar diesem widersprechen.[5] Wenn trotzem der Darstellung der Familiensitte und des Familienrechts des Alten und Neuen Testaments ein so breiter Raum gewidmet wurde, so hat das seinen Grund darin, daß die sittlichen Vorstellungen der Bibel den nachhaltigsten Einfluß auf die germanischen Rechte übten. Nicht nur Theologen, auch Juristen (z. B. die deutschen Rechtsspiegel) berufen sich immer wieder, wo sie das Familienrecht be-

---

[1] Col. 3. 20: Filii, oboedite parentibus in omnia; hoc enim placitum est in Domino. Eph. 6. 1—3; 1. Tim. 5 1—2; 1. Petr. 5. 5.

[2] Eph. 6. 4. Et vos patres nolite ad iracundiam provocare filios vestros; sed educate illos in disciplina et correptione Domini. Col. 3. 21. Patres nolite ad indignationem provocare filios vestros, ut non pusillo animo fiant. Vgl. 1. Tim. 3. 4, 5; Tit. 2. 4.

[3] Man bemerke die unverkennbare Ähnlichkeit dieser Grundsätze besonders Nr. 4 mit denen des Aristoteles Nic. Eth. 8. 12, siehe oben S. 39.

[4] Über die geringfügigen Spuren jüdisch-christlicher Einflüsse auf die römische Kaisergesetzgebung siehe Mitteis, S. 552.

[5] Hieronymus in seiner zu alliterierenden Antithesen neigenden Manier sagt (ep. 30): Aliae sunt leges Caesarum, aliae Christi; aliud Papinianus, aliud Paulus noster (nämlich der Apostel, im Gegensatz zu dem gleichnamigen Juristen) praedicat. Genaueres über die Einflußlosigkeit des Christentums, speziell auf das römische Eherecht bei Unger S. 98—99. Siehe auch Scherer II, S. 95.

rühren auf die oben angeführten Schriftstellen. Die germanische und die christliche Anschauung verschmolz zu einem so einheitlichen Block, daß ihm die Rezeption des römischen Rechts kaum viel anhaben konnte. Gerade zu der Zeit, als man mit der Durchführung der Rezeption Ernst machte, und als die Reformation die ganze mittelalterliche Tradition, die Theologie und die Kanonistik, über Bord warf, griff man für das Familienleben wieder auf die Forderungen des Neuen Testaments zurück und schöpfte daraus neue Anregung und neue Kraft zu einer Fortentwicklung des Familienrechts.

Innerhalb der Kirche hatten inzwischen die Anschauungen eine Fortentwicklung erlebt, die man kaum als Fortschritt bezeichnen kann, die sich vielmehr als ein Rückschritt darstellt. Die Veranlassung hiezu gab die Ausbreitung der Askese.[1] Im Gegensatz zum Alten Testament bildet der ehelose Stand das Ideal des christlichen Lebens. Unter den Aussprüchen Jesu fand sich allerdings nur einer, der sich halbwegs als Stütze hierfür verwenden ließ. Auf die Frage der Jünger, ob es angesichts des Verbots der Scheidung nicht besser sei, ehelos zu bleiben, hatte Jesus mit einem Gleichnis geantwortet, dessen Sinn wohl der ist, daß nicht jeder die sittliche Reife zur Ehe im Sinne Jesu habe, und daß es aus mancherlei Gründen besser sein könne, ehelos zu bleiben.[2] Viel besser schon stützten sich die Asketen auf die Worte des Apostels Paulus, daß es besser sei, un-

---

[1] Die Ansicht, daß der Geschlechtsverkehr an sich, damit auch das Institut der Ehe überhaupt etwas Unreines sei, ist auch außerhalb des Christentums zu finden. Westermarck, Geschichte der menschl. Ehe, S. 147—153.

[2] Matth. 19. 11, 12: Qui dixit illis: Non omnes capiunt verbum istud (die sittliche Bedeutung der Ehe), sed quibus datum est. Sunt enim eunuchi (zur Ehe ungeeignet), qui de matris utero nati sunt; et sunt eunuchi, qui facti sunt ab hominibus et sunt eunuchi, qui se ipsos castraverunt propter regnum coelorum. Qui potest capere, capiat. Der Schlußsatz scheint geradezu zur Eheschließung aufzufordern. Auch wird ein sittlich Höherstehender doch schwerlich unter dem Bild eines körperlich Verstümmelten dargestellt werden. Die kirchliche Auslegung siehe in c. 9 C. XXXIII, qu. 5 (Hieronymus). Bekanntlich wurde dieser Ausspruch Jesu von manchen, darunter von Origenes, einem der talentvollsten Männer der Kirche des Altertums, buchstäblich als Aufforderung zur Selbstentmannung aufgefaßt. Doch hat die Kirche diese Auslegung nie gebilligt. Scherer II, S. 706, Anm. 27. Müller, Die Keuschheitsideen in ihrer geschichtlichen Entwicklung 1897.

verheiratet zu bleiben. Doch fügt der Apostel hinzu, daß das seine Privatmeinung sei und daß eine Weisung Jesu hierüber fehle[1], und erklärt, wie sich bei seiner hohen sittlichen Auffassung von dem Wesen der Ehe und der Familie von selbst versteht, daß derjenige, der heirate, oder Töchter verheirate, nicht nur nicht sündige, sondern wohl daran tue.[2]

Diese maß- und einsichtsvolle Haltung des Apostels wird aber von seinen Nachfolgern nicht beobachtet. Im Gegenteil; je höher das Ideal der Keuschheit gehoben wird, desto tiefer sinkt der sittliche Wert der Ehe. Man erblickt in der Ehe nur das sinnliche Element, die geistigen, sittlichen Elemente werden gänzlich übersehen. Die Ehe ist nicht viel mehr als ein notwendiges Übel[3], sie ist das Institut, in welchem der Mensch seinen sündhaften Trieben wenigstens ohne Sünde nachgeben kann. Doch auch daran zweifelt man; es wird fraglich, ob nicht auch der eheliche Verkehr sündhaft sei.[4] Und wenn man diese Frage schließlich auch verneint, so wird doch andererseits hervorgehoben, daß wenigstens die göttliche Gnade dabei fehle.[5] „Die Ehe gilt als Produkt menschlicher Schwachheit, als ein Ausfluß der sündhaften Natur des Menschen; wäre Adam im Paradiese von Gott nicht abgefallen, so gäbe es keine Ehe und die Fortpflanzung des menschlichen Geschlechts geschähe auf würdigere und weniger bedenkliche Weise.“[6] Mitunter war es soweit gekommen, daß die Kirche die Ehe und das

---

[1] 1. Cor. 7. 25: De virginibus autem praeceptum Domini non habeo; consilium autem do.

[2] 1. Cor. 7. 36: Non peccat, si nubat, 7. 38: Igitur et qui matrimonio jungit virginem suam, bene facit et qui non jungit, melius facit.

[3] Augustinus, Die Ehe ist ein bonus usus mali (c. 11. C. XXXII, qu. 1) ähnlich Hieronymus, adversus Jovinianum II; vgl. Scherer II, S. 90, Anm. 14.

[4] Augustinus, de nupt. et concup. 1. 17: Conjugalis concubitus generandi gratia non habet culpam; vgl. c. 7 C. XXXIII, qu. 4 und die Glosse dazu.

[5] Origenes, in Num. VI: Connubia legitima carent quidem peccato, nec tamen tempore illo, quo conjugalis actus geruntur, praesentia sancti spiritus dabitur; vgl. c. 4. C. XXXII, qu. 2 und die dazu gehörige Note der Corr. Rom.; siehe auch die in c. 12. C. XXXII, qu. 1 zitierte Stelle aus Hieronymus, wonach die Zweizahl und alles, was nach der Zweizahl geordnet ist, schlecht ist, eine Bemerkung, die absichtlich auf die Ehe abzielt und auch von Gratian so verstanden wurde.

[6] Unger S. 95; vgl. dazu dict. Grat. ad c. 2 C. XXXII, qu. 2.

Familienleben gegen Schmähungen der Asketen in Schutz nehmen mußte.[1]

Die natürliche Folge dieser Anschauungen war, daß in der kirchlichen Lehre von der Ehe das sinnliche Element einen ungebührlich breiten Raum einnimmt, das geistige verschwindet dagegen fast gänzlich. Mit Staunen liest man, wie in der quaestio 2 der 32. Causa des Gratianischen Dekrets, wo die Frage behandelt wird, an ea quae causa incontinentiae ducitur, sit conjux appellanda, von den dort zitierten Kirchenvätern Augustinus, Ambrosius und Hieronymus keiner ein höheres Ziel in der Ehe als die procreatio liberorum anzugeben weiß.[2] Gerade hier, wo man als Gegensatz gegen die libido einen Hinweis auf den geistigen ethischen Inhalt der Ehe erwarten würde, fehlt ein solcher gänzlich. Daher besteht die kirchliche Lehre über das gegenseitige Verhältnis der Ehegatten fast nur in einer Regelung des debitum conjugale, allerdings wird dieses mit einer Breite und Gründlichkeit behandelt, die unserem Gefühl wohl in mehr als einem Punkte zu weitgehend erscheint.[3] Nur als Symbol des Verhältnisses Christi zur Kirche erhält die Ehe eine religiöse Bedeutung und Weihe, an sich ist sie durch die

---

[1] So die Synode von Gangra (Mitte des 4. Jahrhunderts) wider die Lehren der Manichäer c. 4, 5, 12, 16 dist. 30; c. 8, 9 dist. 31.

[2] Das war auch der Ausweg, sich mit der Polygamie der Patriarchen, welche natürlich schweren Anstoß erregte, aber von der Bibel nicht mißbilligt war, abzufinden, ja sie geradezu zu billigen. So Augustinus (c. 1, 2, 7 C. XXXII, qu. 4) Ambrosius (c. 3. l. c.). Ja sogar noch Innocenz III. sieht sich dazu veranlaßt (c. 8. X. de divortiis 4, 19) die Polygamie der Patriarchen ebenso wie die Lüge Jakobs (Gen. 27) und den Diebstahl der Juden in Ägypten (Ex. 12. 35—36) für gerechtfertigt zu erklären.

[3] So die Behandlung in C. 33, qu. 5, darum spielt auch die copula carnalis im Eherecht eine so große Rolle. Die nichtkonsummierte Ehe ist zwar eine bereits ganz fertige Ehe, aber an die Konsumtion sind doch gewisse wichtige rechtliche Folgen geknüpft, namentlich die Unauflöslichkeit und die Entstehung der Schwägerschaft. Scherer II, S. 91, 541—558. Über die sog. Copulatheorie, ebenda, S. 168ff. Ganz merkwürdig ist, daß die Kirchenväter selbst bei jener Ehe, die ihnen als Ideal gilt, und welcher doch die copula fehlt, nämlich dem Verhältnis zwischen Maria und Josef, wohl viel von der Tugend der Enthaltsamkeit, aber fast nichts von den geistigen Momenten in der Ehe sprechen (sog. Josefsehe). Über die verschiedenen Meinungen der Kirchenväter siehe Scherer II, S. 92, Anm. 19, ferner „Josefsehe“ im Kirchenlexikon VI, S. 1878f.

sündhafte Natur des Menschen herbeigeführt und nur in der besonderen durch die Kirche normierten Gestalt des Instituts und ausgerüstet mit der sakramentalen Gnade vermag der Mensch ohne Sünde in diesem Verhältnis zu leben.

Natürlich mußte bei einer solchen Auffassung der Wert des Weibes sinken. War das Geschlechtsleben an sich sündhaft, die Ehe zum mindesten ein minderer Grad der Vollkommenheit, so war natürlich das Weib als Hindernis der Vollkommenheit, als Reiz zur Sünde eine schwere Gefahr für den Christen.

Das Weib ist, so lehren die Kirchenväter, ein minderwertiges Geschöpf; das Weib ist nicht nach dem Ebenbilde Gottes geschaffen[1]; es ist, wie Thomas von Aquin lehrt, ein mißbildeter Mann, eine entartete Varietät des Mannes.[2] Ja nach dem Berichte Gregors von Tours[3] wurde auf einer Synode zu Macon im Jahre 585 von einem Bischof die Behauptung aufgestellt, die Weiber seien keine Menschen[4]; allerdings war die Versammlung damit nicht einverstanden. Aber noch im Jahre 1595 konnte es einem schlesischen Arzte Acidalius einfallen, eine Schrift über den Satz „Mulieres homines non esse“ herauszugeben.

Immer wieder wird auf die Schöpfungsgeschichte hingewiesen,

---

[1] Ambrosius super 1. Cor. 2: Mulier debet velare caput, quia non est imago Dei (c. 19. C. XXXIII, qu. 5). Augustinus in quaest. Vet. et Novi Test. qu. 106. (c. 13. l. c.): Haec imago Dei est in homine, ut unus factus sit... ideoque mulier non est facta ad imaginem Dei... Hinc etiam Apostolus: „Vir quidem“, ait, „non debet velare caput suum, quia imago et gloria Dei est: mulier autem ideo velet, quia non est gloria aut imago Dei.“ Die Bibelstelle ist übrigens mit einer ganz willkürlichen Entstellung zitiert. Paulus (1. Cor. 11. 7) sagt kein Wort davon, daß das Weib nicht das Ebenbild Gottes sei. (Die Stelle ist oben S. 45, Anm. 1 im Wortlaut angeführt.) Dies wurde schon von den Reformatoren tadelnd bemerkt. Siehe übrigens die Polemik Stryks Us. mod. Pand. 23. 2 § 36 gegen diese Auslegung des Augustinus.

[2] Femina est mas occasionatus (Summa theol. I, qu. 92 a. 1 ad primum) Dieser Ausspruch ist unverkennbar dem Aristoteles entnommen. De gener. animal. 2. 3: *Τὸ γὰρ θῆλυ ὥςπερ ἐστὶν ἄῤῥεν πεπρωμένον.*

[3] Hist. Franc 8. 20.

[4] „Mulierem hominem vocitari non posse“. Wetzer und Welte, Kirchenlexikon XII, S. 1241; Wackernagel, Familienleben der Germanen, S. 3, Anm. 1. In der Provence gibt es heute noch das Sprichwort: Li fèmo noun soun gên (Viollet, Hist. du droit civil français, S. 825, N. 1). Andere Beispiele mittelalterlicher Frauenverachtung siehe unten S. 74.

wonach das Weib aus einem Körperteil des Mannes gebildet wurde, so daß es eigentlich ein Geschöpf zweiten Ranges ist, immer wieder wird der Sündenfall herangezogen, das Weib hat zuerst gesündigt und den Mann verführt. Das Weib steht überhaupt dem Teufel näher, als der Mann, sie ist das Werkzeug des Bösen, daher die immer wiederkehrenden Warnungen vor dem Weibe.

Schon diese niedrige Bewertung der Frau an sich, wobei wir an die Ausschließung der Frau von der Hierarchie gar nicht zu denken brauchen, mußte die Stellung der Frau in der Familie tief drücken. Dazu kam die Vorstellung von einer von Gott selbst gestifteten ehemännlichen Gewalt über die Frau[1]; griechische, vielleicht auch schon germanische Anschauungen von der Munt des Mannes über die Frau, jedenfalls unrömische Ideen mögen das Ihrige beigetragen haben, und so finden wir einen starken Rückschlag gegen die Stellung der Frau im römischen Recht. Allgemein wird die Unterwerfung der Frau unter den Mann gelehrt. Dabei werden Ausdrücke gebraucht, welche direkt auf ein sklavenähnliches Verhältnis deuten.[2] Die Unterordnung unter den Mann ist nicht zum Schutze der Frau eingeführt, sondern zur Strafe für den Sündenfall und das schwerere Verschulden, das die Frau hiebei trägt.[3]

Damit ist natürlich auch die Autoritätsstellung der Frau im Hause gegenüber den Kindern eine ziemlich gedrückte. Die ehemännliche und väterliche Gewalt stellen die Mutter gänzlich in den Schatten. Jener faktische Einfluß, den die Frau im heidnischen Rom auf die Erziehung ihrer Kinder besessen hatte, blieb aufrecht, aber mehr gab auch das Christentum am Beginne des Mittelalters

---

[1] Gen. 3. 16.

[2] Augustinus c. 12. C. XXXIII, qu. 5 (quaest. Genes. qu. 153): Serviant feminae viris, ähnlich Hieronym. in c. 15 l. c. (super epist. ad Titum c. 3) ferner Augustinus in c. 14 l. c. (quaest. Deuteron. V, qu. 33): Subditas feminas viris et paene famulas lex esse uxores (voluit). c. 17 l. c. (Quaest. Vet. Testam. qu. 45): Mulierem constat subjectam dominio viri esse.

[3] Ambrosius, c. 18 l. c. (in Hexaemeron tract. IV): Adam per Evam deceptus est, non Eva per Adam. Quem vocavit ad culpam mulier justum est, ut eum gubernatorem assumat, ne iterum feminea facilitate labatur. Idem (super 1. Cor., Kap. 2): Propter reatus originem subjecta debet videri; in c. 19, C. XXXIII, qu. 5. heißt es „propter peccatum originale."

der Mutter nicht. Die Ehrfurchtspflicht der Kinder gegenüber beiden Eltern, das vierte Gebot ist fast die einzige Norm, die eine gewisse Autorität der Mutter übrig läßt.

Die Kirche ist aber auf jenem rückschrittlichen Standpunkt der Mißachtung und Unterdrückung der Frauen nicht stehen geblieben. Die germanischen Ideen des vormundschaftlichen Charakters aller privatrechtlichen Familiengewalt, die romantische Frauenverehrung, namentlich aber der Marienkultus, die deutsche Vorstellung, daß Mann und Weib Genossen seien, drangen aus dem mit germanischem Blute durchsetzten Volke, aus dem Bewußtsein der breiten Schichten in die scholastische Wissenschaft. Von einem Aufgeben des Standpunkts der Kirchenväter ist natürlich keine Rede; aber er wird nach scholastischer Methode mit den volkstümlichen Vorstellungen, die ja den paulinischen Ideen merkwürdig nahestanden, in Einklang gebracht.[1]

Es mag genügen, auf den Höhepunkt mittelalterlicher Scholastik, die Werke Thomas' von Aquin hinzuweisen, in denen die mittelalterliche Philosophie und Theologie ihren wissenschaftlichen Abschluß fand.

Bei Erörterung der Frage, ob denn die Erschaffung des Weibes überhaupt notwendig war[2], geht auch Thomas von dem Grundgedanken aus, daß das Weib wenigstens im Vergleich zum Manne (per respectum particularem) etwas Minderwertiges und Unvollkommenes (aliquid deficiens et occasionatum)[3] sei; er läßt auch den Einwurf, daß das Weib von Natur aus minder tüchtig und würdig sei[4], vollkommen gelten. Ja er meint sogar, daß als Gehilfe, wie ihn Gott dem Menschen im Paradiese geben wollte[5], in jeder Richtung ein zweiter Mann besser gewesen wäre, als ein Weib. Nur in der

---

[1] Über den Einfluß germanischer Rechtsgedanken speziell auf die Entwicklung des kirchlichen Eherechts, Sohm, Recht der Eheschließung, S. 146, Trauung und Verlobung, S. 60.

[2] Summa theol. I, qu. 92, art. 1. Utrum mulier debuerit produci in prima rerum productione.

[3] Summa th. l. c.

[4] Summa th. l. c.: Mulier naturaliter est minoris virtutis et dignitatis quam vir (und zwar von Anfang an und nicht erst durch den Sündenfall).

[5] Genes. 2. 18: Faciamus ei adjutorium simile sibi.

Eignung des Weibes zur Fortpflanzung des Geschlechts findet er dessen Bestimmung[1], nur dazu bedurfte der Mann der Hilfe des Weibes und nur in bezug auf diese Bestimmung ist das Weib nichts Unvollkommenes[2] und darum seine Erschaffung keine Mangelhaftigkeit der Schöpfung.

Wenn so nur durch eine scholastische Distinktion die Menschenwürde des Weibes gerettet wird, so sieht sich Thomas allerdings mehr durch einen Ausspruch Aristoteles als durch eigene Erfahrung genötigt, bei der ehelichen Verbindung nicht nur in der Fortpflanzung eine qualitative, in allem übrigen aber nur eine quantitative Differenz der Geschlechter anzuerkennen, sondern auch dem Weibe einen von dem des Mannes verschiedenen Wirkungskreis zuzuweisen.[3] Auch in der Frage, ob das Weib Gottes Ebenbild sei, kann Thomas die bestehende Divergenz der Meinungen nicht leugnen, auch ihm scheint I. Cor. 11, 7[4] gegen die Ebenbildlichkeit zu sprechen. Er harmonisiert schließlich dahin, daß er dem Weibe primär, sofern es dieselbe geistige Natur wie der Mann hat, die Ebenbildlichkeit zuspricht, sekundär aber mit Rücksicht auf die Unvollkommenheit des Weibes sie ihm wieder abspricht.[5]

Das Verhältnis von Mann und Weib wird derselben Behandlungsweise unterworfen. Auch hier wird der Dualismus der zwischen der mittelalterlich-germanischen und der ihr nahestehenden pauli-

---

[1] Summa th. l. c.: Non quidem in adjutorium alicuius operis, cum ad quodlibet aliud opus convenientius juvari possit vir per alium virum quam per mulierem; sed in adjutorium generationis. Ebenso in qu. 98, art. 2.

[2] Summa th. l. c. ad primum.

[3] Summa th. I, qu. 92, art. 2: Mas et femina conjunguntur in hominibus non solum propter necessitatem generationis, ut in aliis animalibus; sed etiam propter domesticam vitam, in qua sunt alia aliqua opera viri et feminae et in qua vir est caput mulieris, vgl. Aristoteles Nic. Eth. 8. 12, oben S. 39.

[4] Siehe oben S. 45, Anm. 1 und S. 50, Anm. 3.

[5] Summa theol. I, qu. 93, art. 4: Tam in viro quam in muliere invenitur Dei imago quantum ad id, in quo principaliter ratio imaginis consistit sc. quantum ad intellectualem naturam. Sed quantum ad aliquid secundarium imago Dei invenitur in viro secundum quod non invenitur in muliere: nam vir est principium mulieris et finis. Die Frage, ob die Kinder der ersten Menschen, wenn sie im Paradiese solche gezeugt hätten, omnes fuissent nati in sexu masculino (I quaest. 99, art. 2), wird verneint mit der Begründung: Etiam diversitas sexus est ad perfectionem humanae naturae.

nischen Ansicht einerseits und dem mosaischen Gesetz, dem die Kirchenväter folgen, andererseits besteht, bemerkt. Die Art der Lösung zeigt, daß die germanische Auffassung, wonach Mann und Weib in einem genossenschaftsartigen Verhältnisse stehen, als die natürlichere empfunden wird. Ein dieser Auffassung entsprechendes Verhältnis wird als das aus der Natur der Geschlechter entspringende bezeichnet und dem Manne eine bloß vormundschaftliche Gewalt über die Frau eingeräumt. Allein dieser Naturzustand ist durch den Sündenfall zerstört worden. Kraft positiver Satzung[1] hat sich die Gewalt des Mannes in eine egoistische, dem mosaischen Recht und den Anschauungen der Kirchenväter entsprechende verwandelt.[2] Auch die Geschichte des Vorgangs bei der Schöpfung des Weibes erfährt jetzt eine andere Deutung. Hatten die Kirchenväter gerade aus der Erschaffung aus einer Rippe die Unebenbürtigkeit des Weibes abgeleitet, so sieht Thomas darin eigentlich den Hinweis auf eine ebenbürtige Stellung der Geschlechter.[3] Allerdings hat der Sündenfall diese Stellung geändert.

Anläßlich der Kasuistik der Nächstenliebe kommt Thomas auch auf die Frage: utrum homo magis debeat diligere matrem quam

---

[1] Gen. 3. 16.

[2] In Summa theol. I, qu. 92, art. 1. ad secundum wird von einer duplex subjectio gesprochen: Una servilis, secundum quam praesidens utitur subjecto ad sui ipsius utilitatem et talis subjectio introducta est post peccatum. Est autem alia subjectio oeconomica vel civilis secundum quam praesidens utitur subjectis ad eorum bonum et ista subjectio fuisset etiam ante peccatum; et sic ex tali subjectione naturaliter femina subjecta est viro.

[3] Summa theol. I, qu. 92, art. 3: Inter virum et uxorem debet esse socialis conjunctio. Neque enim mulier debet dominari in virum et ideo non est formata de capite; neque debet a viro despici tamquam serviliter subjecta et ideo non est formata de pedibus. Vgl. Glosse ad c. 19, C. XXXIII, qu. 5. Ein viel nationaleres deutsches Gepräge trägt derselbe Gedanke in der Gestalt, wie er bei Grieshaber, Predigten 2. 20 (siehe Weinhold, Deutsche Frauen im Mittelalter II, S. 3) erscheint: Höre lieber Mann, Eva ward nicht gemacht aus einem Fuße, das bedeutet, daß du deiner Ehefrau nicht schmählich begegnen, noch sie unter deine Füße treten oder werfen sollst.... Eva ward auch nicht aus dem Haupt gemacht. Das bedeutet, daß die Frau nicht über ihrem Mann sein soll. Woraus ward sie denn gemacht? Siehe, sie ward aus seiner Seite gemacht; daran sollen wir merken, daß der Mann seine Wirtin recht habe als sich selbst und als seinen Leib; sie sollen recht sein ein Leib und zwei Seelen.

patrem[1] zu sprechen und entscheidet diese unter sorgfältiger Erwägung aller Gründe und Widerlegung der Gegenargumente dahin: pater magis est amandus quam mater, wobei er zur Begründung sich auf den nach aristotelischer Ansicht bedeutenderen Anteil des Vaters an der Fortpflanzung stützt.[2]

Auf demselben Standpunkte steht das Recht des Corpus juris canonici. Der Ehemann hat infolge einer eigentümlichen Kompilation der römischen potestas, der deutschen Ehevormundschaft und paulinischer Ideen eine potestas maritalis[3], er darf die Frau züchtigen[4], ihre Gelübde für unwirksam erklären[5], die Frau muß ihm überall hin, auch in die Fremde[6], selbst ins Grab[7] folgen. Die eheliche Treue verbindet Mann und Frau in gleicher Weise; von einer größeren Freiheit des Mannes in diesem Punkte ist nicht das Mindeste geblieben.[8] Auch bei dem mit großer Breite behandelten debitum conjugale ist die volle Parität beider Geschlechter zu konstatieren.[9]

---

[1] Summa theol. II, qu. 26, art. 10.

[2] Summa theol. l. c: Amantur enim pater et mater ut principia quaedam naturalis originis. Pater autem habet excellentiorem rationem principii quam mater; quia pater est principium agentis, mater autem per modum patientis et materiae.

[3] Scherer II, § 135, S. 513ff., siehe c. 11, X de praesumpt. 2. 23 (Alex. III.): Mulier serviat viro affectu conjugali.

[4] c. 10, C. XXXIII, qu. 2 (Conc. I. Toledo). Der Mann kann die Frau einsperren, binden und fasten lassen, vgl. c. 5, C. XXXIII, qu. 2; c. 39, C. VII, qu. 1 und Glosse dazu; c. 35, C. XXIII, qu. 4.

[5] Augustinus (c. 16, C. XXXIII, qu. 5).

[6] Synode von Verberie 758 (c. 4, C. XXIV, qu. 1 u. 2).

[7] Augustinus (c. 3, C. XIII, qu. 2): Mulier sequatur virum suum sive in vita sive in morte.

[8] Innoc. I. 405 (c. 23, C. XXXII, qu. 5): Christiana religio adulterium in utroque sexu pari ratione condemnat; ähnlich c. 4, C. XXXII, qu. 1 (Can. Poenit. fälschlich zitiert aus Joh. Chrysost.), c. 4, C. XXXII, qu. 4 (Ambr.) c. 20, C. XXXII, qu. 5 (Hieron.), so schon Lactantius ad 1. Cor. 7. 4: Non enim, sicut juris publici ratio est, sola mulier adultera est, quae habet alium, maritus autem etiam si plures habeat, a crimine adulterii solutus est. Sed divina lex ita duos in matrimonium, quod est in corpus unum, pari jure conjungit, ut adulter habeatur, quisquis compagem corporis in diversa distraxerit.

[9] Siehe Scherer II, S. 515—519, im Decretum Gratiani siehe C. XXXIII, qu. 4. Auch die späteren Moraltheologen haben mit großer Ausführlichkeit und viel Spitzfindigkeit dieses Thema behandelt, so Sanchez de Sacr. Ma-

Das Eltern- und Kindesrecht zu regeln, hat das kanonische Recht unterlassen. Es finden sich nur Bestimmungen über die Ehelichkeit und Legitimation der Kinder. Der Satz: „pater est, quam nuptiae demonstrant" wird repiziert, wobei Hostiensis u. a. den uralten Entstehungsgrund dieses Satzes ganz richtig erkennen, wenn sie meinen, die Kinder gehören dem Manne nicht als ihren Vater, sondern als Herrn und Eigentümer der Mutter: quia est dominus ventris.[1] Sonstige Bestimmungen finden sich nur gelegentlich, so wird erwähnt die Pflicht der Mutter, ihr Kind zu säugen und das Ammenwesen getadelt[2], es wird erklärt, daß der Vater einen Knaben, der das dritte Lebensjahr vollendet hat, kraft seiner patria potestas der Mutter abnehmen könne[3], das Recht des Ehekonsenses wird zu Gunsten des Bestandes der Ehe und der Freiheit des Nupturienten ausgebildet.[4] Über das Vormundschaftsrecht finden sich, abgesehen von beiläufigen Bemerkungen nur Bestimmungen über die Unfähigkeit eines Geistlichen zur Tutel und Cura.[5]

Die Bedeutung der mittelalterlichen Kirche für die Ausgestaltung des Familienrechts liegt nicht in der Ausbildung von Rechtssätzen, sondern darin, daß die sittlichen Vorstellungen des Christentums, wie sie namentlich im vierten Gebot des Dekalogs und in den Evangelien, im Epheser-, Kolosser- und ersten Korintherbrief zum Ausdruck kamen, in das Volksbewußtsein, sowohl der romanischen, wie der germanischen Völker übergingen. Die romanischen Völker

---

trim. IX. Laymann, Theologia moralis II, lib. 5, tr. 10, p. 3, c. 1. Liguori, Homo apostolicus tr. 18 n. 35—52. Busembaum, Theol. mor. l. 6, tr. 6, cap. 2, dub. 2 u. 3.

[1] Scherer II, S. 518, Anm. 18 findet diese Begründung roh. Das ist sie nach heutigem Gefühl zweifellos, vielleicht schon nach dem Gefühl des Mittelalters. Allein gerade deshalb paßt sie für eine Zeit, in welcher das Vaterrecht erst entstand.

[2] c. 4, dist. 5.

[3] c. 2, X. de convers. infid. 3. 33 (Gregor IX.). Allerdings läßt sich aus dieser Entscheidung ein allgemeiner Rechtssatz schwer ableiten, da die Entscheidungsgründe mannigfaltiger Natur sind und namentlich das religiöse Interesse (die Mutter ist Jüdin) eine ausschlaggebende Rolle spielt. Interessant sind die Gründe, aus denen die Mutter ein Recht auf den vierjährigen Knaben ableitet, unter welchen auch der Umstand vorkommt, daß die Ehe matrimonium und nicht patrimonium genannt wird.

[4] Scherer II, S. 430—434.

[5] Rudorff, Vormundschaft I, S. V, Anm. 5.

waren allerdings diesen Ideen weniger zugänglich, sie adoptierten die christlichen Gedanken nur in der obengeschilderten Trübung durch die Patristik. Dagegen war die Einwirkung auf die Germanen eine bedeutende. Gerade in jener Zeit, die man früher als eine Zeit des Rückschritts und der Verwilderung angesehen hatte, der Zeit vom Verfall des fränkischen Reiches bis zu den Hohenstaufen, jener Zeit, von deren Rechtsentwicklung seit dem Erlöschen der Kapitulariengesetzgebung bis zum Sachsenspiegel nur dürftige Urkunden Zeugnis geben, damals vollzog sich im deutschen Recht eine Umgestaltung des Familienrechts, wie sie stärker kaum gedacht werden kann. Wenn auch durchaus national in seinen Grundlagen, unterscheidet sich das Familienrecht des 13. Jahrhunderts doch wesentlich von dem der Volksgesetze der fränkischen Zeit. Das Verdienst, diese Entwicklung eingeleitet und kräftigst gefördert zu haben, gebührt unstreitig der Kirche.

Mit dem Ende des Mittelalters hat die direkte Einwirkung der Kirche auf das Familienrecht nicht aufgehört. Die Reformation bewirkte in dem protestantisch gewordenen Deutschland eine ganz besonders große Autorität der Bibel (damit allerdings auch des Alten Testaments) und die Verwerfung der Tradition, der Kirchenväter und der Dekretalen, soweit sie nicht mit der Bibel in Einklang schienen. Aus dieser starken Betonung des religiösen Elements resultierte eine beschleunigte Umwandlung der hausherrlichen väterlichen Gewalt in ein rein vormundschaftliches Verhältnis und eine rechtlich gehobene Stellung der Mutter. Wir werden namentlich in der Geschichte der Ehebewilligung diesen Einfluß deutlich merken.

Auf katholischer Seite war man allerdings streng konservativ, man hielt an der gesamten Tradition und am kanonischen Recht fest. Doch bewirkte hier der enge Anschluß an das römische Recht eine Gleichstellung der Gatten in vielen Beziehungen. Die Moraltheologen, meist spanische und italienische Jesuiten, erklären nämlich viele positive Sätze des römischen Rechts für Gebote der Moral, und bei ihrer kasuistischen Methode lesen sich manche Kapitel ihrer Werke wie Kompendien der Pandekten. Auch hier hat die moderne Anschauung eingewirkt, die genossenschaftliche Auffassung der Ehe ist nie erloschen und tritt heute stärker als je in den Vordergrund. Wenn man auch heute der Frau eine Gehorsamspflicht auferlegt, sie in ein Unterordnungsverhältnis zum

Manne bringt, so wird doch jeder Gedanke an ein sklavenartiges Verhältnis abgelehnt und den Worten des Neuen Testaments entsprechend die Liebe als das Hauptprinzip für das Verhältnis der Gatten bezeichnet.[1]

Viertes Kapitel.

Deutsches Recht in germanischer und fränkischer Zeit.

Literatur: Weinhold, Die deutschen Frauen im Mittelalter. 2. Aufl. Zwei Bde. Wien 1882. — Wackernagel, Familienleben und Familienrecht der Germanen (in Abhandlungen zur deutschen Altertumskunde und Kunstgeschichte. Leipzig 1872. S. 1—34). — Laboulaye, Recherches etc. (Kap. 2). S. 77—193. — Viollet, Histoire du droit français (Kap. 1). — Unger, Die Ehe (Kap. 1). S. 101—113. — Kraut, Die Vormundschaft nach den Grundsätzen des deutschen Rechts. Drei Bde. 1835—1859. — Rive, Geschichte der deutschen Vormundschaft. 1. Bd. Braunschweig 1862. — Winkler, Die Geschlechtsvormundschaft. 1868. — Rudorff, Vormundschaft (Kap. 2). — Heusler, Institutionen des deutschen Privatrechts. Zwei Bde. Leipzig 1885—1886. — Adler, Eheliches Güterrecht und Abschichtungsrecht nach den ältesten bayrischen Rechtsquellen. 1893. — Schröder, Geschichte des ehelichen Güterrechts in Deutschland. 1. Bd. (Zeit der Volksrechte) 1863. — Lehrbuch der deutschen Rechtsgeschichte. 4. Aufl. 1902. — Brunner, Deutsche Rechtsgeschichte. Zwei Bde. 1887—1892. — Grundzüge der deutschen Rechtsgeschichte. 1901. — Siegel, Deutsche Rechtsgeschichte. 3. Aufl. 1895. — Kraut, Grundriß. 6. Aufl. 1886. — Amira, Grundriß des Germanischen Rechts. 2. Aufl. 1897. — Grimm, Deutsche Rechtsaltertümer. 1828; 4. Aufl. von Heusler und Hübner. 1899. — Stobbe, Handbuch des deutschen Privatrechts. 3. Aufl. 4. Bd., herausgegeben von Lehmann und Schulz. 1900.

---

[1] So sagt Leo XIII. in der Encyklika „Arcanum“ vom 10. Februar 1880: Vir est familiae princeps et caput mulieris; quae tamen quia caro est de carne illius et os de ossibus eius, subjiciatur pareatqe viro in morem non ancillae sed sociae, ut scilicet obedientiae praestitae non honestas nec dignitas absit. In eo autem, qui praeest, et in hac, quae paret, cum imaginem uterque referunt alter Christi, altera Ecclesiae, divina caritas esto perpetua moderatrix officii. Über die Stellung der Kirche zu den Frauen siehe im Kirchenlexikon die Artikel Ehe (IV) und Weib (XII) ferner Thönes, „Die christliche Anschauung der Ehe“. Leiden 1881.

Eines der wichtigsten Ergebnisse der historischen Rechtsschule war die Feststellung tiefgehender prinzipieller Verschiedenheiten in der Rechtsauffassung der Römer und der Germanen. Neu war die Erkenntnis von Differenzen zwischen römischem und deutschem Recht nicht gewesen.[1] Allein während diese Erkenntnis sich bisher nur auf die äußere Erscheinung der Rechtsgedanken, auf konkrete Rechtssätze bezogen hatte, war man nun in die Tiefe gegangen, und hatte die Verschiedenheit der Grundgedanken in beiden Rechtssystemen dargetan. Die Hegelsche Geschichtsphilosophie war dieser Tendenz durchaus förderlich. Man erblickte in dem Rechtsleben der beiden Völker zwei verschiedene Stufen eines dialektischen Prozesses, deren Verschiedenheit sich durch zwei möglichst konträre Begriffe ausdrücken sollte.[2] Abgesehen von der doktrinären Übertreibung, die in vielen derartigen Versuchen lag[3], war für die Beurteilung des deutschen Rechts namentlich der Umstand maßgebend, daß man dieses nur in dem Zustande genauer kannte, in welchem es nach den Rechtsbüchern des 13. und 14. Jahrhunderts sich befand. Daß dieses Recht im Vergleiche mit dem altrömischen jus civile starke Differenzen aufwies, ist wohl klar, der Fehler lag aber darin, daß man das Recht des 13. Jahrhunderts mit dem ältesten deutschen Recht für identisch hielt. Die Erforschung des Rechts der älteren Zeit, namentlich die Aufschließung der nordischen Rechtsquellen, die ganz neue Lichter auf die bis dahin nur sehr mißtrauisch betrachteten „leges barbarorum" warf, haben in dieser Richtung Wandel geschaffen und der Erkenntnis Bahn gebrochen, daß das deutsche

---

[1] Über diese schon im 16. Jahrhundert beginnende Literatur der differentiae juris communis et statutarii siehe Siegel, Deutsche Rechtsgeschichte, § 54. Schröder, RG., S. 902. Für Österreich ist namentlich hervorzuheben: Vossius, Legum et consuetudinum Austriacarum, earum potissimum, quae infra Anesum vigent, cum jure Romano collatio. 2. Aufl. 1772.

[2] So geht Schmidt: Der prinzipielle Unterschied zwischen dem römischen und germanischen Rechte, 1853, S. 29ff. davon aus, daß das Prinzip der Subjektivität die Grundlage des römischen Rechts, daß dagegen das Prinzip der Objektivität (S. 47ff.) die Grundlage des germanischen Rechts sei.

[3] So gebraucht Laboulaye (Recherches etc.), wenn er auf den Unterschied der potestas von der Munt zu sprechen kommt, immer die schärfsten Ausdrücke. „Il y a un abîme entre le mundium et la manus" (S. 139). Man kann nicht leicht durch ungenaue Verallgemeinerungen zu falscheren Gegensätzen kommen, als wenn man sagt, bei den Römern war die Frau la première des esclaves, bei den Deutschen une pupille (Laboulaye S. 174).

Volk von den Tagen des Tacitus bis zum Sachsenspiegel eine Rechtsentwicklung durchgemacht hatte, welche mit der längst bekannten Umwandlung des jus quiritium der zwölf Tafeln bis auf Justinian ganz wohl in Parallele gesetzt werden kann.

Auch inhaltlich ergab die Erforschung der ältesten Zeit das interessante Resultat, daß der Unterschied zwischen dem römischen und deutschen Rechte immer mehr einschrumpfte und daß somit auch die Rechtswissenschaft bestätigen konnte, was die Sprachwissenschaft, die Anthropologie und die vergleichende Mythologie längst gelehrt hatten: die gemeinsame Abstammung der arischen Völker.

Das Familienrecht der Germanen ist in der Zeit, über welche wir zuerst sichere Kunde besitzen, ungefähr auf der gleichen Stufe angelangt, auf welcher das alte römische jus civile fast ein Jahrtausend früher gestanden hatte. Die Gewalt des Hausvaters bildet den Mittelpunkt alles Familienrechts. Schon in dem Namen, womit diese Gewalt bezeichnet wird, drückt sich ihr Charakter aus. Munt ist dasselbe wie manus.[1] Man hatte früher einen wesentlichen Unterschied zwischen dem römischen und deutschen Recht in der grundsätzlichen Verschiedenheit des Charakters der Hausgewalt erblicken wollen, die potestas war ein Recht ohne Pflicht, die Munt ein Recht um der Pflicht willen, potestas egoistisch, die Munt altruistisch, die potestas eine Herrschaft, streng, rauh, die Munt ein Schutzverhältnis, innig, gemütvoll. Diese Unterschiede werden hinfällig, wenn wir die Munt in ihrer ältesten Gestalt betrachten.[2] Damit wird

---

[1] Etymologie und Begriff der Munt, Grimm, R.A., S. 447f., 465f. Kraut I, 1; Stobbe IV, § 207; Heusler I, 95 ff. Über die französische Terminologie siehe Viollet S. 287 f. Über eine neuere Ableitung, wonach Munt masc. ist, siehe Schröder, RG., S. 60, Anm. 1.

[2] Schon Grimm, RA., S. 447 sagt zutreffend: Die deutsche Ehefrau in munti gleicht der röm. uxor in manu. Die echte, ein mundium des Mannes gründende Ehe hat völlig die Wirkung der conventio in manum. Vgl. Laboulaye, der S. 137 von der Munt sagt: Il y a là, on ne peut le nier, une ressemblance frappante avec la Manus. Viollet S. 495: On se tromperait donc en cherchant des différences primordiales et fondamentales entre le chef de famille germanique et le chef de famille romain. Über die Abkunft der Munt aus der altarischen Familiengewalt siehe Westermarck S. 230. Über die Hausgewalt bei den Slaven ebenda, S. 231. Turner, Slavisches Familienrecht. Straßburg und London 1874. S. 15.

auch die Frage nach dem Grunde der Munt verschoben. Die Frage nach dem Grunde der Munt leidet an einer starken Unsicherheit in der Fragestellung. Man hat versucht, aus einzelnen Erscheinungsformen der Munt, darunter auch Erscheinungen späterer Zeit, deren Entstehung zu erklären, meist war es die Wehrlosigkeit der unter der Munt stehenden Personen, ihre Waffenunfähigkeit, ihre Gerichtsunfähigkeit, ihre Handlungsunfähigkeit, die eines Schutzes bedurfte, um deswillen die Munt errichtet ward. Alle diese Erklärungen gehen von dem Grundsatz aus, die Munt sei primär ein Schutzverhältnis im Interesse des Unterworfenen, aus dem nur sekundär Rechte für den Gewalthaber entspringen. Damit verbindet sich natürlich die Anschauung, daß die Verschiedenheit der zu schützenden Personen, die Verschiedenheit des Grundes des Schutzes ebensoviel verschiedene Arten der Munt hervorbrachten, die untereinander nur lose in Zusammenhang stehen.

Es ist das Verdienst Heuslers, die Unhaltbarkeit dieser Ansichten nachgewiesen zu haben.[1] Die Munt der ältesten Zeit ist die einheitliche ununterschiedene Gewalt des Hausvaters über alles, was seiner Gewalt unterworfen ist: Weib, Kinder, Sklaven, Vieh u. s. w. Erst im Laufe der Zeiten scheidet sich die Gewere von der Munt ab. Die Gewere ist die Gewalt über alles, dem die Rechtspersönlichkeit fehlt, die Munt ist die Gewalt über Personen.[2] Es ist genau derselbe Entwicklungsgang, wie im römischen Recht. Die Hausgewalt beruht hier wie dort auf der Familienorganisation. Wir finden ausgeprägtes Vaterrecht, agnatische Hausverbände; in mancher Richtung fehlt jedoch die scharfe und konsequente Durchbildung dieser Gedanken, wie im römischen Recht. Die kognatische Verwandtschaft ist nicht ganz ignoriert, dagegen besteht im Erbrecht allgemeiner Vorzug der Söhne vor den Töchtern.

Die Munt hat wie die römische Hausgewalt in der älteren Zeit einen rein egoistischen Charakter, sie ist dem Begriffe nach kein Schutzverhältnis im Interesse des Untergebenen, sondern Gewalt im Interesse des Hausherrn[3]; nicht der Mangel physischer oder gewisser

---

[1] Heusler I, 106 ff. Gegen Heusler s. Waitz in den Berliner Sitzungsberichten 1886, S. 375 ff. Schröder, RG., S. 67.

[2] Dans les premiers temps il semble que le mundium soit — une espèce de saisine (= Gewere) appliquée aux personnes. Laboulaye S. 81.

[3] Heusler I, S. 119.

rechtlicher Fähigkeiten (z. B. Prozeßfähigkeit) ist Motiv dafür, sondern die Familienorganisation bringt sie mit sich und das Interesse des Gewalthabers hält sie aufrecht.[1] Sie kennt ursprünglich keine rechtlichen Schranken und auch keine inhaltlichen Differenzen nach der Person der Unterworfenen. Speziell die Frauen sind nicht um ihrer Schutzbedürftigkeit willen der Hausgewalt unterworfen, sondern weil sie ursprünglich nicht Rechtssubjekte sind. In der ältesten Zeit waren sie Sachgüter[2], in späterer Zeit, als sie bereits vermögensfähig waren, blieben sie wenigstens zu Familienrechten noch unfähig und waren samt ihrem Vermögen der Munt unterworfen. Ihre Rechtsfähigkeit ist in jeder Beziehung eine mindere, als die des Mannes, dies zeigt sich namentlich im Erbrecht und im Prozeßrecht.

Das germanische Familienrecht hat bei aller Schmiegsamkeit und Anpassungsfähigkeit an geänderte Verhältnisse, die es gegenüber dem römischen Rechte auszeichnen, wenig von dem weichen, sinnigen, gemütvollen Charakter, den spätere Zeiten ihm andichten wollten. Es ist ein nach unseren Begriffes durchaus rauhes, hartes Recht. Der Mann ist Träger der Hausgewalt; denn er hat die Familie gegründet, es wird über die natürliche Handlungsfähigkeit von Frauen und Unmündigen nicht viel philosophiert. Der Mann hat die Frau erworben, er hat sie entweder geraubt oder gekauft[3], die Kinder aus ihr gewonnen. Er kann Frau und Kinder züchtigen, selbst töten, verkaufen, verstoßen[4], die Frau speziell an ihre Familie

---

[1] Le caractère dominant de ce mundium de la femme n'est peut-être pas la protection, la garantie accordée a un être faible: le mundium c'est par dessus tout le pouvoir, l'autorité du fort sur le faible, autorité qui a pour mobile l'interêt (Viollet S. 289).

[2] Darum ist auch das Wort Weib sächlichen Geschlechts. Wackernagel S. 9.

[3] Über Brautraub und Brautkauf siehe Grimm, RA., S. 420 ff. Heusler II, S. 277 ff. Dargun S. 22 ff., S. 111 ff. Sohm, Recht der Eheschließung, S. 22 ff. Unger S. 106. Weinhold I, S. 309 ff., S. 320 ff. Viollet S. 402 f. Wackernagel S. 6. Schröder, RG., S. 68 ff., S. 298.

[4] Züchtigung, Tötung, Verkauf der Frau: Grimm S. 450; Weinhold II, S. 10 ff. (zahlreiche Beispiele), S. 28 f.; Wackernagel S. 9 f. (zahlreiche Beispiele); Unger S. 107; Kraut I, S. 297; Viollet S. 500—505; Schröder, RG., S. 66. Daß im englischen Recht der Verkauf der Frau bis in die neueste Zeit zulässig war, ist allgemein bekannt, Grimm S. 451; Weinhold II, S. 12; Viollet S. 503; Wackernagel S. 10 führt einen Fall an, wonach in Nottingham im Jahre 1844 eine Frau um 36 Kreuzer verkauft wurde. Willkürliche

zurückverkaufen, die Ehe jederzeit auflösen. Spuren eines eigentumsartigen Rechts an der Frau haben sich erhalten.[1] So wenn Weistümer in scherzhaftem Tone meinen, der Mann könne Kinder gewinnen, indem er seine Frau einem anderen zum Gebrauch überlasse[2] oder wenn man die Frau einem lieben Gast „auf guten Glauben" zulegt. Die letztere Sitte, welche Thomas Murner noch im 16. Jahrhundert für die Niederlande bezeugt und die damals einen Beweis außerordentlichen Zutrauens in die Rechtschaffenheit des Gastes bedeutet, ist ein Rest jener Zeit, wo der Gastgeber durch Überlassung der Frau, wie durch einen Trank oder durch warme Kleidung dem Fremden etwas angenehmes erwies.[3] Polygamie war nicht verboten, wenn sie auch selten vorkam.[4] Die eheliche Treue war der Auffassung der Frau als einer Sache entsprechend eine einseitige. Die Frau ist bei schwerster Strafe dazu verpflichtet, sie gehört mit Leib und Leben dem Manne; dagegen ist der Mann der Frau gegenüber nicht zur Treue verpflichtet; wenigstens nicht rechtlich.[5]

Der Behandlung der Frau als Sache entspricht es, wenn sich auch bei germanischen Völkern die Sitte findet, daß die Frau dem Manne in den Tod folgt. Wie man dem Toten sein Streitroß, Schmuck und Waffen und was ihm sonst im Leben lieb gewesen

---

einseitige Scheidung, Verstoßung: Grimm S. 453 f.; Viollet S. 443 ff.; Unger S. 107. Aussetzung von Kindern: Grimm S. 455 ff.; Wackernagel S. 12; Weinhold I, S. 91—95. Tötung und Züchtigung von Kindern: Grimm S. 460 f.; Viollet S. 506. Verkauf von Kindern: Grimm S. 461; Viollet S. 501 f.; Wackernagel S. 42 f.

[1] Über den eigentumsartigen Charakter der Familiengewalt siehe Weinhold I, S. 90; Wackernagel S. 9, 12; Viollet S. 497 ff.; Heusler I, S. 95—99.

[2] „Frage: Wann ein ehemann seiner frauen ihre hege und pflege nicht thun könnte, da sie mit zufrieden wäre, wie ers anfangen sollte, daß sie ihre gebührliche pflege haben möchte? Antwort: der soll seine Frau auf den rücken nehmen und über einen neunahrigen Zaun tragen und so er sie darüber krieget, soll er der Frau an einen schaffen, der ihre pflege thun kann, da sie mit zufrieden ist." Wendhager Bauernrecht, p. 203; ähnlich Bockumer Landr., § 52; Benker Heidenrecht, § 27; Grimm, RA., S. 444 f.

[3] Weinhold II, S. 200.

[4] Die Doppelehe Ariovists, (Caesar bell. Gall. I, 53) ist nicht das einzige Beispiel für Polygamie bei den Germanen, wie Unger S. 109 behauptet. Weitere Beispiele finden sich sowohl bei den Franken, als bei den skandinavischen Völkern. Weinhold II, S. 13—15; Wackernagel S. 10, 11.

[5] Weinhold II, S. 25—27. Siehe unten S. 66.

war, auf den Scheiterhaufen und ins Grab mitgab, gab man ihm auch die Frau als „Totenteil" mit. Aber dieser Grundgedanke ist bereits umgedeutet, die Sitte hat einen ethischen Hintergrund erhalten, es soll die Liebe der Frau sein, die den Tod des Gatten nicht verträgt.[1]

Die Ehefrau ist zwar nicht mehr wie die römische uxor in manu vermögensunfähig, aber auch ihr Vermögen ist der Gewalt des Gatten unterworfen.[2] Die Unterordnung der Frauen erstreckt sich nicht nur auf die Ehefrau. Auch die Unverheiratete[3] und die Witwe[4] stehen unter der Hausgewalt. Träger der Munt ist der Vater bezw. der nächste Schwertmage. Die Frau ist in jeder Beziehung zurückgesetzt; zwar ist sie im allgemeinen vermögensfähig, aber sie ist im Erbrecht gegenüber den Männern zurückgesetzt, wenn nicht gänzlich ausgeschlossen.[5] Man freut sich weniger über die Geburt eines Mädchens, als eines Knaben, Mädchen verfallen leichter der Aussetzung[6]; das Wergeld der Frauen ist geringer als das des Mannes[7] (meist die Hälfte), sie sind von jeder öffentlichen Funktion, auch vom gerichtlichen Zeugnis und der Eideshilfe ausgeschlossen.[8]

Die Verlobung nimmt der Muntwalt vor, Konsens der Verlobten ist nicht von Belang, sie ist ja der Gegenstand des Kaufes.[9]

Gerade der Brautkauf ist charakteristisch für die Umbildung der

---

[1] Dieser Gebrauch ist bezeugt für die Heruler (Procop. bell. Goth. 2. 14) und für die skandinavischen Völker. Grimm S. 451; Wackernagel S. 30; Weinhold II, S. 9 f.; Laboulaye S. 159. Uber Witwenverbrennung im allgemeinen: Westermarck S. 122 ff. Post, Grundlagen, S. 265. Kohler, Indisches Ehe- und Familienrecht, S. 376.

[2] L. Burg. 100. (Addit. 1. 13): Jubemus, ut maritus ipse facultate ipsius mulieris sicut in ea habet potestatem, ita et de omnes res suas habeat.

[3] Weinhold I, S. 193—215.

[4] Weinhold II, S. 39—48. Über den allgemeinen Charakter der Geschlechtsvormundschaft s. Heusler II, 508 ff.

[5] Grimm S. 407. Weinhold I, S. 207—215. Viollet S. 823 ff. Kraut I, S. 247, II, S. 670. Rive I, S. 64.

[6] Grimm S. 403. Wackernagel S. 13. Weinhold I, S. 91—95.

[7] Grimm S. 404 f. Weinhold I, S. 199 ff. So noch Ssp. III, 45. § 2. Schwsp. Ldr. 255.

[8] Grimm S. 408.

[9] Schröder, GR. I, S. 7. Weinhold I, S. 239, S. 298—305. Laboulaye S. 82. Viollet S. 404.

sittlichen und rechtlichen Vorstellungen und den Konservativismus in den Gebräuchen und Rechtsformen. Erst ist die Verlobte selbst das Kaufobjekt, später tritt eine Art von Adoption hinzu, noch später, als auch sie als beteiligtes Subjekt angesehen wird, sind die Mundialrechte Gegenstand des Kaufes[1], endlich hört das Geschäft überhaupt auf ein Kauf zu sein, der Kaufpreis verwandelt sich in eine der Versorgung der Frau dienende Gabe, und es bleibt nichts vom Kaufe, als die Form.

Aus dieser Rechtsstellung der Frau, der beständig Gewaltunterworfenen, ergibt sich die Unmöglichkeit, daß eine Frau selbst Trägerin der Gewalt sei.[2] Sie, der es nicht gestattet war, ohne Muntwalt zu leben[3], konnte nicht selbst Gewalt über andere haben. Starb der Hausvater, so hat dessen Erbe die Munt über die Witwe, also namentlich der Sohn über die Mutter.[4] Wenn wir ausnahmsweise in dem burgundischen und westgotischen Recht umgekehrt der Mutter die Vormundschaft über die Kinder eingeräumt finden, und die Gewalt der Mutter dort als eine potestas bezeichnet finden[5], so sind das Singularitäten, die bis heute nicht völlig aufgeklärt sind. Jedenfalls sind Einflüsse des römischen Rechts, vielleicht auch des Christentums maßgebend gewesen.[6]

---

[1] Weinhold I, S. 320. Schröder, RG., S. 300.

[2] Heusler II, S. 499.

[3] Ed. Rothar. 204: Nulli mulieri liberae sub regni nostri ditionem legis Langobardorum viventem liceat in sui potestatem arbitrium i. e. selbmundia vivere, nisi semper sub potestate virorum aut certe regis debeat permanere. Grimm S. 411. Weinhold I, S. 194ff.

[4] Wackernagel S. 29. Grimm S. 452, 466. Weinhold II, S. 39—48. Kraut I, S. 187ff.

[5] l. Wisig. IV, 2, 13: Patre mortuo filii in matris potestate consistant. Ferner IV, 3, 3. Procop. bell. Goth. I, 2. l. Burgund. 59: Filii cum omni facultate in ejus (sc. matris) solatio et potestate consistant, ähnlich 85, § 1, vgl. l. Bajuv. 7, 14. l. Wisig. IV, 5. 1: Flagellandi vel corripiendi in eos quam diu sunt in familia constituti tam avo quam aviae, seu patri quam matri potestas manebit. Weinhold I, S. 195ff. Grimm S. 466. Viollet S. 533. Laboulaye bemerkt (S. 168) zu dieser Vormundschaft der Mutter: La puissance de la mère sur les enfants n'a rien de commun ni avec la puissance paternelle des Romains, ni même avec le mundium que les lois germaniques donnent au père.

[6] Wo die Mutter Vormund ist, ist sie auch Verlober. Siehe die in der vorigen Anmerkung zitierten Stellen; ferner l. Wisig. III, 1. 2. Weinhold I, S. 303. Vgl. Schröder, RG., S. 323; GR. I, S. 5, Anm. 24. Heusler II,

Wie bei den Römern finden wir auch bei den Germanen den Frauen durch die Sitte eine Stellung angewiesen, die mit der rechtlichen Bedeutungslosigkeit der Frauen stark kontrastiert. Man muß sich allerdings hüten, auf die Worte des Tacitus[1], die ja offenbar etwas tendenziös sind, zu großes Gewicht zu legen und singuläre Erscheinungen, wie die der Veleda[2], zu verallgemeinern. Die Hochstellung der Frauen durch die Germanen war mehr religiös als weltlich, mehr eine passive, als aktive[3]; dieselbe Frau, der man einen Anspruch auf Ehrerbietung und Heilighaltung zuerkannte, war es, die wie eine Ware verkauft wurde, die wie ein Knecht gezüchtigt werden konnte. Die Liebe spielte bei der Eheschließung eine geringe Rolle, nicht nur von seiten der Frau, die man ja um ihre Einwilligung nicht zu fragen brauchte, auch von seiten des Mannes, der sich das Weib kaufte, war Zuneigung wohl nur selten die Veranlassung zur Verehelichung. Gleichwohl finden sich Züge echter, wahrer Gattenliebe in Geschichte, Sage und Dichtung der Germanen.[4] Die eheliche Treue des Mannes war wohl für diesen keine Rechtspflicht[5], aber ihre Verletzung war eine Verletzung der Keuschheit und galt sittlich als anstößig.[6] War die Stellung der Frau innerhalb des Hauses die einer Untergeordneten, so war sie doch die erste unter den Untergebenen des Hausvaters. Sie steht an der Spitze der Hausdienerschaft, sie teilt mit dem Manne Tisch, Bank und Bett und führt die Schlüssel.[7] Fast das ganze Hauswesen war ihr übertragen und damit ihr überlassen. „Ohne die angewiesene Schranke zu übertreten, ohne die Form der Dienstbarkeit zu verletzen, ward sie leichtlich, wenn auch nicht Herrin der Familie,

---

S. 433, 494, ist der Ansicht, die burgundischen und westgotischen Gesetze meinten nichts als eine vielleicht römischrechtlich beinflußte Vermögensverwaltung der Mutter auf Grund eines Verfangenschaftsverhältnisses.

[1] Tac. Germ. cp. 8. Inesse (sc. feminis) quin etiam sanctum aliquid, et providum putant: nec aut consilia earum aspernantur aut responsa negligunt; vgl. dazu c. 18.

[2] Tac. Hist. 4. c. 61, 65; 5. c. 22.

[3] Weinhold I, S. 237 ff.

[4] Beispiele bei Wackernagel S. 33.

[5] Sohm, Eheschließung, S. 76, Anm. 1; ganz vereinzelt Ehebruchsstrafen für den Mann, l. Wisig. VI, 2, 3.

[6] Wackernagel S. 33.

[7] Grimm, RA., S. 447.

so doch Herrin des Hauses."[1] Zu den internen häuslichen Angelegenheiten gehörten seit jeher die Obsorge über die kleineren Kinder, deren Pflege und Erziehung. Auch der Unterricht war meist Sache der Mutter, Frauen waren fast das ganze Mittelalter hindurch die einzigen Laien, die des Lesens und Schreibens kundig waren.[2]

Trotz dieser vielen frappanten Züge der Verwandtschaft in römischer und germanischer Familiensitte und im Familienrecht dürfen wir uns nicht über die divergierenden Tendenzen der beiden Kulturkreise täuschen.

Der indogermanische Ausgangspunkt ist deutlich erkennbar. Die Vorstufe der Familie, des Hauses des einzelnen, war das Geschlecht (die Sippe, die Gens, der Clan). Hier lag alles öffentliche und private Recht noch ununterschieden beisammen. Wie sich nach oben aus dem Geschlecht die komplizierteren Organisationsformen des Stammes (tribus) und der Völkerschaft (populus), endlich des Staates (respublica) entwickelten und viele Rechte des Geschlechts auf diese höheren Organisationen übergingen (so wurde aus dem Recht des Geschlechts auf Rache das Strafrecht des Staates), ebenso gingen aus dem Geschlecht nach unten das Haus (die Familie) und das Individuum als Rechtssubjekte hervor. Dieser Entwicklungsgang ist gemeinsam indogermanisch. Aber die Einzelheiten sind bei den verschiedenen Völkern verschieden. Bei den Römern hat die Gens nur mehr einen Schatten ihrer vorgeschichtlichen Bedeutung. Ihr Intestaterbrecht erwähnen noch die zwölf Tafeln. Das gesetzliche Erbrecht und die gesetzliche Tutel des agnatus proximus sind Reste des einstigen Rechts der Gens.

Die germanische Sippe hat einen viel weiteren Rechts- und Machtkreis behalten. Weder die niedrigeren Rechtssubjekte der Familie und des Individuums, noch das übergeordnete Subjekt des Staates sind so vollkommen, so scharf entwickelt, wie in Rom. Dem

[1] Wackernagel S. 33.

[2] Caes. bell. Gall. IV, 1; l. Wisig. X, 1. 17. Gudrun 89 ff., ähnlich die Erziehung Parzivals und Tristans. Weinhold I, S. 103. Wackernagel S. 14. Über mittelalterliche Erziehung: Weinhold I, S. 121—125; weibliche Bildung im Mittelalter: ebenda I, S. 126—142; sittliche Zustände: ebenda II, S. 206—217.

deutschen Recht fehlt wie immer, so auch hier, die haarscharfe Logik, die unerbittliche Konsequenz des römischen, dafür bietet es eine unendliche Mannigfaltigkeit und die Anpassungs- und Veränderungsfähigkeit für die denkbar verschiedensten praktischen Bedürfnisse. Ebenso ist es mit dem Verhältnis zwischen Familie und Individuum. Beide Rechte regeln dieses Verhältnis für die Urzeit im Sinne des Patriarchats. Die Familie als ganzes hat einen Vertreter, der nach innen und außen sie führt, den Hausvater. Das römische Recht verbindet mit dieser Organisation den stärksten Individualismus, indem es den Vater zum einzigen Rechtssubjekt macht. Der Vater erwirbt die Familienrechte, die Hausgewalt wird sein Individualrecht, er wird und zwar das alleinige Subjekt des Familienvermögens. Die Familie verschwindet als Rechtssubjekt auf Kosten des Familienvaters. Der Individualismus erringt seinen ersten Sieg, indem er die Individualität der Personen alieni juris auf Jahrhunderte hinaus untergräbt. Die weitere Entwicklung drängte dazu, dieses Unrecht gut zu machen. Allein die überragend gestellte, absolut freie Person des pater familias ließ sich zu Kompromissen nicht herbei. Es gab nur ein Mittel, Frau und Kinder von seinem unerträglichen Joch zu befreien, sie aus der Familie loszulösen. Dieser Abbröcklungsprozeß hat dazu geführt, daß Frau und Kinder zu selbständigen Rechtssubjekten gemacht wurden, die nur in wenigen Punkten der theoretisch immer noch absoluten Gewalt eines anderen unterliegen. Eine Familie als rechtliche und wirtschaftliche Organisationsform gibt es nicht mehr, es gibt kein Familiengut, keine Familiengewalt, als deren Organ der Vater erscheinen würde; es gibt nur unorganisiert nebeneinander stehende Individuen, von denen einige in ganz privater Abhängigkeit von einem anderen, dem pater familias, stehen. Bei aller Ähnlichkeit der Details ist hier die Abweichung des germanischen Rechts am meisten auffallend. Die Familie bleibt nach wie vor Rechtssubjekt, es bleibt ein Familienvermögen vorhanden, der Vater ist Organ der Familie. Seine Dispositionen sind wie Verfügungen über gemeinsames, nicht aber ihm allein gehöriges Gut. Die Versöhnung mit dem Individualismus bewirkt der Genossenschaftsgedanke. Die Eingliederung des einzelnen in einen Organismus höherer Ordnung, die Absteckung von Grenzen zwischen den einzelnen Rechtssphären sind dem Römer fremd, dem Germanen geläufig. Der Römer kennt nur absolute, schrankenlose Rechte; die Rechte sind immer Konsequenzen aus abstrakten Begriffen. Es gibt Freie und Unfreie, kein drittes[1]; es gibt Eigentum und jus in re aliena, keine Zwischenstufen. Auch bei Personengemeinschaften sind nur die Extreme vorhanden: die societas und die juristische Person. Zwischenstufen sind ausgeschlossen.[2]

Im deutschen Recht gibt es nur Rechte von bestimmten Grenzen, eng umschriebene Rechtssphären, kein Recht mit der Prätension der Omnipotenz, es fehlt der römische Eigentumsbegriff, die Universalsuccession, der antike Staatsbegriff etc. Darum fehlt der Munt auch das wesentlichste Moment der patria potestas: die begriffliche Schrankenlosigkeit. Weib und Kind, so sklavenähnlich ihre Stellung sein mag, sind Glieder eines über dem Hausvater als Individuum stehenden Organismus, des Hauses. Das ererbte Gut ist Familiengut und scheidet sich bald von dem erworbenen Gut, dem Individualvermögen. Dem römischen Recht ist diese Unterscheidung fremd. Die Cura prodigi ist die einzige Spur eines Rechts der Familie an dem Vermögen des Hausvaters. Man vergleiche damit die reiche, ja üppige Entwicklung des Familiengüterrechts im deutschen Recht. Überall tritt die Familie der willkürlichen Verfügung des Hausvaters hemmend, irritierend entgegen. Dieser negative Einfluß, der in seiner vollkommenen Ausbildung als Verfangenschaftsrecht auftritt, wird oft positiv zu einem Anspruch auf einen Teil des Familiengutes, und es entwickelt sich daraus mit dem fortschreitenden Erstarken des Individualismus das Abschichtungs- und Teilrecht.

Auch im Erbrecht, das ja in unmittelbarer Beziehung zum Familienrecht steht, zeigen sich diese charakteristischen Züge wieder. Der starre Individualismus des römischen Rechts führt konsequent zur Testierfreiheit, zur Vorherrschaft des Testaments. Das Familienerbrecht, der letzte Rest des Rechts der Genossen auf das Familiengut, wird zu einer suppletorischen Erbfolgeordnung, dem Intestaterbrecht herabgedrückt, und die in den Banden des schrankenlosesten Individualismus liegende Doktrin deutet sogar diese als den ver-

---

[1] Selbst die scheinbaren Ausnahmen hievon bestätigen nur die Regel. Man vergleiche z. B. die Latini Iuniani mit den deutschen Halbfreien.

[2] Vgl. Heusler I, S. 224, 248f.; s. auch oben S. 26.

muteten Willen des Erblassers. Neben dem Testament ist das Familienerbrecht kraftlos, es wird bis zum Zerrbild des formellen Noterbrechts entstellt. Selbst der Tod des Individuums dient zur Verherrlichung der Individualität; durch den Gedanken der Universalsuccession setzt der Verstorbene über das Grab hinaus seine Persönlichkeit fort, durch das Testament überdauert sein Wille seine irdische Existenz.

Dem deutschen Rechte, das auch hier eine ältere Entwicklungsstufe repräsentiert, ist das alles fremd. Das Erbrecht ist ein Ausfluß der Haus- und Geschlechtsgemeinschaft.[1] Das Gut des Hauses bleibt dem Haus, dessen Glied es zu Verwaltung und Nutzung besessen hat. Stirbt jemand, der kein Haus hat, keine Familie im engeren Sinne, dann lebt die alte Idee des Geschlechtereigentums wieder auf, dann nehmen die Sippegenossen das Erbe, sowie sie sein Gut genießen, wenn er unmündige Erben hinterläßt; die Sippe schützt dafür den Unmündigen, das heißt, sie übt ihm gegenüber Geschlechtssolidarität, sie rächt ihn, wenn er getötet wird, sie heischt Wergeld für die Verletzung seiner Person: das ist der Ausgangspunkt des Vormundschaftsrechts.

Während also das römische Recht an der Unversöhnlichkeit des Individualismus mit jeder Familienorganisation gescheitert war, war dem deutschen Recht gerade in seiner Fähigkeit, durch Schaffung neuer Rechtskreise, Zwischenstufen und Mischgebilde diese Gegensätze zu überbrücken, seine Zukunft gewiesen. Die Versöhnung des Individualismus aller Familienglieder, nicht bloß des Vaters, mit dem Fortbestehen einer Familienorganisation ist das Endziel jedes Familienrechts gewesen. Das römische Recht hatte die Frau und die Kinder nicht selbständiger stellen können, ohne entweder die Persönlichkeit des Vaters zu beschränken oder sie aus der Familie zu reißen. Es entschied sich für das letztere. Das deutsche Recht, das dem Vater alle seine Macht nicht so sehr als Individuum, sondern als dem Haupt und Leiter der Familie gab, befreite Vater und Kinder gleichmäßig, indem es das straffe Familienband lockerte, ohne es je zu zerreißen. Ohne Kompromisse ging es freilich nicht

[1] Le droit de succession c'est l'émanation de la communauté familiale, Viollet S. 817 ... se rattache historiquement à la copropriété ou communauté familiale, 822.

ab, aber der Mangel auch nur eines bis in die äußersten Konsequenzen folgerichtig entwickelten Rechtsinstituts wurde reichlich aufgewogen durch den Gewinn allseitig befriedigender Familienverhältnisse.

Fünftes Kapitel.

Entwicklung des deutschen Rechts bis in das XIII. Jahrhundert. Das Eheschließungsrecht.

Literatur: Außer den S. 58 zitierten Werken Sohm, Das Recht der Eheschließung. 1875. — Trauung und Verlobung. 1876. — Friedberg, Das Recht der Eheschließung. 1865. — Lehmann, Verlobung und Hochzeit nach den nordgermanischen Rechten. 1882. — Viollet S. 402—431. — Laboulaye besonders S. 276—395.

Es würde zu den interessantesten Aufgaben der Rechtsgeschichte gehören, die Entwicklung der internen Familienbeziehungen zwischen Mann und Weib, zwischen Eltern und Kindern von der Zeit der Völkerwanderung bis zum Ausgange des Mittelalters zu verfolgen. Leider fehlt es bis jetzt so ziemlich an allen hierzu nötigen Vorarbeiten. Es müßten die zahllosen Äußerungen über Familienverhältnisse bei Dichtern und Chronisten, in Urkunden und Gesetzen etc. gesammelt und gesichtet werden, und es wäre nicht unmöglich, damit eine Brücke über jene der Rechtsgeschichte dunkle Zeit von dem Erlöschen der Kapitulariengesetzgebung bis zu dem plötzlichen Auftauchen der Rechtsbücher im 13. Jahrhundert zu schlagen, eine Zeit, über deren Rechtsleben nur spärliche Urkunden und Formelsammlungen[1] einigen dürftigen Aufschluß gewähren.

Soweit es das vorhandene Material gestattet, sollen im Folgenden die Hauptmotive dieser Rechtsentwicklung erörtert werden.

---

[1] Darum nennt z. B. Laboulaye diese Zeit Époque formulaire ou diplomatique (Recherches S. 194). Siehe über diese Bezeichnnng auch Brunner, Französische Rechtsquellen in Holtzendoffs Encyklopädie § 1, a. E.

Einen nicht zu unterschätzenden Einfluß hat auf das Familienleben das Christentum[1] ausgeübt. Das Christentum ist wesentlich individualistisch. Es will das Seelenheil des einzelnen fördern, wenn es sein muß, auf Kosten des Gesamtwohls. Gott ist jedes Individuum gleich lieb, darum reißt das Christentum die Frau vom heidnischen Gatten, die Kinder vom heidnischen Vater. Die soziale Pflicht, die Pflicht, zum Organismus zu stehen, dem man angehört, alle daraus entspringenden Tugenden, Eltern- und Kindesliebe, Gatten-, Verwandtenliebe, Freundschaft, Anhänglichkeit an die Sitten und Gebräuche der Vorfahren und Stammesgenossen, Vaterlandsliebe, Treue zum Herrn, Anhänglichkeit an Nation und Staat, alle treten zurück gegen die Gottesliebe und die Pflicht, für das Seelenheil zu sorgen.[2] Namentlich in den Zeiten der Bekehrung, wo oft Mitglieder derselben Familie verschiedener Religion waren, suchte die Kirche die gewaltunterworfenen Christen zu stärken und der Hausgewalt zu entziehen.

„Man muß Gott mehr gehorchen als den Menschen[3]", dieser Spruch ward immer wieder gelehrt. Namentlich in den Frauen, wie überhaupt bei allen Unterdrückten, Hilflosen und Schwachen fand die Kirche zahlreiche Anhänger; natürlich suchte sie diese besonders zu schützen und ihre Stellung zu heben. Es ist zweifellos, daß die Kirche auf eine sittliche, soziale und rechtliche Hebung der Stellung der Frauen hinwirkte, wo sie diese in starker Abhängigkeit von den Männern fand.[4] Die oben dargestellten paulinischen Ideen[5]

---

[1] Wackernagel S. 6; Laboulaye S. 83, 141f.; Viollet S. 404, 507f., 773, 823.

[2] Die Gnadenmittel der Kirche, die Verheißungen vom Jenseits sind nur für das Individuum berechnet. Wo das Stammesgefühl überwog, waren daher die Mittel der Kirche unzulänglich. Man denke an die charakteristische Anekdote von jenem Friesenfürsten, der lieber bei seinen Ahnen in der Hölle als ohne sie im Himmel sein wollte.

[3] Oboedire oportet Deo magis quam hominibus Act. Apost. 5. 29. (Worte Petri vor dem Synedrium.)

[4] Viollet S. 290 f., 507. Laboulaye S. 141. Die stoische Philosophie und das Christentum, welche die Entwicklung der Gleichheitsideen beschleunigten, waren den Familiensöhnen und den Frauen besonders günstig. Königswarter, Histoire de l'organisation de la famille en France. 1851. p. 93. Westermarck S. 232 ff.

[5] S. 44 ff.

über das Familienleben fanden in den deutschen Völkern einen ungemein empfänglichen Boden. Die Verehrung der Gottesmutter, die „auf das ganze Geschlecht ein glänzendes Streiflicht warf“[1], begegnete sich mit der germanischen Scheu und Ehrfurcht vor dem Dämonischen in der Frau zu einer Hebung des Ansehens der Frauen im allgemeinen. Namentlich in einer Richtung hat die Kirche entscheidenden Einfluß auf das Familienrecht geübt: in der Bekämpfung des Heiratszwanges. War die Frau früher von ihrem Muntwalt verkauft worden, ohne daß sie selbst das geringste mitzureden gehabt hätte, so wurde nunmehr Zustimmung der Braut erfordert.[2] Bald kehrte sich das Verhältnis um; der Wille der Braut erschien als die Hauptsache, die Zustimmung dritter Personen wurde schließlich als unwesentlich für die Gültigkeit der Ehe angesehen.[3]

Das Verhältnis beider Geschlechter während der Ehe wurde von der Kirche im Sinne der Gleichstellung beeinflußt. Die Ehe wird als eine Art von Societät aufgefaßt[4], langsam dringt der Gedanke durch, daß auch der Mann dem Weibe zur Treue verpflichtet sei.[5]

Die volkstümliche Anschauung über das Verhältnis von Mann und Weib nähert sich immer mehr der des Neuen Testaments. Die Abhängigkeit des Weibes wird in Übereinstimmung mit der Kirche immer noch scharf betont, aber die Gleichstellung in der Ehe wird dem immer entgegengesetzt. So heißt es in einem Gedicht des XII. Jahrhunderts, es sei altes Recht, daß der Laie ein Weib habe und andere meide. Das Weib sei vom Manne kommen, darum solle es dem Manne gehorsam sein, und weil es von seinem Leibe sei, darum gehe der Mann dem Weibe nach und suche es in seine Gewalt zu bringen, doch solle das nur nach Recht geschehen.[6]

---

[1] Wackernagel S. 6, siehe auch Unger, Ehe, S. 137.

[2] l. Burg. 100. l. Wisig. III, 3. 11. Aufhebung des Heiratszwangs im allgemeinen für die Langobarden Roth. 195. Liutpr. 120.

[3] Näheres darüber s. unten S. 78 ff.

[4] Glosse zu c. 2 X. 4. 20: Sic matrimonium se habet instar societatis et ita intelligitur. Vgl. Schwsp. 6; c. 17 C. XXVII, qu. 2. Laboulaye S. 141.

[5] Weinhold II, S. 27.

[6] Gedicht vom Recht. 12. 6 ff., herausgegeben von Karajan: Deutsche Sprachdenkmale des XII. Jahrhunderts.

Nach Gottes Wort, heißt es an einer andern Stelle[1], daß er der Dritte sein wolle, wo zwei im Recht zusammen seien, so möchte wohl Gott, wo Mann und Weib wie ein Leib zusammen seien, als dritter Gesell bei ihnen weilen; jedes von ihnen sei der Seele Kämmerer des anderen, auf daß es für ihn Rede stehen könne bei der Auferstehung. In ähnlicher Weise sprechen die populären Prediger des Mittelalters. Bruder Berthold, der volkstümlichste und berühmteste unter diesen, schildert die Gefahren des ehelosen Standes und richtet an seine Hörer die dringendste Aufforderung zu heiraten.[2] Daneben fehlt es allerdings auch im späteren Mittelalter nicht an geringschätzigen, selbst verächtlichen Meinungen über das weibliche Geschlecht. Der gelehrte Verfasser des Brünner Schöffenbuchs fühlt sich bei Erzählung eines Rechtsfalls, in dem eine Frauensperson einen Jüngling unter 18 Jahren zur Eheschließung verleitet, zu dem Ausspruch veranlaßt: Non est malitia super malicitiam mulieris.[3] Die Très ancienne coutume de Bretagne (ch. 80) begründet das niedrigere Mündigkeitsalter der Frauen mit folgenden Worten: Toutes malices peuvent être plus tôt en femmes qu'en hommes.[4] Ähnlich erklärt der Vocabularius utrius que juris des Jodocus die früher eintretende Reife der Frauen damit, daß sie dafür auf einer desto geringeren Stufe stehen blieben.[5] Das Höchste an Frauenverachtung leistet aber wohl derselbe Autor in seiner Erklärung des Wortes „femina“, die zugleich an krassem Aberglauben, wie an Ekelhaftigkeit nichts zu wünschen übrig läßt.[6]

Auch auf die Anschauungen, von denen das Familiengüterrecht beherrscht war, hatte die Kirche Einfluß. Bei der Ausbildung des

---

[1] Ebenda 11. 9—21.

[2] Bertholds Predigten, herausgeg. von Pfeiffer I, S. 288, siehe auch Weinhold I, S. 297.

[3] Brünner Schöffenbuch Nr. 516. \ Rössler II, S. 238.

[4] XIV. Jahrhundert. Brunner, Französische Rechtsquellen in Holtzendorffs Encyclopädie, § 3. Laboulaye S. 257.

[5] Seckel, Zur Geschichte beider Rechte im Mittelalter. Tübingen 1898, S. 67.

[6] Femina secundum aliquos dicitur a feditate, eo quod foedas et enormes superfluitates menstruales emittit. sola enim femina est animal menstruale cuius cruoris contactu fruges non germinant, arescunt herbe, arbores amittunt fructus, ferrum rubigine corrumpitur et si quidam canes comedunt, rabiem incurrunt. verificantur hec in adamante. Seckel a. a. O.

Systems der ehelichen Gütergemeinschaft hatten christliche und kirchliche Vorstellungen Einfluß.[1] Auch die Gleichstellung der Frauen im Erbrecht war ein Postulat der Kirche, das sich nur sehr allmählich verwirklichte. Die Kirche nennt den Ausschluß der Frauen vom Erbrecht, wohl zum Teil aus egoistischen Gründen, eine impia consuetudo.[2] Der Artikel des Sachsenspiegels, der die Frauen hierin zurücksetzte, wurde ebenso wie der, welcher letztwillige Verfügungen auf dem Siechbette für ungültig erklärte, vom Papst verdammt.[3]

Von so weitreichender Bedeutung auch diese Wandlung der Anschauungen auf sittlichem Gebiete waren[4], einen so durchgreifenden Einfluß auf die Umgestaltung des Familienrechts hätten sie nicht üben können, wenn nicht Umwälzungen auf sozialem und wirtschaftlichem Gebiete sie kräftigst unterstützt und gefördert hätten. Wir dürfen nicht vergessen, daß das alte deutsche Recht das Recht der Freien war, einer Menschenklasse, welche durchaus nicht das ganze Volk bildete, welche vielmehr immer nur eine bevorrechtete Klasse waren. Für die Unfreien gab es in ältester Zeit ebensowenig ein Recht, wie für die Sklaven in Rom. Es ist bekannt, wie die Zahl der Vollfreien immer mehr zusammenschmolz; damit verengerte sich auch immer mehr der Kreis derer, für welche das alte, hergebrachte Recht mit seinen ehrwürdigen Traditionen galt. Die Unfreien wurden nach und nach als Subjekte eines besonderen Rechts betrachtet, das ihnen ursprünglich der Herr aus Gnade gewährt hatte, das aber schließlich auch ihn selbst band. Dabei gab es viele Abstufungen zwischen voller Freiheit und totaler Unfreiheit, der ganze komplizierte Organismus der Stände des Mittelalters baute sich auf. Es

---

[1] Viollet S. 773.

[2] Marculf. 2. 12.

[3] Ssp. I, 17, § 1. Homeyer, Johannes Klenkok in den Abh. der Berliner Akademie 1855, S. 377 ff. Viollet S. 823 f.

[4] Bei diesem Anlasse mag auch auf die Romantik des Rittertums mit seiner Frauenverehrung hingewiesen werden. Auf das Familienleben und das Familienrecht haben diese Faktoren keinen sichtlichen Einfluß geübt, denn die ritterliche Minne war durchaus in keiner Beziehung zur Ehe. Der Frauendienst galt sogar vorzugsweise verheirateten Frauen. Unter den regulae amoris des Andreas Capellanus sagt die erste: causa conjugii non est ab amore excusatio recta. Siehe Weinhold I, S. 256—283 und Unger S. 132—143 mit zahlreichen Beispielen aus den Minnesängern.

entstanden neue Rechtskreise für die neuen Rechtssubjekte. Ursprünglich nur Ordnungen der besonderen Art des Unterordnungsverhältnisses, wurden diese Hof-, Dienst- und Stadtrechte allmählich zu Kodifikationen des gesamten Rechts der durch sie betroffenen Personen.

Für Bauern, Dienstmannen und Stadtbürger entstanden Rechte, welche natürlich durch und durch germanisches Gepräge trugen, aber von der Tradition des Landrechts frei waren, die darum einen im Verhältnis zu dem archaistischen Landrecht ganz modernen Charakter haben. Das Landrecht selbst blieb von den Einflüssen dieser modernen Rechte nicht frei, während das wenigstens anfangs auf die Kreise der Freien beschränkte Lehenrecht durchaus noch die alten Züge trägt. So scheidet sich allmählich ein besonderes Adelsrecht ab. Dieses behielt den starren agnatischen Charakter des Familienrechts; Vorzug der Söhne vor den Töchtern, starke Einflüsse der Sippe, deutliche Ausprägung der Mundialgewalt des Vaters, Heiratszwang wenigstens in negativer Richtung in Form eines Heiratskonsensrechtes auch gegenüber Großjährigen, kurz die bekannten Züge des altgermanischen Rechts bilden noch heute den Grundcharakter des sog. Privatfürstenrechts und des daraus hervorgegangenen Thronfolgerechts.

Während so sich eine kleine Minderheit aus den Freien aussonderte und zu der streng abgeschlossenen Klasse des Hochadels wurde, sanken die übrigen Freien durch privatrechtliche Unterordnung unter andere in dem Grade ihrer Freiheit und näherten sich damit den bereits der Rechtsfähigkeit teilhaftig gewordenen Unfreien. Es kann hier nicht dieser Prozeß näher verfolgt werden; allein festhalten müssen wir an folgenden Resultaten: viele Bauern und Städter befinden sich in einem Zustande teils minderer Freiheit, teils rechtlich umschriebener Unfreiheit. Während sich die Unterordnung des Bauern unter den Grundherrn forterhält, verschwindet die privatrechtliche Abhängigkeit des Bürgers vom Stadtherrn, es bleibt nur ein öffentlich rechtliches Verhältnis der Stadtgemeinde zum Stadtherrn. Aber die soziale Durchgangsstufe geminderter Freiheit und privatrechtlicher Abhängigkeit hat ihre Spuren auch im Familienrecht zurückgelassen.

Der Grundtypus für die privaten Abhängigkeitsverhältnisse ist die Munt. War auch der Name Muntleute, Muntmannen technisch nur auf eine bestimmte Klasse von Halbfreien beschränkt[1], so war doch die Munt das Urbild, dem alle ähnlichen Gewalten nachgebildet waren. Der Unfreie und Halbfreie im Hause des Herrn, als Glied der Hausgenossenschaft, steht in der Munt. Ist er mit einer Art peculium abgeschichtet, homo casatus, so bleibt dieses Mundialverhältnis in abgeschwächter Form bestehen.[2] Die Folge davon ist, daß in der Familie des Unfreien, die insgesamt unter der Munt des Herrn steht, der Vater eine wesentlich andere Stellung einnimmt, als in der Familie des Freien. Die Tradition, die agnatischen Interessen fehlen hier. Die Gewalt des Mannes über Weib und Kind geht nicht weiter, als der Muntherr sie gestattet, und dieser gestattet sie nicht weiter, als seinen sittlichen Anschauungen entspricht und seinem ökonomischen Vorteil aus dem Gedeihen der Familie des Untergebenen dienlich ist. Für den Herrn sind Weib und Kinder der unfreien Familie Arbeitskräfte, über welche er dem Familienvater keine willkürliche Verfügung gestattet. Das Gut, das er dem Unfreien gibt, gibt er nicht diesem allein, sondern seiner Familie zur Bewirtschaftung. Stirbt der Unfreie, so bleibt das Gut der Familie, es ändert sich im Haushalt nichts, es ist nur ein Mitglied weniger. Frau und Kinder bleiben beisammen auf der Hufe sitzen, die Munt führt nach wie vor der Herr. Sind unmündige Kinder da, die das Gut nicht selbst bewirtschaften können, dann bewirtschaftet es der Herr selbst, er behält aber auch die Nutzung. Darin besteht seine „Vormundschaft" über die Kinder des Unfreien. Wo aber die Witwe die Bewirtschaftung selbst leisten kann, entfällt die Notwendigkeit einer solchen Vormundschaft, sie setzt mit den Kindern die Gemeinschaft fort und ist die faktische Leiterin und Herrin des Haushalts.[3]

Zu diesen sozialen Verhältnissen treten namentlich in den Städten wirtschaftliche Gründe für eine Hebung der Stellung der Frauen. Früher hatte der Grundbesitz den Hauptbestandteil des Vermögens gebildet, Fahrhabe war daneben geringfügig. In bezug auf Fahrhabe hatte aber schon das ältere Recht eine Gleichstellung

---

[1] Schröder, RG., S. 632.

[2] Am deutlichsten bei den Langobarden. Vgl. Liutpr. 126, 139. Schröder, RG. S. 222.

[3] Siehe zu diesen Ausführungen Laboulaye S. 312 ff., 342.

der Geschlechter gewährt. Nun gewann in den Städten die Fahrhabe eine bisher nicht dagewesene Bedeutung. Bedeutende Vermögen bestanden oft ausschließlich aus Fahrhabe. Das Agnationsprinzip, das sich in der Vererbung des Stammguts auf die Söhne forterhalten hatte, wurde dadurch außer Übung gesetzt. Damit war eine ökonomische Gleichstellung der Frau mit dem Manne angebahnt, die Ausbildung der Gütergemeinschaft unter Ehegatten trug dazu bei, im Verhältnis von Mann und Weib das herrschaftliche Element verschwinden zu machen und es durch das genossenschaftliche im Sinne der Kirche zu ersetzen.[1]

Die Geschichte der Entwicklung des Ehekonsensrechtes ist charakteristisch für das Ineinandergreifen deutscher und christlicher Vorstellungen. Das alte deutsche Recht hatte die Raub- und Kaufehe gekannt. In ältester Zeit war die ganze Sippe beleidigt durch den Raub, als Kontrahent beteiligt durch den Kauf. Die ganze Sippe nahm am Kaufpreis teil, sowohl bei Verheiratung eines weiblichen Mitglieds, wo man den Preis empfing, als auch des männlichen Mitgliedes, wo man den Preis zahlen mußte.[2] Die Entwicklung ging nun zunächst dahin, daß die Munt des Hausvaters den Einfluß der Sippe zurückdrängte und daß der Gewalthaber im Hause nunmehr die Verlobung seiner Söhne und Töchter als alleiniges Recht in Anspruch nimmt. Für die Söhne war dieses Verlobungsrecht in der Hausangehörigkeit und ökonömischen Unselbständigkeit begründet, für Töchter überdies in der Unselbständigkeit des Geschlechts. Es bedurfte ja auch die Witwe und die volljährige Jungfrau eines Muntwalts, der sie verheiratete.

Der Verlober hat in ältester Zeit ein Zwangsrecht, er kann, das gilt namentlich Frauen gegenüber, die gewaltunterworfene Person verloben, wem er will.[3] Aber die Verlobung ist doch kein Kauf

---

[1] Siehe darüber unten 6. Kapitel.

[2] Siehe über diese Entwicklung Post, Grundlagen, S. 225—234. Lehmann, Verlobung und Hochzeit, S. 41 ff.

[3] Liutpr. 12: Pater autem et frater potestatem habeant, cui aut in quali etate voluerit, dandum aut spunsandum filiam et sororem suam, ebenso Liutpr. 109. Schröder, Ehel. GR. I, S. 7, Anm. 35 und 36. Weinhold I, S. 303. Im Gegensatz dazu bewirkt die Willenseinigung mit der Braut ohne Zustimmung ihres Gewalthabers keine Ehe; der Muntwalt kann ein solches Verhältnis lösen. L. Alam. Hloth. 54. 1: Si quis filiam alterius non sponsatam acciperit

und Verkauf einer Sache mehr. In historischer Zeit ist er nur mehr ein Zeichen der Erwerbung aller Rechte, die sich an die Übernahme der Munt knüpfen.[1] Bereits in der lex Salica ist der Brautkauf nur mehr ein Scheinkauf. Wenn er sich trotzdem noch lange allgemein erhielt, so ist hierfür hauptsächlich der konservative Sinn des Volkes der Grund, das an Rechtsformen, namentlich, wenn sie, wie die familienrechtlichen, einen geheiligten Charakter an sich tragen, mit größter Zähigkeit hängt. Hat die Heirat, meint Wackernagel ganz treffend, lange Zeit keinen anderen Sinn, als den eines Kaufes, so hatte sie wieder lange Zeit wenigstens keine andere Form.[2] Heiratszwangsrecht des Vaters, doch nicht mehr wirklicher Verkauf, das war der Rechtszustand, als die Christianisierung begann.

Hier zeigt sich das Christentum von einer ihm eigentümlichen Seite. Es vertritt die Freiheit und Unabhängigkeit des Individuums gegenüber dem Zwang der Sitte und des Rechts; die Selbstbestimmung des einzelnen ist ihm das wertvollste vor Gott. Diese Auffassung ist spezifisch christlich; ihre Vorstufe hat sie in der griechischen Philosophie, nicht in dem mosaischen Recht, nicht in der jüdischen Religion. Denn auch diese hatten, wie wir wissen, Brautkauf und Zwangsehe gekannt. Darum fehlt auch hier die Beziehung auf das Alte Testament, und wo sie vorkommt, ist sie sichtlich nicht recht glücklich.[3]

Die Kirche perhorreszierte somit prinzipiell jeden Zwang zur Eheschließung. Damit ist aber noch nicht gesagt, daß sie von Anfang

---

sibi ad uxorem, si pater eius eam requirit, reddat eam et cum 40 sol. componat eam. Greg. Tur. Hist. Franc. 9. 33: Quia sine parentum consilio eam conjugio copulasti, non erit uxor tua. Rothari 193; Rive S. 243; Sohm, Eheschließung, S. 51; Kraut I, S. 290, 320.

[1] Beispiele für den Ausdruck ein Weib „kaufen“ in Urkunden von 1369 und 1389 bei Kraut, Grundriß, § 187.

[2] „Das Christentum hat manches Jahrhundert gebraucht, es hat sich erst die Romantik des Mittelalters, das Rittertum, der Minnegesang, die Verehrung der Mutter Gottes ausbilden ... müssen, ehe für das Familienleben ein anderer und besserer Grund, für das Weib eine ehrenvollere Stellung gewonnen war, als der Abschluß der Ehe durch Kauf gewähren konnte“ (Wackernagel S. 6).

[3] Z. B. in c. 13 C. XXXII qu. 2, wenn Ambrosius bei der Geschichte der Heirat Rebekkas, wo ein ganz regelrechter Brautkauf vorkommt und die Braut nicht um ihre Einwilligung zur Verlobung, sondern, wie auch der Kirchenvater richtig bemerkt, erst nachher bei Bestimmung des Abreisetermins um ihre

an das Recht der Kinder, Ehen ohne Konsens der Gewalthaber zu schließen, predigte; sie tat das ebensowenig, als sie etwa Aufhebung der Sklaverei verlangte. Sie schließt sich in ältester Zeit vielmehr dem bestehenden Recht an. Paulus erörtert die Frage der Zweckmäßigkeit des Heiratens der Mädchen nicht von dem Gesichtspunkt aus, ob diese selbst sich dazu entschließen sollen, sondern, ob ihr Vater sie verheiraten solle. (1. Cor. 7. 38.) Ähnlich die Kirchenväter der folgenden Jahrhunderte, sie anerkennen zum Teil ausdrücklich, daß Verheiratung der Kinder in der patria potestas eingeschlossen sei.[1]

Es ist einigermaßen auffällig, daß das Christentum das römische Recht als fait accompli acceptierte, sich vor dessen Normen beugte und von der Ziehung der Konsequenzen aus seinen eigenen Prinzipien ganz absah, während es zu deutschen Rechtseinrichtungen nicht selten in heftigste Opposition trat und mit aller Unerbittlichkeit und Unversöhnlichkeit seinen Standpunkt behauptete. Das hat doppelten Grund. Das römische Recht war von der Religion fast gänzlich abgelöst, als es mit dem Christentum in Berührung trat, der Götterkultus spielt in den Rechtsformen keine Rolle mehr, das Recht war ein interkonfessionelles geworden, es wurde von der Religion als ein zwar fremdes, aber keineswegs feindliches Gebiet betrachtet. Ganz anders das deutsche Recht, in welchem das religiöse Element eine bedeutende Rolle spielte. Die Bekämpfung des Heidentums der Germanen schloß die Bekämpfung zahlreicher rechtlich bedeutsamer Gebräuche in sich, und machte die Unterdrückung manches Rechtsinstituts notwendig. Um uns diesen Gegensatz klar zu machen, brauchen wir nur an das Prozeßverfahren im römischen und in den germanischen Rechten zu jener Zeit zu denken, als das Christentum sich ausbreitete.

Meinung gefragt wird, zu der Erklärung greift: non est enim virginalis pudoris eligere maritum, so heißt das doch den Patriarchen etwas zu viel Zartgefühl und Takt zutrauen. Gerade diese Erzählung ist aber um so merkwürdiger, weil hier der Handel vom Vater des Bräutigams, und zwar wie es scheint, ohne daß dieser um seine Zustimmung gefragt wird eingeleitet und abgeschlossen wird. (Gen. c. 24.)

[1] So Tertullianus (III. Jahrhundert) ad uxorem II, c. 8: Nec in terris filii sine consensu patrum recte et jure nubunt. Basilius (IV. Jahrhundert) ad Amphilochium c. 42: Matrimonia sine iis, qui potestatem habent, fornicationes sunt.

Dazu kommt noch, daß das römische Recht als Kulturelement galt, und als solches von der Kirche ebenso geachtet wurde, wie die poetische und wissenschaftliche Literatur des Altertums.[1] Das deutsche Recht galt der Kirche dagegen von jeher als Barbarei, als etwas, das zumindest kulturell nicht viel wert war.

Wir sehen darum die Kirche bald zu den germanischen Volksrechten gerade in bezug auf die Frage der Ehefreiheit in Opposition treten. Anfänglich wußte sich die Kirche, wenn auch nur schwer und recht gezwungen, mit den Volksanschauungen über das Verlobungsrecht des Vaters abzufinden. Bald war es das vierte Gebot, das man in den Vordergrund schob, bald war es der Satz „vir caput mulieris", der das väterliche Verlobungsrecht erklären sollte.[2]

Es war der erste bedeutende Fortschritt, als in den Volksrechten der Satz zur Geltung kam, daß keine Ehe ohne Konsens der Brautleute geschlossen werden konnte. Diese Stufe ist in der fränkischen Zeit allgemein erreicht.[3]

Eine zweite Entwicklungsstufe ist damit erreicht, daß Ehen, die ohne Konsens des Gewalthabers geschlossen werden, sittlich als solche anerkannt werden, während sie rechtlich nicht als solche betrachtet werden. Damit beginnt eine Scheidung zwischen kirchlicher und weltlicher Auffassung einzutreten, die bis heute nicht wieder verschwunden ist. Die Ehe ohne Verlobung durch den berechtigten Muntwalt bewirkt eine strafweise Ausscheidung des Mädchens aus ihrer bisherigen Familie und damit den Verlust ihres Anteils am Familiengut, infolgedessen auch jedes Erbrechts und jedes Anspruches auf eine Abteilung und eine Aussteuer.[4]

---

[1] Wir brauchen nur an die Autorität zu denken, welche die Kirche einem Aristoteles und Vergil zu teil werden ließ.

[2] Eine irische Synode des V. Jahrhunderts lehrte, die Tochter solle zwar dem Vater gehorchen, aber der Vater solle sein Ohr den Wünschen der Tochter leihen. Benedictus Levita (III, Art. 455) behalf sich mit folgender künstlicher Konstruktion: Sciscitandum est, si vult pater virginis, quia caput mulieris vir. Requirenda est a patre voluntas virginum (Mon. Germ., leges 2, p. 131). Das klingt fast wie eine verschämte Kapitulation vor den Volksrechten.

[3] Kraut I, S. 327 f. Rive S. 240. Schröder, EhGR. I, S. 7, 8 mit zahlreichen Quellenbelegen in Anm. 37. Sohm, Eheschließung, S. 50.

[4] l. Sax. 40. l. Rib. 35. 3; 58. 12, 13, 18. Kraut I, S. 172 f., 291. Grimm, RA., S. 449. Langobardisches, thüringisches, westgotisches Recht bei

Im Zeitalter der Rechtsbücher ist ein weiterer Schritt getan; es ist eine Umkehrung des vorigen Verhältnisses eingetreten. Früher war es der Gewalthaber, der das Kind verheiratete, wenn er auch diesem ein Vetorecht gestattete; jetzt ist es das Kind, das sich selbst verheiratet, während dem Vater nur ein Konsensrecht bleibt.[1] Materiell ist nicht viel geändert, es ist Zustimmung von Vater und Kind zu der Verheiratung erforderlich, aber entscheidend ist die Auffassung, wessen Wille dabei der prinzipale, welcher der sekundäre sei. Diese Umdeutung steht in engem Zusammenhang mit der Umgestaltung des Familienvermögensrechtes einerseits, der Veränderung der Stellung der Frauen überhaupt andererseits.

In vermögensrechtlicher Hinsicht ist es der Umstand, daß das vom Bräutigam geleistete Wittum nicht mehr dem Gewalthaber, wie einst der Kaufpreis, sondern der Braut gezahlt wird, wodurch diese wenigstens bei den vermögensrechtlichen Transaktionen, die mit der Verehelichung verbunden sind, stark in den Vordergrund tritt. In persönlicher Hinsicht ist es aber das Verschwinden der Geschlechtsvormundschaft, das zunächst der Witwe, dann der vaterlosen Jungfrau und endlich jedem Weibe die Selbstverlobung und Selbsttrauung gestattet.[2]

Die Kirche begann aber selbst das bloße Konsensrecht der Verwandten, soweit es die Frage der Gültigkeit der Ehe betrifft, zu perhorreszieren[3], für sie ist der Konsens der Brautleute die alleinige

---

Kraut I, S. 290, 320f. Sohm, Eheschließung, S. 51. Schröder, Eheliches Güterrecht I, S. 8. Ähnliche Folgen hat die Eheschließung ohne Zustimmung des Gewalthabers in dem slavischen Landrecht Böhmens und Mährens. Czyhlarz S. 12. Ruber S. 41, 49. (Siehe S. 86.)

[1] Weinhold I, S. 304f. Kraut I, S. 326. Laboulaye S. 82. Viollet S. 404. Schröder, RG., S. 300, 321, Anm. 252; Ehel. Güterr. I, S. 7f.

[2] Sohm, Eheschließung, S. 52.

[3] Die Theorie von der Gültigkeit der Ehen ohne Zustimmung des Vaters schloß sich an die Interpretation der Sirmondschen Formel an: Eorum qui in potestate patris sunt, sine voluntate eius matrimonia non contrahuntur; sed contracta non solvuntur; contemplatio enim publicae utilitatis privatorum commodis praefertur. Allerdings wurde bei contracta „sine voluntate“ suppliert, eine Auslegung, die wohl sehr zu bezweifeln ist. Vgl. Viollet, S. 404. Deutlicher spricht sich Innocenz III. in c. 6 X, 4. 5, über die Unwesentlichkeit eines elterlichen Ehekonsenses aus, und dogmatisch fixiert wurde dieser Standpunkt vom Conc. Trid. sessio 24, Kap. 1, de ref. matr. Den kirchlichen Standpunkt vertritt auch der Schwsp. in Art. 48.

efficiens causa matrimonii, vor ihrem Forum wurde selbst der väterliche Ehekonsens bedeutungslos. Das weltliche Recht ging nicht so weit. Wenn es sich auch jedes Ausspruches über die Gültigkeit solcher Ehen wider Willen der Verwandten enthielt und diese Frage dem geistlichen Rechte und dem geistlichen Richter überließ, hat es doch solche Ehen immer verboten und mit vermögensrechtlichen Nachteilen bedroht. Damit aber, daß der Konsens zur Eheschließung auf das rein vermögensrechtliche Gebiet gedrängt wurde, gewinnt als nächstinteressierte die Mutter darauf Einfluß.[1] Vielfach taucht nun neben dem Vater die Mutter als Konsensberechtigte auf, Vater und Mutter sind es, die ihre Kinder verheiraten. So sehen wir in doppelter sich gegenseitig fördernder Weise die Einflüsse zur Hebung der Stellung der Frau wirksam. Einerseits wird ihre Stellung gehoben durch die Veränderung ihrer Teilnahme als Braut am Eheschließungsakt, sie tritt als gleichberechtigter Kontrahent gegenüber dem Manne auf, es ist das genossenschaftliche Prinzip, das auch hier durchgreift.[2] Andererseits erlangt sie als Mutter Einfluß auf die Verehelichung ihrer Kinder.

So ist der Rechtszustand im 13. Jahrhundert ungefähr folgender: Die Ehe wird durch Konsens der Brautleute geschlossen. Witwen bedürfen keines weiteren Konsenses, doch sollen auch sie den Rat der Freunde einholen.[3] Bei Mädchen wird

---

[1] Hierüber unten S. 99.

[2] Dies äußert sich auch in der Form des Eheschließungsaktes. Früher war die Trauung eine Übergabe der Braut an den Bräutigam gewesen, jetzt ist sie ein Zusammengeben beider Teile. So die Laientrauung im Augsburger geistl. Urteilsbuch aus dem XIV. Jahrh. (Frensdorff in Dove und Friedbergs Zeitschrift für Kirchenrecht X, S. 12): Johannes, ego committo tibi Guttam sicut Christus commisit claves regni coelorum S. Petro. Gutta, ego recommitto tibi Johannem sicut Christus commisit etc. Flor und Blancheflor 7484 (Mitte des XIII. Jahrhunderts): ich gibe ju dise frouwen zê und ju frouwe in zê man. Kölnische Trauungsformel aus dem XIV. Jahrhundert (Wallraf, Beiträge zur Geschichte der Stadt Köln I, S. 159, bei Sohm, Eheschließung, S. 120 f.): So wer yrre zwen zosamen geven soll zo der Ee, de soll dese Wort sprechen. Dann folgen die Trauungsfragen um den Konsens beider Teile.

[3] Iglauer Stadtr., Art. 2. (Tomaschek, Deutsches Recht, S. 202): Si autem uxor statum suum mutare voluerit, de consilio faciet amicorum. Iglauer Schöffenspruch Nr. 229 (Tomaschek, Oberhof, S. 125) erzählt von einem Manne, er warb dy czeyt do sy eyn junkvrowe was vnd das sy ym gegeben wart nach der vreunde rat czu eynem elychen weybe . . . Do lis Heynczman

der Konsens des Vaters oder der „Freunde“ verlangt, oft werden die „parentes“ konsensberechtigt[1] erklärt, was aber nicht immer die Mutter in sich schließt, manchmal Vater und Mutter nebeneinander ausdrücklich genannt[2], daneben bewegt man sich oft noch im alten Sprachgebrauch; der Vater gibt seine Tochter, er verheiratet sie[3],

---

werben um dyselben vrawen (eine Witwe) czu seynem eleychen weybe. Do tet die vraw nach vreunde rat.

[1] Daneben auch propinqui. Ebenso wechselnd ist der Sprachgebrauch in Corpus juris canonici. Vgl. c. 1, 3 C. XXX qu. 5, c. 2 C. XXXI qu. 2 = c. 1 X. de despons. imp. 4. 2, c. 1, 3 C. XXI qu. 2, c. 12 C. XXXII qu. 2, c. 2 C. XXXV qu. 6 = c. 3 X. qui matrimon. 4. 18, c. 12 C. XXXVI qu. 2. Gratian ad c. 2 und ad c. 3 C. XXXVI qu. 1 spricht abwechselnd vom pater und den parentes. Vgl. auch c. 6 X. de cond. appos. 4. 5, c. 6 X. de raptoribus 5. 17. Bemerkenswert die Übersetzung im Iglauer Stadtrecht Art. 63: post mortem parentum = noch seiner vaters und muters töde (Tomaschek, Deutsches Recht, S. 255). Iglauer Schöffenspruch Nr. 217, Statut von 1365 (Tomaschek, Oberhof, S. 117): ... dignum et justum est, ut virginum ac mulierum connubia de consensu parentum suorum, quorum cura et sollictudine non modica educate sunt, licite celebrentur. Brünner Schöffenspruch 519 (Rössler II, S. 239) bestimmt Strafe für diejenigen, welche eine Eheschließung oder Entführung versuchen sine scitu et consilio parentum seu illorum quorum interest; vgl. Nr. 520 und 521.

[2] Znaimer Stadtrecht von 1314 (Rössler II, S. 409): Si pater et mater cum sua voluntate et pueri eundem puerum in sede matrimoniali legitime collocaverint... Hamburger Stat. von 1270, X, 8: Alle de wile dat en man und en vrowe beide levet ... so sin se weldich mit eren kindern to donde to guder wis, so wat se willet, wedder se se to clostere geven willet, oft to manne de juncvrowen so to wyve de knapen. Ebenso die Statuten von 1292 und 1497. Kraut II, S. 605. Prager Statutarrecht 129 (Rössler I, S. 87): Darnach kein man ... sul do bey sein, do sich maid oder knecht an vater und muter willen oder der, den sie befolhen seynd, ich vroluben zu de ee. Gerichtsb. der Stadt Bamberg 1306—33, Nr. 84 (Zöpfl, S. 155): welches burgers tochter — sich verenderte zur ehe an irs vaters und an irer muter wort, die hat ze hant da mit verloren daz erbe, daz sie von vater und von muter an gefallen mocht ... Dagegen Iglauer Schöffenspruch 79 (Tomaschek, Oberhof, S. 74): Eine „puella annos nubiles habens“, die heimlich wider Wissen und Willen ihrer Mutter heiratet, verliert ihr Erbe nicht, weil mit Rücksicht auf die jura originalia ... matrimonia debent esse voluntaria et non coacta.

[3] Brünner Schöffenspruch 539 (Rössler II, 255): Juvenis quidam, cum puellam sibi desponsari rogasset, a patre puellae responsum accepit, quia pro nunc filiam suam desponsare non possit. Iglauer Schöffenspruch 248 (Tomaschek, Oberhof, S. 142) erzählt von einem Vater: der gab ym sy (seine Tochter) noch der vreunt rat.

während man dies von Söhnen, auch minderjährigen, fast niemals sagt. Dieser Sprachgebrauch hat sich übrigens nicht nur im Deutschen, sondern auch im Französischen bis heute erhalten[1], ohne daß er den geringsten juristischen Hintergrund mehr hat. Die Gültigkeit der Ehe wird durch den Mangel des elterlichen Konsenses nicht berührt, er hat nur vermögensrechtliche Nachteile zur Folge. Heiratszwang war abgeschafft, scheint aber nicht selten vorgekommen zu sein; denn immer wieder muß die Ehefreiheit ausdrücklich betont und jede Beeinträchtigung des freien Willens der Brautleute abgelehnt werden.[2]

---

[1] „Il donne sa fille en mariage" aber nicht „il donne son fils". Viollet S. 405. Doch siehe S. 84, Anm. 2.

[2] Ennser Stadtrecht von 1212 (Meiller S. 98. Schwind und Dopsch S. 44): In arbitrio quoque sit vidue, non nubere vel nubere, cuicumque velit, quod dominus terre de hoc nichil facere habeat. Idem statuimus de filia vel nepte cuiuslibet civium quod de vidua. Wiener Stadtrecht 1221 (Tomaschek, Rechte und Freiheiten der Stadt Wien, I, S. 12) Art. 19 stimmt hiemit im wesentlichen überein. Ebenso der Freiheitsbrief Rudolfs I. für Wien von 1278 Art. 46 (Tomaschek S. 48), die Bewidmungsurkunde Rudolfs III. für Krems und Stein mit Wiener Stadtrecht von 1305 (Tomaschek S. 82) und das Hainburger Stadtrecht (Meiller S. 144). Brünner Stadtrecht von 1243, Art. 29 (Rössler II, S. 353): In arbitrio quoque sit vidue non nubere vel nubere cuicunque velit absque quolibet impedimento. Idem quoque statuimus de filia vel nepte cujuslibet civium quod et de vidua; Art. 78 (14. Jahrhundert): Wir wellen dacz igleich tochter oder niftel nem ein man nach irem muet wen si wil (Rössler II, S. 357). Iglauer Stadtrecht Artikel 2 (Tomaschek, Deutsches Recht, S. 202): Et in arbitrio sit unius cujusque mulieris vel virginis nubere vel continere, quia coacta conjugia raro placent. Ähnliche Aussprüche aus deutschen Stadtrechten siehe bei Tomaschek, Deutsches Recht, S. 203 f. Ruber S. 111. Brünner Schöffenbuch Nr. 521 (Rössler II, S. 239) fügt an Art. 29 des Brünner Stadtrechts folgende Erläuterung: intelligendum est, quod puella vel mulier ad virum hunc vel illum ducendum non est cogenda; nam sicut ad fidem seu baptismum nullus compellitur nisi volens, sic nec ad conjugium est homo per violentiam compellendus. Eine eigentümliche Sitte findet sich im mährischen Stadtrecht. Wenn ein Mädchen entführt und der Entführer ergriffen wird, wird das Mädchen zwischen ihre Verwandten und den Entführer gestellt. Geht sie zum Entführer, so wird dieser straflos, geht sie zu den Verwandten, so trifft den Entführer Todesstrafe. Iglauer Stadtrecht Art. 62 (Tomaschek, Deutsches Recht, S. 254). Brünner Stadtrecht aus dem 14. Jahrh. Art. 101. (Rössler II, S. 365.) Brünner Schöffenspruch 521 (Rössler II, S. 239). Derselbe Gebrauch findet sich ausserdem nur in den flandrischen Stadtrechten, so in den Keuren von Gent 1192 und Fournes 1240, welche überhaupt mit dem Wiener und Brünner Stadtrecht eine auffallende Übereinstimmung aufweisen. Tomaschek a. a. O. Rössler II, S. CXIII ff.

Sechstes Kapitel.

Deutsches Recht vom XIII. Jahrhundert bis zur Rezeption.

Literatur: Außer den S. 58 genannten Werken. Schröder, Eheliches G.R. II in drei Abteilungen. 1. Süddeutsches Recht. 2. Fränkisches Recht. 3. Sächsisches und friesisches Recht 1868—1874. — Lehrbuch der deutschen Rechtsgeschichte. S. 709, 733—748. — Rive (4. Kap.) 2. Bd., 2. Abt. — Rössler, Deutsche Rechtsdenkmäler aus Böhmen und Mähren. Zwei Bde. 1845. — Cohn, Gemeinderschaft und Hausgenossenschaft. Zeitschr. f. vergl. RW. 1898. — Czyhlarz, Zur Geschichte des ehelichen Güterrechts im böhmisch-mährischen Landrecht. 1883. — Ruber, Beiträge zur Geschichte des Vormundschaftsrechtes in Mähren. 1883. — Ogonowski, Österreichisches Ehegüterrecht 1880. — Hasenöhrl, Österreichisches Landesrecht im XIII. und XIV. Jahrhundert. 1867. — Siegel, Güterrecht der Ehegatten in Salzburg. Sitzungsberichte der Wiener Akademie. 1882. S. 75 ff. — Heise und Cropp, Juristische Abhandlungen I, XVI, — Agricola, Gewere zu rechter Vormundschaft. 1869. — Martitz, Eheliches Güterrecht des Sachsenspiegels. 1867. — Göschen, Goslarsche Statuten. 1840. S. 128 ff. — Tomaschek, Deutsches Recht in Österreich. 1859. S. 165 ff. — Gosen, Das Privatrecht nach dem kleinen Kaiserrecht. 1866. — Salis, Beitrag zur Geschichte der väterlichen Gewalt nach französischem Recht. Zeitschr. d. Sav. Stftg. VII, Germ. Abt., S. 137 ff.

Sammlungen von Quellen: Gengler, Deutsche Stadtrechte des Mittelalters. 1863. — Gaupp, Deutsche Stadtrechte des Mittelalters. Zwei Bde. 1851 bis 1852. — Bischoff, Österreichische Stadtrechte. 1857. — Tomaschek, Rechte und Freiheiten der Stadt Wien. 1877—1879. — Schwind und Dopsch, Ausgewählte Urkunden zur Verfassungsgeschichte der deutsch-österreichischen Erblande. 1895. — Loersch und Schröder, Urkunden zur Geschichte des deutschen Privatrechts. 2. Aufl. 1881. — Lehmann, Quellen zur deutschen Reichs- und Rechtsgeschichte. 1891. — Die Ausgaben einzelner Quellen siehe im Register. Der sogenannte Schwabenspiegel wird nach den Kapiteln bei Wackernagel zitiert. Eine Synopsis der Kapitel nach der Lassbergschen und Genglerschen Ausgabe im Register.

Das deutsche Recht des späteren Mittelalters, wie es uns die seit dem 13. Jahrhundert überall aufblühende Rechtsliteratur darstellt, zeigt den angedeuteten Entwicklungsprozeß des Familienrechts in vollem Gange. Die Fortbildung ist nirgends recht abgeschlossen und schreitet weiter. Gleichwohl lassen sich allgemeine Grundzüge feststellen.

Die Geschlechtsvormundschaft über unverheiratete Frauen und Witwen ist im Absterben. Der Sachsenspiegel kennt sie noch, aber sie ist bereits bis zur Unkenntlichkeit abgeschwächt.[1] Sie beschränkt sich immer mehr auf eine bloße Vertretung vor Gericht, in Prozessen und in außerstreitigen Angelegenheiten.[2]

Die Frau braucht vor Gericht einen Vormund.[3] Im allgemeinen ist es ihr nächster Schwertmag.[4] Hat sie keinen, oder richtet sich ihre Klage gegen den Vormund, dann muß ihr das Gericht einen anderen geben oder der Richter muß selbst für die Frau als Vormund auftreten.[5] Zu Rechtsgeschäften ist die Unverheiratete im Gegensatz zur Ehefrau handlungsfähig.[6] Doch kommen auch in dieser Hinsicht Beschränkungen vor.[7] In Frankreich und im Gebiete fränkischen Rechts in Deutschland war die Geschlechtsvormundschaft bereits

---

[1] „bien énervée“ Laboulaye 177. Siehe Kraut II, 284 ff. Literatur über die Geschlechtsvormundschaft Stobbe IV, § 263. Schröder, Ehel. GR. I, S. 1 ff. Kraut II, S. 266 ff. Rive II, S. 75 ff. Urkundliche Belege bei Loersch und Schröder siehe S. 257.

[2] Schröder, RG., S. 746. Die Konkordanzliteratur berief sich zur Begründung dieser Beschränkung der Frauen meist auf das römische Recht, indem man das dort geltende Verbot, daß eine Frau pro aliis postuliere (l. 1 § 5 D. de postul. 3. 1), dahin auslegte, daß Frauen überhaupt nicht selbständig vor Gericht auftreten dürfen. Die in der zitierten Stelle genannte Cafrania wird auch in den deutschen Rechtsbüchern als diejenige bezeichnet, die durch ihr ungebührliches Betragen den Frauen das Recht verwirkte, Vorsprecher zu sein und ohne Vormund zu klagen. So schon Ssp. II, 63 § 1; Görl. LR. p. 47; Schwsp. 203; Prager Rechtsbuch 96.

[3] Ssp. I, 46: Megede unde wif muten aver vormunden hebben an jewelker klage, dur dat man se nicht vertügen ne mach, des se vor gerichte spreket oder düt. Ebenso Prager Rechtsbuch 94. Eide schwört sie aber selbst und nicht der Vormund. Ssp. I, 47. Prager Rechtsbuch 94. Schwsp. 59. Weinhold I, S. 205. Augsbg. Stadtr. Art. 60. Über Zweikampf und Ordalien siehe Grimm, RA., S. 908—937. Weinhold I, S. 205.

[4] Ssp. I, 23, 45 § 1; Schwsp. 26.

[5] Ssp. I, 43, 44, 47; Schwsp. 44.

[6] Ssp. I, 45 § 2: Megede aver unde ungemannede wif verkopen is egen ane irs vormünden gelof, he ne si dar erve to. Ebenso Schwsp. 59.

[7] Lüb. R. von 1263, Art. 21: Nulla mulier potest carius fidejubere, quam pro duobus nummis et dimidio sine mundeburdio suo id est vormunde. Berner Handfeste v. 1218 Art. 50: Quando pater moritur et pueri sunt infra annos, nec uxor nec pueri possunt aliquid facere, quod alicujus sit momenti nisi per manum tutoris et advocati ipsorum qui a judice ipsis datus fuerit. Siehe Kraut, Grundriß, § 186.

verschwunden[1], ebenso kennt man sie in Österreich und in den böhmisch-mährischen Rechten nicht mehr.[2]

Abgesehen von der Geschlechtsvormundschaft bleiben noch andere Reste der einstigen starken Differenz der Geschlechter. Der Sachsenspiegel kennt noch den Unterschied im Wergeld[3] und im gesetzlichen Erbrecht[4], während in Frankreich das gesetzliche Erbrecht die Söhne und Töchter gleichstellt.[5]

---

[1] Salis S. 141. Was Viollet (S. 288) für Spuren einer Geschlechtsvormundschaft über Witwen im 13. Jahrhundert in Touraine und Anjou hält, ist nichts als ein Ausfluß des Erbenwartrechts. Schröder, GR. II, 2, S. 7. Kraut II, S. 267. Opet, Geschlechtsvormundschaft (Mitteil. des österr. Instituts Erg.-Bd. 3), nimmt sogar an, das fränkische Recht habe die Geschlechtsvormundschaft nie gekannt.

[2] Die mit dem Wiener Stadtrecht im Zusammenhang stehenden Stadtrechte kennen keine Geschlechtsvormundschaft. Über die Stellung der Witwe siehe Art. 18, 19 des Wiener Stadtrechts von 1221 (Tomaschek, Rechte und Freiheiten der Stadt Wien I, S. 12). Während das Prager Rechtsbuch (94. 96) die Geschlechtsvormundschaft des Sachsenspiegels aufrecht hält, ist eine solche den originären mährischen Stadtrechten unbekannt (Einwirkung des slavischen Landrechts? Turner S. 31, vgl. Schröder, Gesch. des ehel. Güterrechts II, 1, S. 149). Ruber S. 105, 108 (daselbst zahlreiche Belege in Anmerkung 10), 120. Vgl. Brünner Schöffenbuch Spruch Nr. 205 (Rössler II, S. 101): Per matrimonium filia emancipatur et transit a patria potestate. Ähnlich Nr. 501. Nr. 487: Mulier tamen vidua, quia bonorum est domina, sive agat sive respondeat, tamquam vir jurando cadit et causam obtinet vel amittit. Wiener Weichbildbuch Art. 16: Die witiben haben das recht auch, das si antwurten muessen vor gericht, umb welherlai hande gelde das ist. Vgl. Prager Statutarrecht 105. Hasenöhrl, Österr. Landrecht, S. 115 f. Schröder, GR. II, 1, S. 94. Das slavische Landrecht in Böhmen und Mähren kennt gleichfalls keine Vormundschaft über Unverheiratete und Witwen. Diese sind vollkommen prozeßfähig. Czyhlarz S. 11, 12. Ruber S. 38, 52; vgl. Turner, Slavisches Familienrecht. Straßburg und London 1874. S. 44.

[3] Ssp. III, 45 § 2: Jewelk wif hevet ires mannes halve bute unde weregelt. Jewelk maget unde ungemannet wif het halve bute, na deme dat si geboren is.

[4] Nach Ssp. I, 17, § 1 gehen die Söhne den Töchtern, der Vater der Mutter vor. Siehe Stobbe V, §§ 290, 291. Vgl. Ssp. I, 27 § 1. Schwsp. 7. Die gleiche Zurücksetzung der Töchter findet sich im slavischen Landrecht (Czyhlarz S. 6 ff.) die noch in der vernewerten LO. Ferdinands II. vorkommt, Czyhlarz S. 126 ff. Vgl. auch Ruber S. 34, wo sich in Anm. 6 zahlreiche Quellenbeispiele finden, ferner ebenda S. 39.

[5] Salis S. 143.

Dagegen ist das Verhältnis der Ehefrau zu dem Manne noch das der Unterwerfung unter eine starke ehemännliche Gewalt[1], ganz entsprechend den Anschauungen der Kirche.[2] Der Mann ist seines Weibes „Vogt und Meister".[3] Die Frau tritt in den Stand des Mannes, in diesem Sinne ist sie seine Genossin[4]; allein der Mann ist ihr übergeordnet, er ist ihr Vormund.[5] Diese Vormundschaft hat noch viel von der Vormundschaft des alten Rechts an sich, sie ist eine Gewere zu eigenem Nutzen; und diese ehemännliche Gewere ist so stark, daß während der Dauer der Ehe, was Genuß und Verwaltung der Güter anbelangt, jeder Unterschied zwischen Mannesgut und Frauengut verschwindet.[6]

---

[1] In Frankreich war die Existenz der ehemännlichen Munt ein unterscheidendes Merkmal zwischen dem germanistischen Norden und dem römischrechtlichen Süden. Compilation Desmares 35: De coustume la femme est en la puissance de son mari, autrement est de droict escript. Salis S. 142. Laboulaye S. 215. Französische Literatur über die Stellung der Frauen Viollet S. 294. Auch das slavische Landrecht kennt eine starke ehemännliche Gewalt (Czyhlarz S. 14—17; Ruber S. 43; Ogonowski S. 64, Note 2), die sich in der Parömie ausdrückt: Mulier racione conjugii est in captivitate mariti. So Mährische Landtafel 1373; Ollmützer Czuda II, n. 281; „in Macht und Gewahrsam des Mannes" vern. LO. F. 159. Diese Gewalt äußerte sich zwar zunächst nur auf das Dotalicium, die Frau konnte nach Auflösung der Ehe alle ihre früheren Verfügungen aus dem Grunde anfechten, weil sie vom Manne dazu gezwungen war (Ruber S. 43—47); allein sie dehnte sich auch darüber hinaus aus. Czyhlarz S. 28. Für die österreichischen Alpenländer siehe Ogonowski S. 30. Urkundliche Belege bei Loersch und Schröder siehe Seite 257.

[2] Siehe oben S. 55.

[3] Deutschsp. 13. 66. Schwsp. 10. Vgl. auch Brünner Schöffenbuch 193: Est enim vir tam mulieris quam dotalitii dominus et rector. 504: Vir enim non solum corporis, imo bonorum uxoris et dominus est et rector. Schröder, GR. II, 1, S. 95 f. Die fränkischen Rechte nennen den Mann den „mumper" der Frau. Schröder, GR. II, 2, S. 5—8.

[4] Ssp. I, 45 § 1; III, 45 § 3: Dat wif is ok des mannes genotynne tohant alse si in sin bedde trit. Schwsp. 55. Reiner tritt der genossenschaftliche Gedanke in den oberrheinischen Rechten auf. Z. B. Freiburger Stadtrecht 1120 § 12: Omnis mulier viro parificabitur et e contra. Stadtrodel § 25: Omnis mulier est genoz viri sui in hoc civitate et vir mulieris sui. Gengler II, S. 912 f. Schröder, GR. II, 2, S. 2—5. Kraut I, S. 182 ff.

[5] Ssp. I, 42 § 2; 45 § 1; III, 45 § 3: Die man is ok vormünde sines wives to hant als sie yme getrüwet wert. Deutschensp. 59 b. 66. Schwsp. 55, 59.

[6] Ssp. I, 31 § 1: Man unde wif ne hebbet nein getveiet gut to irme live.

Die Oberhoheit des Mannes über die Frau äußert sich zunächst im persönlichen Verhältnis. Von einem unbeschränkten Recht des Mannes, die Frau zu töten, ist wohl keine Rede mehr, allein in Ausnahmsfällen wird der Mann entschuldigt, wenn er die Frau tötet[1], immer noch wird der Mann als Richter über die Frau angesehen, der auch die äußersten Strafmittel anwenden kann. Umsomehr steht dem Manne das Züchtigungsrecht über die Frau zu.[2]

---

§ 2: Svenne en man wif nimt, so nimt he in sine gewere al ir gut to rechter vormuntscap. Schwsp. 33. 59.

[1] An die Wormser Synodalzeugen wird die Frage gestellt: Est aliquis, qui uxorem suam absque lege aut probatione interfecerit? Burch. Decr. I, cap. 93, interrogatio 7. Grimm, RA., S. 450. Viollet S. 500. Eine Spur dieses Restes der einstigen Friedlosigkeit ist in Art. 324 des franz. Code pénal erhalten, wonach die Tötung der Ehefrau und ihres Komplizen im Falle der Ertappung auf frischer Tat des Ehebruchs im Hause des Mannes als „excusable" gilt. Iglauer Stadtrecht Art. 60 (Tomaschek, Deutsches Recht, S. 253): Et si quis legitimam suam sine justo judicio interfecerit, spirituali judicio respondebit. Häufig findet sich der Gedanke, daß das weltliche Gericht bei Tötung der Frau, die im Ehebruch ertappt wird, überhaupt nicht einzuschreiten habe, sondern die Sache dem geistlichen Richter überlassen bleibe. So Stadtrecht von Hainburg (Meiller S. 145): Swelicher begriffen wirt uberhuer mit eins andern wertleichs mannes chon, da hat der richter nicht überze richten, nur allain der stat pharrer. Wiener Stadtrecht 1244, (Tomaschek, Rechte und Freiheiten, S. 29): Quicumque de prehensus fuerit in adulterio cum uxore alicuius viri secularis judex non judicet sed plebanus huius civitatis. Stadtrecht Albrechts II. für Wien 1340 (Tomaschek, Rechte und Freiheiten, S. 115) Art. 73: Swer an der uberhuer mit aines mannes chonen wirt begriffen vnd waz der chonman an derselben stat in paiden tut, daz sol er nicht puezzen. Alt-Prager Stadtrecht 52 (31). Stadtrecht von Deutschbrod (Sternberg I, 2, S. 37): Item quicumque uxorem suam legitimam contumaciter et innocenter sine causa legitima vulneraverit, aut aliquo gravi modo leserit aut occiderit. coram judicio judicabitur seculari. Si autem propter aliquem excessum gravem et causam evidentem. sicut est fornicatio. adulterium et hiis similia. in predictos articulos quis inciderit coram judicio judicetur spiritali. Prager Rechtsbuch 204 (Rössler I, S. 162): ... vnd wer sein weip an rechtes urteil irtotet, der schol in geistliche gerichte antwurten. 87 (S. 125): ... und ob ymant den anderen bey seinen eelichen veip erwischt, ist das er sye payde totten vil, er ruff den richter und en scheppfen darzu und slach durch sy payde einen pfall. Aus dem Brünner Schöffenbuch, Spruch 538 (Rössler S. 255) erfahren wir, daß Tötung der Frau durch den Mann mit Schleifen und Rädern gestraft wird.

[2] Beaumanoir 57: il loit (= licet) bien à l'homme à battre sa femme sans mort et sans mehaing, quand elle le meffait. Laboulaye S. 388. Viollet S. 303 ff. Brünner Schöffenbuch, Spruch 511 (Rössler II, S. 234) erzählt einen

Auch der Verkauf der Frau findet sich noch.[1] Doch bindet das eheliche Verhältnis auch den Mann, es legt ihm mancherlei Schranken im persönlichen Verhältnis auf. Nicht nur daß Ehebruch von Kirche und Staat für verboten und strafbar erklärt wird[2], auch der Eintritt ins Kloster kann nur mit Zustimmung der Frau die volle Rechtswirkung äußern.[3] Auch zu längerer Abwesenheit, zu einer Wallfahrt muß die Frau zustimmen.[4] Es ist eine Singularität des Iglauer

für die Auffassung der ehemännlichen Gewalt sehr instruktiven Fall: Ein gewisser Georg, der seine Frau wiederholt arg mißhandelt hat, erklärt auf die Klage, quod uxorem suam, cujus ipse caput esset et dominus, ut sibi placeret, magistrare vellet. Das Gericht begnügt sich anfänglich mit Ermahnungen: consules vero habita deliberatione Georgium accedentes sibi suaserunt, quod cum uxore benigne viveret, eam potius bonis affatibus et virgae disciplina quam turpibus alloquiis flagellis et violentis castigationibus ad bonos mores et consuetudinem laudabilem exhortando. Diese Ermahnungen fruchten nichts, der Mann bleibt brutal, so daß schließlich die Eltern der Frau diese zu sich nehmen, nec cum Georgio ulterius habitavit, was mit ausdrücklicher Beziehung auf Nov. 22, c. 15 § 1 gebilligt wird. Beispiele für das Züchtigungsrecht aus Dichtern bei Grimm, RA., S. 450; Weinhold II, S. 4. Siehe auch Ruber S. 116. Muntverlust wegen schlechter Behandlung schon ed. Rothar. 182; Weinhold II, S. 29.

[1] Im Brünner Recht ist er verboten, Ruber S. 117; Brünner Schöffenspruch 493b. Siehe dagegen Weinhold II, S. 12. Kraut I, S. 297. Grimm, RA., S. 450 f.

[2] Weinhold II, S. 27. Die Rechtsquellen sprechen oft von einer Strafe des Ehebruchs, ohne daß ersichtlich ist, ob nur der Fall gemeint ist, daß einer mit einer verheirateten Frau deren Ehe bricht, oder auch der Fall, daß ein verheirateter Mann mit einer ledigen Person seine Ehe bricht. So Ssp. II, 13 § 5, ebenso Schwsp. 149. Manchmal ist klar, daß nur an den ersten Fall gedacht ist. So Schwsp. 172, eine Stelle, die dem mosaischen Recht entnommen ist. Dagegen ist der zweite Fall gemeint im Iglauer StR. Art. 59 (Tomaschek S. 253), Prager RB. 204 (Rössler I, S. 162), Brünner Stadtrecht vom Anfang des 14. Jahrh. 44 (Rössler II, S. 357), Stadtrecht von Deutschbrod (Sternb. I, 2, S. 35), Brünner Schöffenspruch 491 (Rössler II, S. LXXX). Doch ist die Strafe eine geringere: Wiener Stadtrecht 1340 setzt Todesstrafe auf den Ehebruch mit einer Verheirateten. „Wirt aber ein chonmann mit einem ledigen weib begriffen an der uberhuer, den sol der Pharrer nach geistleichem recht puezzen.“

[3] Ssp. I, 25 § 4. Schwsp. 28. Rupprecht I, 180.

[4] Im allgemeinen erklärt zwar das Prager Rechtsbuch 62 (Rössler I, S. 118) (in Übereinstimmung mit sächs. Weichbild 56): Ist das ein man petfart oder seines kaufes varen vill aus dem lande, der mag niemant gehinderen, er schol recht von ym zu hant nemen; statuiert jedoch in Art. 112 (Rössler I, S. 134): Ob ein man auf den gotes wek wil hin zu Rom oder hin zu sant

Rechts, daß in einem solchen Falle die Frau unter die Munt eines anderen gestellt wird[1]; ebenso aber auch das Gegenteil, das wir im Brünner Recht finden, daß die Frau im Falle der Handlungsunfähigkeit des Mannes diesen vollständig vertritt und eine Art Kuratorsstelle einnimmt.[2]

Am stärksten tritt die eheherrliche Vormundschaft im Vermögensrecht zu Tage. Mochte nun getrenntes Eigentum der Ehegatten oder Gütergemeinschaft existieren, während der Dauer der Ehe führt der Mann die Verwaltung, er hat auch allein den Genuß des gesamten Vermögens. Die Frau ist auch in Bezug auf ihr eigenes Gut handlungsunfähig; sie kann ohne Zustimmung des Mannes keine kontraktlichen Verpflichtungen eingehen. Insbesondere vertritt sie der Mann vor Gericht; er ist dazu berechtigt und meist auch verpflichtet.[3]

Jakob oder anderswo, sein hausfraw, ob sy wil, mag in wol hindern. In einer Rezension des Iglauer Stadtrechts (Tomaschek S. 213) heißt es: Item si quis hominum voluerit proficisci ad limina sanctorum videlicet S. Petri, Pauli vel Jacobi seu alias, uxor sua, si noluerit, iter suum impedire poterit, voto Jerosolomitano dumtaxat excepto. Schemnitzer Stadtrecht (Tomaschek, Deutsches Recht, S. 344) Art. 6 ebenso. Siehe Ruber S. 117, Tomaschek (D.R. S. 166).

[1] Iglauer Schöffenspruch Nr. 316 (Tomaschek, Oberhof, S. 227 f.): Ille suam uxorem legitimam suo vicino — cum omnibus bonis suis — commisit, ut eam gubernaret et regnaret. Ruber S. 105.

[2] Brünner Schöffenbuch 512: Si maritus naturaliter puta senio, aetate decrepita aegritudine, maxime tamen rationis privatione, — et aliis modis praedictis consimilibus ad illum statum pervenerit, quod curam domesticam cum ceteris, quae ad officium patris familias spectant, regere non poterit, vel negligat, rationabile judicatur, quod uxor legitima si circumspecta provida fuerit et honesta, omnia faciet ordinet et disponet, quae in venditionibus emtionibus et singulis aliis contractibus ipsi marito praehabitis non obstantibus impedimentis ex eo, quod caput est mulieris et dominus, competere dinoscuntur. In weniger weitgehendem Maße findet sich eine Erweiterung der Rechte der Frau im Falle der Krankheit und Abwesenheit des Mannes auch anderwärts. Schröder, GR. II, 2, S. 244.

[3] Im einzelnen kann hier auf das eheliche Güterrecht und seine verschiedenen Systeme nicht eingegangen werden. Aber festzuhalten ist unter allen Umständen daran, daß alle diese verschiedenen Güterrechte nur die Liquidation nach Aufhören der Gemeinschaft, nicht die Frage der Verwaltung während der Gemeinschaft behandeln. Immer noch wirkte jene ältere Auffassung nach, derzufolge die Munt des Hausvaters jede Teilnahme der Frau an der Familienherrschaft ausschloß. Laboulaye (S. 387): Aussi ne faut il pas supposer que ces coutumes aient jamais considéré la femme comme étant l'associée du mari pendant le mariage; une telle innovation eût été en contra-

Gerade aber diese straffe Vereinigung der Güter in der Hand der Mannes führt zu einer Hebung der Gattin. Unbeschränkt in der Verfügung war der Mann über sein Erbgut von jeher nicht gewesen. Immer hatte er mit dem Wartrecht der Erben rechnen müssen. Zu Veräußerungen war Zustimmung der Erben nötig. Es kommt nun vor, daß in diesem Fall die Zustimmung der Frau genügt; Widerspruch der Kinder schadet nicht. Was Vater und Mutter mit gesamter Hand tun, können die Kinder nicht anfechten.[1]

---

diction avec les idées que nos pères se faisaient de la puissance maritale. Siehe auch Ogonowski S. 12—14, 39 ff. Ssp. I, 31 § 1: Wif ne mach ok ires gudes nicht vergeven ane ires mannes willen, dat het dur recht dulden durve. Art. 45 § 2: En wif ne mach ok ane irs mannes gelof nicht ires gudes vergeven, noch egen verkopen, noch liftucht uplaten, durch dat he mit ir in der geweren sit. Siehe auch III, 75. Schröder, GR., II, 2, S. 8—13; II, 3, S. 218. Das slavische Landrecht, das der Frau persönlich eine freiere Stellung einräumte, hat auf dem Gebiet des Güterrechts die gleiche strenge Munt des Mannes. Ruber S. 43 ff. Czyhlarz S. 14 ff. Übrigens vermutet letzterer eine Rezeption des bayrisch-österreichischen Rechts (S. 33 f.). Für das böhm.-mähr. Stadtrecht Brünner Schöffenbuch Nr. 160: Mulier ducens virum ipsum non solum sibi sed etiam bonis suis omnibus in rectorem praeficit et magistrum. Iglauer Schöffenspruch Nr. 123 (Tomaschek, Oberhof, S. 87): die Frau kann legieren nihil aliud quam suam ferialem vestem. Prager Statutarrecht 59 (Rössler I, S. 41): Kain fraw die mag nichz vorschaffen kaynerlay sach, clain noch gross, es sei claynet, gewant oder gut, an irs mannes willen; zu bew er aber seynen willen geb, daz mag sie wol vorschaffen. Altbayr. Landrecht: Es mag chain fraw on irs wirttes willen nichz hingeben ... Beaumanoir 21, 20 bestimmt Gütergemeinschaft: mais voirs est que tant comme ils vivent ensemble, l'homme en est mainburnissière. Neben dieser starken Vertretungsgewalt des Mannes finden sich allerdings auch Verfügungsrechte der Frau anerkannt; aber sie sind sehr beschränkt. „Die Frau ist über ein Biesli Meister.“ Namentlich in den Städten hatte die Frau Verfügungsrechte bis zu gewissen Summen. Schröder, GR. II, 1, S. 102; II, 3, S. 219. Martitz S. 133. Vollkommen freie Verfügung über ihr Vermögen gestattet ihr unter sichtlichem Einfluß des Römischen Rechts nur das Ofner Stadtrecht 397. Schröder, GR., II, 1, S. 106.

[1] So im Wiener Stadtrechtsbuch (herausgegeben von Schuster 1873) Art. 81: Ist awer, daz ein wiert und sein hausvrau mit gesampter hand anerstorbens erib hingebent und auch iren chauf guet, daz si mit einander erarbait habent, da mügen si iren chind nicht angeirren; Art. 86: Nimpt ein man ein hausvraun und pringent zu einander erib und aigen, und gewinnent auch chind mit einander, alles daz der vater und die mueter tuent mit alle dem guet, daz si habent, di weil si lebent, und auch mit gesampter hant, mit versetzen, mit verchaufen, mit gescheft und mit gab, da mugen seu iren chind nicht angeirren mit einem wort. Siehe auch Schröder II, 1, S. 115, 128. Ogonowski S. 89.

So erscheinen Vater und Mutter als gemeinsame Instanz über die Kinder, die Kinder stehen „im Brot“ beider Eltern, nicht bloß des Vaters.[1] Im Verhältnis der Gatten zu einander gewinnt diese Auffassung dort volle Herrschaft, wo Gütergemeinschaft besteht; aber auch bei bloßer Verwaltungsgemeinschaft erlangt die Frau dadurch, daß ihr Konsens den Geschäften des Mannes Unanfechtbarkeit verleiht, Einfluß auf die Verfügungen des Mannes, und dieser Einfluß, dieses Mitreden in reinen Vermögensangelegenheiten des Mannes[2] bewirkt eine starke Abschwächung der eheherrlichen Munt. Nach außen bleibt allerdings regelmäßig die Vertretung der Familie durch den Hausvater bestehen, besonders vertritt er die Frau vor Gericht[3],

---

Viollet S. 781. Münchener Stadtrecht 214. Augsburger Stadtrecht Art. 76 § 8, Zusatz. Während in diesen Rechten die Gesamthand der Eltern das Wartrecht der Erben absorbiert, hatte sie im übrigen Gebiet des schwäbischen und bayrisch-österreichischen Rechts nicht diese Wirkung. Wenigstens zeigen uns zahlreiche Urkunden, daß die Eltern zu Verfügungen über Immobilien regelmäßig die Zustimmung der Kinder einholten. Schröder, GR. II, 1, S. 130—137. Über die Wirkung der Gesamthand im fränkischen Recht vgl. Bamberger Stadtrecht § 313: Die weil vater und muter laet mit gesambter hant, so haben ire kind und erben an irem erb und eigen noch gewalt noch recht. § 361: Es mag ain man an seinem todbeth mit besambter hand seiner wirtin sein varende hab schicken und achten wem er will, das in seine kinder nichts daran gehindern mogen. Gesamthand in Nürnberg, Köln, Aachen, Worms, Heidelberg etc. Schröder II, 2, S. 18 ff. Gesamthand in Thüringen Schröder II, 3, S. 232, in Westfalen II, 3, 243.

[1] Die französischen Rechtsquellen sagen „en pain de père et mère“, oder „soubs la selle de leur père et mère“; Salis S. 115.

[2] Schwsp. 33 sagt in Übereinstimmung mit Ssp. I, 31 § 1: Ein wîp mac ir guot nit hin gegeben an ires mannes willen, fährt aber fort: noch ein man âne sînes wîbes willen, wan als daz bouch hie vore säit. Deutschsp. 34. Schröder II, 1, S. 115—124, enthält zahlreiche Beispiele aus süddeutschen Urkunden.

[3] Ruber S. 106. Brünner Schöffenbuch, Spr. 16: In jure civitatis observatur, quod paterfamilias pro uxore, pueris ... in causis suis quibuslibet si vult judicialiter potest agere et respondere. Nr. 271, 388. Iglauer Schöffenspruch Nr. 111 (Tomaschek, Oberhof Iglau, S. 84): Eyn ikleych man vortrytt wol seyn elich chon und sein kynd und seynen protess ob her wil mit klag und mit antwurt. Im Iglauer Schöffenspruch Nr. 247 (Tomaschek, Oberhof, S. 140) klagt ein Mann für sich und im Namen seiner Frau (von seyner gewalt wegen, dy seyn eleych weyp ist). Diese Vertretungsgewalt erklärt auch die Erscheinung eines der Gesamthand scheinbar entgegengesetzten Prinzips, wie es viele rheinische und die mährischen Stadtrechte aufweisen. Der Mann vertritt

allein auch dieser Rest der Munt verschwindet im Südosten des Reiches; wenn auch die Vertretung vorkommt, so ist sie hier doch oft nur fakultativ[1], und es fehlt ihr nicht das Gegenstück einer Vertretung des Mannes durch die Frau[2], womit natürlich die Gleichstellung der Gatten auch nach außenhin scharf betont wird.

Unbeschadet des persönlichen Mundialrechts des Mannes besteht also eine vermögensrechtliche Gemeinschaft zwischen den Ehegatten, sie bilden miteinander eine rechtliche Einheit, die ihre Geschlossenheit zunächst den Kindern gegenüber äußert; was die Kinder erwerben, fällt nicht wie im römischen Recht allein dem Vater zu, es gehört zur ehelichen Errungenschaft beider Eltern.

Dadurch gewinnt das Haus statt der persönlichen einen Spitze des Hausvaters eine doppelte Spitze in Gestalt beider Eltern, die unter sich durch das Verhältnis der Gesamthand verbunden, sich von den Kindern abheben. Die Ehegattin steht nicht mehr in der Gruppe der Unterworfenen gegenüber dem Hausvater[3], sie bildet

---

kraft seiner vormundschaftlichen Gewalt die eheliche Genossenschaft selbst gegen den Widerspruch der Frau nach außen wie ein Komplementär eine Kommanditgesellschaft. Schröder II, 2, S. 16. Vgl. unten S. 97 f.

[1] Prager Rechtsbuch 71 (Rössler I, S. 120): Ob ein weyp vor gerichte geloden wirt, dy einen eelichen man hat, das stet an yres mannes wilkur, ob er vor sy antworten wil oder nicht. Ebenso Prager Statutarrecht 105, 119, 125. Überall ist die Vertretung in den freien Willen des Mannes gestellt, und betont, daß er dadurch keine Haftung für die eigenen Schulden der Frau übernehme.

[2] Brünner Schöffenspruch Nr. 501 (Rössler II, S. 232): Quum mulieres a domo parentum per matrimonium emancipatae sui juris sint effectae, si sagaces sunt et aetatis legitimae et maritos habent bonorum dissipatores, bona per se ipsae regere possunt et immiscere contractibus sicut viri. Iglauer Stadtrecht, Rezension des 14. Jahrhunderts (Tomaschek, Oberhof, S. 365): Ist ein man so gar ein wolf, ein fras, ein luderer oder ein spiler und lebt so gar unechticlich, das er seinem elichen weibe die erbsorge let, wan er ir haupt sein solde, gewalt lat vber sich vnd vber sein gut, also das sie haussorge trett, kewffet, verkewffet vnd mannes arbeit furet offentlich vnd wissentlich erbern lewten, ein semelich weib mag wol clagen vnd antworten vnd iren man vertedingen als sein gut zu gewyn vnd zu verlust. Sie hat auch alles das recht vor gerichte, das ir man mochte gehaben, ob er mit seinem vnordenleichen leben seinem leben nicht hett widersaget. Siehe auch Ruber S. 116. Vgl. auch Brünner Schöffenspruch Nr. 512 oben S. 92, Anm. 2.

[3] So stellt noch das Freiburger Stadtrecht von 1293 § 3 die Frau mit den Kindern unter die väterliche Gewalt. cf. Berner Handfeste 1218, A. 49: Quamdiu filius est sub patris potestate.

jetzt gemeinsam mit dem Vater die Gruppe der Leitenden, Herrschenden im Hause.

Das Verhältnis der gesamten Hand ist zunächst ein rein vermögensrechtliches Verhältnis. Es ist eine Art von Miteigentum, ohne daß der äußeren Erscheinung nach reelle oder selbst ideelle Anteile der einzelnen hervortreten [1]; wenn auch nach außen meist nur einer als Repräsentant der Gesamthand hervortritt (in der Familie kraft der Munt der Vater), so kann er Verfügungen über das der Gesamthand unterliegende Gut doch nur mit Zustimmung der Frau vollziehen [2], so kann der Mann nach dem fränkischen ehelichen Güterrecht auch seinen eigenen Grundbesitz nur mit gesamter Hand, d. h. unter Mitwirkung der Frau veräußern.[3] Munt des Vaters und Gesamthand der Eltern beherrschen in oft unklar sich kreuzender Weise das Verhältnis der Eltern zu den Kindern. Hier ist die Rechtsbildung im 13. Jahrhundert noch nicht abgeschlossen, aber es ist deutlich sichtbar, wie sich die Entwicklung zu gunsten der Gesamthand beider Eltern vollzieht.

Zunächst ist hervorzuheben, daß die Familiengewalt über die Kinder im engsten Zusammenhang mit der ökonomischen Abhängigkeit steht; nicht das Erreichen eines bestimmten Lebensalters, sondern der Austritt aus dem ökonomischen Verband, aus dem „Brot" der Eltern bewirkt das Aufhören der Familienabhängigkeit.[4]

Im persönlichen Verhältnis zu den Kindern wird vielfach die Autorität des Vaters betont. Von einem Tötungsrecht ist wohl

---

[1] Brunner, Deutsches Privatrecht in Holtzendorffs Encyklopädie § 32 (5. Aufl., S. 581); vgl. Gerber, D. Privatrecht, § 77. Duncker, Gesamteigentum, S. 80—115 (1843).

[2] Heusler I, S. 245; über die verschiedenen Konstruktionen der Gesamthand daselbst S. 248—252.

[3] Schröder, Ehel. Güterrecht II, 2, S. 176; 3, S. 243 f. Heusler II, S. 314; speziell über das bayrisch-österreichische Recht, namentlich das Wiener Stadtrecht: Schröder II, 1, S. 118 ff., 124 ff., 204, 210. Heusler II, S. 342 f. Vgl. auch Adler, Ehel. Güterrecht und Abschichtungsrecht nach den ältesten bayrischen Rechtsquellen. 1893.

[4] Stobbe, Die Aufhebung der väterlichen Gewalt nach dem Recht des Mittelalters (Beiträge zur Geschichte des deutschen Rechts, 1865, S. 1—24) weist dies im Gegensatz zu Kraut nach, welcher (II, S. 597 ff.) behauptet hatte, die elterliche Gewalt sei wie eine Vormundschaft erloschen und die emancipatio saxonica sei erst in der Zeit der Rezeption communis opinio doctorum geworden. S. auch Viollet S. 496. Laboulaye S. 322.

nicht mehr die Rede,[1] das Recht des Verkaufs von Kindern wird mit der Beschränkung auf den Fall der Hungersnot noch als geltendes Recht gelehrt, praktische Fälle der Ausübung sind aber, wenigstens in Deutschland, nicht bekannt.[2] Das Recht der Züchtigung wird dem Vater wie dem Vormund zuerkannt.[3] Der Vater hat auch nach außenhin die Vertretung der Kinder, er kann für die Kinder schwören.[4]

Wenn so eine väterliche Gewalt immer noch anerkannt wird, so ist nicht zu verkennen, daß sie nicht nur gegen die Munt der alten Volksrechte, sondern auch gegen die potestas des justinianischen Rechts sehr abgeschwächt war.[5] Aber in demselben Maße, als sich diese Gewalt einengt, hört auch der beschränkende Einfluß der Familienglieder auf die Dispositionsbefugnis des Hausvaters über

---

[1] Vgl. Brünner Schöffenbuch Spr. 535: Filium inauditum et pro commisso non excusatum pater occidere non potest, sed accusare debet eum apud judicem competentem.

[2] Schwsp. 291: Ein man verkoufet sîn kint wol mit rehte, ob in êhaft nôt dar zuo twinget. Diese Stelle schwebte offenbar Geiler v. Keisersperg vor, als er um 1500 schrieb (Wie ein kaufmann sein sol. 92b): Der Vatter in hungersnot mag er den sun verkaufen und sunst nit, die muoter mag den sun nit verkaufen, sie leid hunger oder nit. Wir sehen daraus, daß das Verkaufsrecht des Vaters zu einer Zeit noch bekannt war, als man bereits der Mutter eine vaterähnliche Stellung gab. Vgl. Schröder, RG., S. 745, A. 182. In Frankreich wurden Kinder von 6 Jahren noch im 15. Jahrhundert von ihrem Vater verkauft; Belege bei Viollet S. 502. Die Coutume von Bazas anerkennt das Recht des Vaters, die Dienste der Kinder zu vermieten, wenn der Vater in Not ist. Verkauf fremder Kinder ist natürlich ein Delikt. Iglauer Stadtr. 64. (Tomaschek, Deutsches Recht, S. 255). Strafe einer Mutter, die ihr Kind einem Juden verkauft, Brünner Spruch 537 (wird lebendig begraben).

[3] Über Frankreich siehe Viollet S. 506. Code civil A. 375—381. Züchtigung von Lehrlingen, nicht aber von Gesellen. Iglauer Schöffenspruch Nr. 157 (Tomaschek, Oberhof, S. 94). Schwsp. 313.

[4] Ssp. II, 17, 2. Schwsp. 151. Iglauer Schöffenspruch Nr. 111 (Tomaschek, Oberhof, S. 84). Formel eines Eides für die Gewaltunterworfenen im Iglauer Schöffenspruch Nr. 31 (Tomaschek, Oberhof, S. 63). Nach Wiener Neustädter Stadtrecht (c. 78) war das Zeugnis des Vaters für den Sohn zulässig, nicht aber in Iglau (Tomaschek, Oberhof, S. 37).

[5] Schon die Glosse bemerkt dies ad Instit. I, 9: Aliae vero gentes ut servos tenent filios ut Sclavi; aliae vero ut prorsus absolutos ut Francigenae. Über die väterliche Gewalt im slavischen Landrecht s. Ruber S. 31—37. Turner, Slavisches Familienrecht, S. 2 f., 35 f. Urkunden bei Loersch und Schröder siehe S. 257.

Familiengut auf. Es ist ein starker Zug zum Individualismus, der namentlich im Sinne der Testierfreiheit von der Kirche mächtig gefördert wird.[1]

Es wurde bereits oben erwähnt, daß das Vermögensrecht das

---

[1] Der Sachsenspiegel hält das Beispruchsrecht der Erben aufrecht; er kennt Verfügungsfreiheit nur an Fahrhabe und auch hier nur bei voller Kraft des Vergebenden. I, 52, § 1: Ane erven gelof unde ane echt ding ne mut nieman sin egen noch sine lüde geven ... § 2: Alle varende have gift de man ane erven gelof ... al de wile he sik so vermach, dat he begort mit eme sverde unde mit eme scilde up en ors komen mach, von eme stene oder stocke ener dum elne ho, sunder mannes helpe, deste man yme dat ors unde den stegerip halde. Um dieser Einschränkungen willen wurde dieser Artikel des Sachsenspiegels vom Papst reprobiert. Die Glosse fügte die entsprechenden Kraftproben für Bürger, Bauern und Frauen hinzu. Siehe auch Grimm, RA., S. 95 ff. Die süddeutschen Rechtsquellen kennen das Erfordernis der leiblichen Gesundheit nicht, auch das Erbenwartrecht wird nicht ausdrücklich statuiert; allein es wird stillschweigend vorausgesetzt, wenn das Testier- und Verfügungsrecht auf den Fall beschränkt wird, wenn weder Weib noch Kinder vorhanden sind. So im Ennser Stadtrecht von 1212 (Schwind und Dopsch S. 44): Si vero is qui moritur, non habet uxorem vel liberos, in ordinatione ipsius consistant bona sua. Wörtlich gleichlautend die Wiener Stadtrechte von 1221 u. 1244 Art. 19. (Tomaschek, Rechte und Freiheiten der Stadt Wien, S. 13 u. 29.) Siehe Schwsp. 30 und 144. Damit stimmt es überein, wenn der Freiheitsbrief Rudolfs von Habsburg für Wien von 1278 in Art. 25 (Tomaschek, Rechte und Freiheiten der Stadt Wien, S. 55) bestimmt, daß im Falle echter Not der Magistrat nach Prüfung der Sachlage gegen den Widerspruch der Erben Veräußerungen gestatten kann. Ebenso Stadtrecht Albrechts I von 1296, Art. 33 (ebenda S. 74). Dagegen ist in den böhmisch-mährischen Stadtrechten das freie Testierrecht anerkannt. Prager Stat.-R. 61 (Rössler I, S. 42): Ain man der mag ain gescheft tun, er sei gesunt oder sich, mit guter vornuft. 84: Des ersten welle wir, das yeder man, der unser purger ist, der in seinen unchreften in seim siche pette ligt, das der selbe mit guter vernunft mag sein gut, das im got geben hat, verschaffen oder geben, wem er wil, an alle hindernusche seiner chinder oder seiner freunde. Fast wörtlich ebenso Prager Rechtsbuch 105 (an alles hindernuss seiner kinder oder seiner hausfraw). Iglauer Stadtrecht a. 10 (Tomaschek, Deutsches Recht, S. 212): Quod quilibet homo racionis capax cum bonis suis poterit facere quicquid voluerit; et licet uxor reclamet et pueri contradicant, tamen dominium in suo stabit arbitrio; ebenso Brünner Stadtrecht aus dem XIV. Jhdt. 83. Iglauer Stadtrecht a. 4: Et ubicumque locorum aliquis moritur compos racionis, quidquid de rebus suis ordinaverit, ratum erit. Iglauer Rechtsaufzeichnung (Tomaschek, Oberhof, S. 371): Vir liberum habet arbitrium impignorandi, vendendi, dandi cuicumque vult, proprietates sibi conquisitas. Vgl. Ruber S. 101, dagegen Tomaschek, Deutsches Recht, S. 166 f. Schröder, GR. I, 1, 115; 3, S. 234 f.

Gebiet ist, auf welchem sich zuerst ein rechtlich anerkannter Einfluß der Mutter auf die Leitung der Familie äußert und daß die Idee der Gesamthand vor allem maßgebend wurde für das Verhältnis gegenüber den Kindern. Das ererbte Vermögen beider Gatten bildet ein Familienvermögen, auf das die Kinder einen Anspruch haben, der allerdings bei Lebzeiten beider Eltern kaum zur Geltung kommt, solange die Eltern einig handeln. Aus diesem rein vermögensrechtlichen Verhältnis geht aber eine ganz besondere Umgestaltung der Gewaltverhältnisse und damit der ganzen Familienorganisation hervor, die sich in zweifacher Weise äußert.

In erster Linie tritt eine rechtliche Teilnahme der Mutter an allen jenen Ausübungsakten der väterlichen Munt zutage, welche auf das Vermögen Einfluß haben. Es ist dies vor allem der Austritt des Kindes aus der Familie, der ja einen doppelten Charakter hat: er bedeutet einerseits Endigung der väterlichen Munt, andrerseits aber auch oft die Abfindung der Ansprüche auf das Familienvermögen.

Diese Absonderung war in der ältesten Zeit zweifellos allein dem Vater überlassen, allein soweit diese Absonderung eine Abfindung in sich schloß, war naturgemäß die Mutter daran interessiert. Die Abfindung (Aussteuer) bedeutete ja einerseits die sofortige Auszahlung eines Teiles des Familienvermögens an das austretende Kind, andrerseits enthielt sie meist einen Verzicht des Kindes auf eine weitere Erbschaft. Wo Gütergemeinschaft der Ehegatten bestand, war es darum geradezu notwendig, die Zustimmung der Mutter zu der Abteilung zu erlangen, bei Gütertrennung aber mindestens praktisch, wenn die Abteilung sich nicht bloß auf das väterliche, sondern auch auf das mütterliche Vermögen erstreckte, und wo das Prinzip der Gesamthand galt, mußte schon um der vollen Wirksamkeit den anderen, nicht abgeteilten Kindern gegenüber die Mutter beigezogen werden. Wenn sich also die Mittätigkeit der Mutter nicht auf den Austritt aus der Familie an sich, auf das Ausscheiden aus der Muntgewalt als solcher, sondern lediglich auf die Regelung der damit verbundenen vermögensrechtlichen Fragen erstreckte, so ist es doch klar, daß damit der Mutter ein direkter Einfluß auf den Austritt selbst gegeben war. Ganz allgemein finden wir ein Recht der Mutter, an dem Austritt des Kindes aktiven Anteil zu nehmen, zwar nicht ausgesprochen, wohl aber für die Hauptfälle des Austritts: für die Verheiratung und den Eintritt ins Kloster.[1]

Noch viel deutlicher wird die Stellung beider Elternteile, wenn man das Verhältnis nach dem Tode eines Ehegatten zwischen dem Überlebenden und den Kindern betrachtet. Hier tritt immer mehr eine Gleichstellung von Vater und Mutter in den Vordergrund.

Der überlebende Vater setzt natürlich seine Gewalt über die Kinder fort. Doch legt ihm das vermögensrechtliche Verhältnis manche Schranke auf. Das Gut der Frau geht auf die Kinder über, aber an dem tatsächlichen Verhältnis wird nichts geändert, der Vater behält, wo Gütertrennung bestand, seine Vormundschaftsgewere am Kindergut, wie er sie am Frauengut gehabt hatte; wo Gütergemeinschaft bestand, findet zunächst keine Teilung statt, solange die Kinder im Hause verbleiben. In diesem ungeteilten Beisammensein, wobei natürlich die Gemeinschaft vom Vater allein nach außen vertreten wird, wie sie nach innen von ihm geleitet wird, wirken zwei Gedanken zusammen: die väterliche Gewalt und die vermögensrechtliche Gemeinschaft. Gibt ihm jene vorwiegend Rechte, so legt ihm diese hauptsächlich Pflichten auf.

Diese Entwicklung steht in innigem Zusammenhang mit der Entwicklung des Vormundschaftsrechts. Das altgermanische Vormundschaftsrecht hatte nämlich unter christlichen, und wohl auch schon römisch-rechtlichen Einflüssen seinen Charakter total geändert.

Die Vormundschaft der alten Zeit war eine Geltendmachung des Rechts der Sippe, so wie die Munt die Geltendmachung des Rechts der Familie gewesen ist. Der nächste Erbe nahm das Gut des Mündels in Besitz und Genuß, er konnte ihm das Gut allerdings nicht mindern oder entziehen, er konnte es aber für sich sichern. Nicht der Schutz oder die Vertretung des Mündels war das primäre, es waren das vielmehr ganz sekundäre Momente der Vormundschaft, ebenso wie der väterlichen Munt gewesen. Im römischen Recht hat sich mit dem totalen Verschwinden der rechtlichen Bedeutung der Sippe sehr rasch eine Umdeutung des Instituts in dem Sinne vollzogen, daß der Schutz das primäre Element der Vormund-

---

[1] Siehe hierüber oben S. 83f.

schaft wird, um dessentwillen überhaupt die Gewalt gegeben wird[1], eine Umdeutung, die bei der väterlichen Gewalt nie vorgenommen wurde. Im deutschen Recht sehen wir nun denselben Prozeß sich vollziehen. Das Vormundschaftsrecht der ältesten Zeit ist hart und rauh, durchaus egoistisch.[2] Zuerst finden wir eine Vormundschaft im Sinne des Schutzes wohl infolge Einflusses des römischen Rechts und des Christentums bei Burgundern[3] und Westgoten.[4] Sonst gilt überall noch das eigene Interesse des Vormunds als die Hauptsache, er nimmt die Mündel in sein Haus und seine Munt, um ihr Gut zu genießen.

Die Vormundschaft der deutschen Rechtsquellen seit dem 13. Jahrhundert hat einen davon ganz verschiedenen Charakter.[5] Nun ist es ein Institut zum Schutze des Mündels, Ernennung durch Vater und Richter kommen auf, die Vertretung des Mündels tritt in den Vordergrund, die Nutzung des Mündelguts verschwindet, die Vormundschaft wird aus einem nutzbaren Recht zu einer Pflicht.[6]

Diese eigentümliche Verquikung von nutzbarem Recht und von Pflicht zu Schutz und Vertretung spielt ins Elternverhältnis hinein. Wenn wir noch dazu bedenken, daß die Kirche für das Verhältnis des Vaters zum Kinde die Liebe mit ihren Pflichten in den Vordergrund stellte und die Gewalt mehr zurückrückte, so finden wir es

---

[1] l. 1 pr. D. de tutelis 26, 1 siehe oben S. 35, Anm. 2.

[2] Etwas übertreibend sagt Viollet (S. 532) von der Vormundschaft bei den Franken: le mainbour c'est le loup qui dévore la brébis.

[3] lex Burg. 59 und 85, § 1. Papian 36.

[4] lex Wisig. III, 1. 7; IV, 2. 13.

[5] Heusler II, 481. Vgl. auch Ssp. III, 45, § 3. Urkunden bei Loersch und Schröder, siehe S. 256.

[6] Den Gegensatz alter und neuer Vormundschaft führt aus: Heusler II, S. 489—508. Besonders kompliziert war diese Entwicklung in Frankreich, wo alte und neue Vormundschaft lange Zeit nebeneinander bestanden, jene unter dem Namen bail (garde) oder mainbournie, diese unter dem dem römischen Recht entlehnten Namen tutelle. Das Amt eines baillistre und eines Tutors sind sogar inkompatibel. Bail und Garde sind in Details wieder voneinander verschieden, und werden allmählich zu bloßem Nutzungsrecht, ähnlich dem Angefälle. Das gegenseitige Verhältnis zwischen bail, garde und Tutel ist ganz ungeklärt und verwickelt, weshalb Viollet mit Recht sagt: Inextricable labyrinthe où luttent stérilement deux ou trois institutions parallèles! S. 546. Siehe Viollet S. 531—548. Salis S. 146.

begreiflich, wie allmählich der Gedanke an Boden gewinnt, der Vater stehe namentlich in Bezug auf das von den Kindern ererbte Vermögen zu diesen in der Stellung eines Vormunds.[1]

Immer mehr tritt die Anschauung auf, daß der Vater ein Recht über seine Kinder nur habe, weil und soweit sie sich nicht selbst helfen könnten, und parallel damit geht eine Einschränkung der aus der Munt fließenden Befugnisse des Vaters auf jenes Maß, welches nach den neuen Anschauungen zum Schutz und zur Vertretung der Kinder notwendig schien, wenn auch hier immer noch Rechte übrig blieben, die sich rein aus dem Vormundschaftscharakter der Munt nicht erklären ließen.[2] So bedeutet tatsächlich der Tod der Mutter für die Kinder eine Art Emanzipation;[3] vorher die überragende Autorität beider Eltern, jetzt die beisitzartige Stellung des väterlichen Vormunds.[4] Die Vermögensgemeinschaft, die, wie wir sahen, auf die Stellung des Vaters einen beschränkenden Einfluß ausübte, wirkt umgekehrt für die Stellung der Mutter fördernd, hebend.

---

[1] Hierüber siehe namentlich Kraut II, S. 586 ff. Ssp. 1. 11: Halt ok de vader sine kindere in vormuntscap na ir muder dode ... Magdeb. Fr. I, 8, 4: Der vater seiner unmündigen Kinder vormund ist. Goslar St. S. 19, Z. 21: Heft en man sine kindern in sinem brode unde in siner vormunscap. Kraut, Grundriß, § 207.

[2] So auch Kraut, wenn er sagt, der Vater sei Vormund seiner Kinder (II, S. 586) er habe aber auch Rechte, die nicht aus der Vormundschaft hervorgehen.

[3] Viollet S. 516. Namentlich die Wiederverheiratung hat für den Vater wichtige Folgen; meist muß er jetzt abteilen, wenn er bisher nicht dazu verpflichtet war. Ogonowski S. 71, 90. Nach dem Frankfurter Stadtrecht von 1297, § 28 können die unter der Vormundschaft des Vaters stehenden Söhne nach dem Tode der Mutter auch ohne Einwilligung des Vaters das Haus verlassen und die Vormundschaft aufheben. Vgl. Kraut II, S. 669 ff.

[4] Daß diese aus dem Verfangenschaftsrecht hervorgehende Beschränkung des Vaters, namentlich im Vergleich zu dem römischen Recht, als sehr lästig gefunden wurde, zeigt uns nachstehende Beschwerde der Stadt Wetzlar über ihr bisheriges Recht bei Kaiser Maximilian II., 1566: nemblich das ain vatter, so etliche kinder erzeugt, nach abgang seiner ehewirtin desjenigen, so sie also an haab und guetern zusamen gepracht nit allein gar nichts erbet sonder auch seiner aignen gueter dergestalt beraubt, das er die weder zu seinem bessern nutz noch wolfart verkommern oder verendern darf... Schröder, GR. II, 2, S. 79 und 124.

Maßgebend hierfür war das Institut des Beisitzes.[1] Der Beisitz ist die Fortdauer der Hausgemeinschaft zwischen der Witwe und den Kindern. Er dient einerseits dem Vorteil der Witwe, die auch dort, wo ihr eine Leibzucht am Nachlaß des Mannes nicht gegeben ist, in dem Nutzen am Kindergut ihre Versorgung findet, andrerseits auch dem Vorteil der Kinder, die damit untereinander und mit der Mutter in einem engeren Familienverbande bleiben. Es wurde oben darauf hingewiesen, daß in den Kreisen der Unfreien und Hörigen, in denen die Familiengewalt nach wie vor dem Herrn zustand, der Tod des Vaters für die Familie ziemlich belanglos war. Die Witwe setzt einfach das bisherige vermögensrechtliche Verhältnis fort.[2]

[1] Der Beisitz ist ein gemeindeutsches Institut. Über die Zeit der Volksrechte siehe Schröder, GR. I, S. 143. Im Mittelalter: Deutschsp. 333, Schwsp. 127: Stirbet einem wîbe ir man, unde belîbet si in dem guote unbeteilet mit den kinden lange oder kurz ... Schröder II, 1, S. 158 f. Im schwäbischen Rechtsgebiet Beisitz des Witwers wie der Witwe mit wenig Unterschied. S. unten S. 105, Anm. 1. Schröder II, 1, S. 164—198. Bairisches Recht: Die Witwe hat die Stellung des Vaters; ebd. S. 198 ff. Ebenso österreichische Rechte: Schröder S. 209 ff. Mährische Stadtrechte: Ruber S. 118, 120. Tomaschek, Deutsches Recht, S. 167, Anm. 2. Auch in den fränkischen und thüringischen Rechten durchwegs Beisitz, Schröder II, 2, S. 81—179; II, 3, S. 187 ff. Auch in vielen sächsischen Rechten finden wir den gesetzlichen Beisitz. So nach dem Herforder Rechtsbuch § 49, Briloner Stadtrecht (1290), nach zahlreichen westfälischen Rechten wie Soest, Lübeck, Dortmund, Braunschweig, Bremen, Hildesheim, Salzwedel u. s. w. (Schröder II, 3, S. 112—182). Nur das ostfälische Recht kennt den Beisitz als gesetzliches Institut nicht. Der überlebende Vater hat die vormundschaftliche Gewalt Ssp. I, 11. Kraut II, S. 586—618. Die überlebende Mutter bleibt wohl in der Regel tatsächlich im Beisitz, namentlich wenn der älteste Sohn ihr Geschlechtsvormund ist, aber ein Recht darauf hat sie nicht. Ssp. I, 20, § 5; III, 76, § 1. Martitz S. 171. Schröder II, 3, S. 105—112. Beispiel aus älterer Zeit. l. Wisig. IV, 2, 13 ... fructus tamen omnes cum filiis suis per suo jure percipiat. Aus späterer Zeit: Stiftungsbrief Konrads von Zähringen für Freiburg im Breisgau von 1220, Art. 4. (Gaupp II, S. 19. Schröder, Ehel. GR. II, 2, S. 91.): Si quis burgensium meorum defungitur uxor ejus cum liberis suis omnia possideat. Siehe übrigens Quellenstellen unten S. 105, Anm. 1; S. 108, Anm. 3; S. 110, Anm. 2. Urkundliche Belege bei Loersch und Schröder siehe S. 271.

[2] „Il n'y a qu'un membre du moins.“ Laboulaye S. 319. Viollet S. 787. Salis S. 144 ff. „Cette communion est pour la seule commixtion du bien et non à cause des personnes“ (Lamière Glossaire V, communauté rurale) Laboulaye S. 341.

Wichtig ist die Frage dieses Verhältnisses zur Vormundschaft. Heusler[1] hat in überzeugender Weise dargetan, daß eine Vormundschaft der Magen im älteren Sinne, eine Gewalt über die Kinder, verbunden mit einer Nutzung ihres Gutes mit dem Beisitz der Witwe unvereinbar sei. Der Beisitz der Mutter, ohne selbst Vormundschaft zu sein, schließt eine gleichzeitige Vormundschaft aus. Auch eine neuere Vormundschaft ist neben dem Beisitz überflüssig; denn die Repräsentation nach außen in vermögensrechtlichen Dingen hat die Mutter vermöge ihres gemeinderschaftlichen Verhältnisses zu den Kindern ohnedies.[2]

Was allein bleibt, ist die Obervormundschaft der Sippe, die sich zum Teil in Gestalt von Mitvormündern, zum Teil in einem allgemeinen Kontrolls- und Aufsichtsrecht der Verwandten äußert.[3] Besondere Grundsätze über den Umfang der Rechte der Mutter in dieser Gemeinderschaft namentlich über die Zulässigkeit und Unzulässigkeit einer Vertretung gibt es nicht, es gelten hiefür die allgemeinen Grundsätze.[4] Daraus ergibt sich, daß das vermögensrechtliche

---

[1] Institutionen II, S. 450—456 und vgl. dazu dessen Ausführungen über Gemeinderschaftsverhältnisse im allgemeinen I, S. 223—252.

[2] Salis S. 144. Laboulaye S. 384: „Elle est à son tour chef de communauté comme l'était son mari". Auch hier macht das ostfälische Recht eine Ausnahme: Magdeb. Schöffenspr. I, 8. 5: Der kinder nehester Schwerdtmage mag sich der kinder und ihres guts unterwinden und sie vorstehen ohn der Mutter willen. Dist. I, 14. 12, 13. Magdeburger Stadtrecht von 1304, Art. 134 (Gaupp S. 315): Hat ouch ein vrouwe kindere, die nich einen vormunden en haben, die vrouwe blibet bie den kinderen mit irme gute also lange biz ir rechte vormunde cumet, der tun wil, daz recht ist. Kraut I, S. 289.

[3] Z. B. Frankfurter Recht Schröder, GR. II, 2, S. 129.

[4] Salis S. 146. Heusler § 50—53. Beaumanoir 16, 7. Meist sagen die Quellen über die Stellung der Mutter zu den Kindern gar nichts, daher hat sie wohl dieselben Rechte wie der überlebende Vater, was durch das wenige, was wir hierüber wissen, nur bestätigt wird. Kraut II, S. 678. So z. B. vertritt die Witwe ihre Kinder vor Gericht, wo sie selbst prozeßfähig ist. Iglauer Schöffenspruch Nr. 247 (Tomaschek, Oberhof, S. 140), Nr. 301 (S. 207 ff.). In dem Gedicht „Der Schwanritter" von Konrad v. Würzburg finden wir einen Prozeß der verwitweten Herzogin von Brabant und ihrer unmündigen Tochter wider ihren Schwager vor König Karl geschildert. Die Herzogin erhebt die Klage, ihre Tochter an der Hand haltend. Sie stellt den Antrag:

lât mîne tochter unde mich
gnâd unde recht beschouwen
sô daz uns armen frouwen
belîbe guot, liet und lant etc.

Verhältnis zwischen der Witwe und den Kindern ganz gleich war dem des überlebenden Mannes zu den Kindern. Die Mutter, ohne je einer Munt teilhaftig geworden zu sein, ersetzt einen Muntwalt. Es ist daher sehr begreiflich, wenn die Quellen zunächst in dieser rein vermögensrechtlichen Beziehung die überlebenden Eltern einander gleichstellen.[1] Es ist nur ein kleiner Schritt weiter, wenn die

---

Der Prozeß geht bis zum Urteil in aller Rechtsform vor sich, ohne daß ein Mann für die Klägerin oder ihr Kind auftritt. Erst nach dem Urteil, welches durch den Beklagten gescholten wird, tritt für den Zweikampf die Notwendigkeit einer Vertretung durch einen Mann hervor, welche dann der Schwanritter übernimmt. Schröder in der Zeitschrift für deutsches Altertum XIII (1867) S. 139 ff.

[1] Laboulaye S. 340. Viollet S. 508. Augsburger Stadtrecht Art. 76 § 3: Stirbet einem man sin husfrowe oder einer frowen ir wirt, unde hant diu chint, unde lant den aigen erbelehen zinslehen und niht varndes gutes, der dewederz mak den chinden cheinen schaden an dem vorgenanten gute getun ... Privileg für Ingolstadt 1496 (Ztschr. f. gesch. RW. 2. 239): Wo aber eelich leibserben gelassen wurden, dass die alsdann desselben toten guet, als vaterlich oder müterlich erb, erben, und wann darnach derselben kinder vater oder muter heiraten, oder die kind, so si zu iren tagen kommen ir erb haben wollten, dass sie und solch erb nach eines rates daselbst und der nächsten fründ rate darumb entscheiden werden. Znaimer Stadtrecht von 1314 (Rössler II, S. 409): Si pater et mater omnes pueros legitime collocaverint, antequam moriantur, et postmodum unum ipsorum patrem vel matrem mori contigerit, pater et mater superstes de bonis suis ordinabit et faciet quod voluerit (= Salzwedler Stadtrecht) Schröder II, 3, S. 175f., 231 Note 15. Weistum von Altfeld 1473 § 11: Sie weisten auch, das kein kind solte vater oder mutter beuteln, alle dweil es sainen witwen stule besitzet. Grimm 6, S. 39. Schröder II, 2, S. 139. Stadtrecht von Brilon (1290) § 1: Quod quicumque, vir aut uxor, de nostris burgensibus heredes habuerit, uno illorum defuncto alter eorum potest et debet ex jure ac approbata consuetudine nostre civitatis relinquere suis heredibus illo tempore viventibus medietatem omnium bonorum suorum etc. Lübecker Fragment Hach S. 39: Si vir et mulier habent liberos, et alteruter premoriatur, substancia dividetur inter superstitem et liberos; ... si vero non nupserit, manebit cum pueris suis. Landrecht von Burg S. 161: Kumt ein maget odder ein knecht tuo samende, dat guod is half unde half. gewinen si erve, so welk orer lenger levet, di behaldet dat gud al. Mühlhäuser Rechtsbuch 173: Alli di recht, di din mannen bischribin sin umme erbiteil unde mit andiren wibin, daz sulen och di vrowin habi, sunder alleine, daz die vrowen sulen vormundi habi, der di man nicht indurven. Ebenso 174, 181. Rechtsbrief von Gräfenthal 1412 § 9. (Gengler, Stadtrechte 167): Ob ein man oder seine frau den witbenstul verrukt, so ist dat gut teilbar. Freiburg 1120 § 47: filius sub patre aut matre degens nihil de rebus suis — alienare poterit; si

französischen Rechtsquellen des Mittelalters der überlebenden Mutter wie dem Vater den bail und die garde, die gewissermaßen die vermögensrechtliche Seite des Muntverhältnisses bilden, den Besitz und Genuß des Familienvermögens zuweisen.[1] Wenn also der Beisitz zunächst mit der Munt nichts zu tun hat, eine Vormundschaft sogar ausschließt, und nichts weiter als eine Fortsetzung der Ungezweitheit des Eheverhältnisses bildet, so nimmt er doch Züge des Vormundschaftsrechts in sich auf. Vergessen wir nicht auf die Lehre der Kirche vom vierten Gebot, vergessen wir nicht auf das gleichzeitige Verschwinden der Geschlechtsvormundschaft über Witwen; alles trägt dazu bei, der Mutter nach dem Tode des Gatten eine ganz vaterähnliche Stellung zu geben.

---

autem fecerit, patri reddendum est seu matri. Schröder, GR. II, 2, S. 93. Stadtrecht von Bern § 41: Liberi ... post mortem utriusque parentis omnia bona parentum jure hereditario ... possidebunt. § 48: Si uxor alicujus burgensis moritur cum qua liberos habuit, et ipse post allodia et alia bona acquisiverit, de his potest disponere sine priorum puerorum voluntate. Idem jus est de muliere. Heidelberger Erbordnung von 1467 § 1: Wenn zwei zusamen kommen ône gedinge, und libserben mit einander gewinnen, geet der elich gemahel eins abe, so blibt das ander siezen bi allen den gutern, si sint ligende oder farnde, die sie dann han, die mag es nuczen und niessen und die kinde damit neren und weren, sie usssecczen und beraden nach den eren und ist nit schuldig mit den kinden zu teiln... Beaumanoir 21. 21: or veons quant li enfant ont ou pere ou mere mort et il demeurent avec celi qui demeure, comment il poent estre osté de mainburnie. Parloir aux bourgeois (ed. 1846, p. 106 ff.). Urteil ex 1293: Que les enfans demeurans aveques le pere ou aveques la mere se ilz funt aucuns acqueis ils sunt ceuz au pere ou à la mere sans contredire, ne il ne funt point de compagnie. Aliqua de stilo Parlamenti (14. Jahrh.). Bibl. de l'École de chartes: Consuetudo, quod legatum vel donum factum alicui existenti in gardia patris vel matris altero eorum mortuo, quod fit sine adicione certe cause, dicitur esse conquestus aput illum qui dictam gardiam habet et de eo potest ordinare. Clermont 1496: Item ... s'aucun meuble est donné à tel enfant estant en la puissance de père et mère, tel meuble est aquis et appartient au père ou à la mère et se pevent atribuer à soy. Das Wiener Stadtrecht von 1221 setzt dem Dispositionsrecht der Witwe im Art. 18 Schranken. Das W. Neustädter Stadtrecht (c. 77) nimmt diese Bestimmung wörtlich auf, fügt aber hinzu: Idem vero jus, quod de muliere diximus, de viro statuimus e converso. Diese Beispiele lassen sich leicht vermehren; hieher gehören z. B. sämtliche oberrheinische sog. Tochterrechte von Köln (Schröder II, 2, S. 96). Bamberg (ebenda S. 146). (Schröder II, 3, S. 174 f.) etc.

[1] Salis S. 146. Viollet S. 536 ff., oben S. 101, Anm. 6.

Namentlich finden wir häufig die Bestimmung, daß sich in die Vermögensangelegenheiten niemand einzumischen habe, wenn jemand eine Witwe und Kinder hinterläßt; es ist damit der Ausschluß jeder Vormundschaft von seiten der väterlichen Verwandten der Kinder, aber auch jeder obrigkeitlichen Ingerenz ausgesprochen.[1]

Es ist klar, daß ein derartiges Verhältnis sich nicht auf Vermögensangelegenheiten beschränken konnte; die natürliche Handlungsunfähigkeit der unmündigen Kinder, die Notwendigkeit einer Leitung, Erziehung, Vertretung brachten es mit sich, daß der Mutter aus dem Beisitz eine Gewalt über die Kinder erwuchs. Der Ausdruck „Gewalt" findet sich mitunter direkt gebraucht, oft wird von einem Regieren (regere) über die Kinder gesprochen.[2] Schon dies zeigt uns, wie eine Verwischung der Verschiedenheiten in der Stellung von Vater und Mutter gegenüber den Kindern eintritt. Die Mutter, das ist der neue Gedanke, tritt an Stelle des

---

[1] Iglauer Stadtrecht Art. 1. (Tomaschek, Deutsches Recht, S. 201): ... statuimus, ut quicumque nostrum moritur et uxorem reliquerit et heredes, judex sive advocatus nec aliquis alius de bonis suis se aliquatenus intromittat sed sint in potestate uxoris et heredum. Ebenso Brünner jura originalia 1243 Art. 29 und Brünner Stadtrecht aus dem 14. Jahrh. Art. 77. Stadtrecht von Enns 1212 (Schwind und Dopsch S. 44): Statuimus etiam quod quicumque civium moriatur, si uxorem habet vel liberos, judex nequaquam intromittat se de bonis vel de domo ipsius, sed sint in potestate uxoris et liberorum. Wiener Stadtrecht von 1221 Art. 19 (Tomaschek, Rechte und Freiheiten I, S. 12) wörtlich gleichlautend. Ebenso Art. 46 des Rudolfinischen Freiheitsbriefs von 1278 (ebenda S. 48). Ferner Art. 46 des Stadtrechts Rudolfs III. für Krems und Stein von 1305 (ebenda S. 82) und Art. 53 der Handfeste Albrechts II. für Wien von 1340 (ebenda S. 111).

[2] Iglauer Schöffenspruch 78 (Tomaschek, Oberhof, S. 74) erzählt von einem Testament, worin der Mann der Witwe anheimstellt in voluntate et arbitrio eius, quid et quantum unicuique puero dare vellet. Freiburger Stadtrodel § 32: Puer sub patris vel matris constitutus imperio ... Prager Rechtsbuch 155 (Rössler I, S. 146): ... stirbt abir der sun in der muter gewalt ... Münchner Stadtrecht Art. 124: Stirbt ain man ân geschäft und laet die hausfraun und chint, so sol deu witub der chint und des guots gewaltich sein (doch unter Aufsicht des Rats). Brünner Schöffenbuch 502 (Rössler II, S. 232): Mulieres tamen viduae curam filiorum et bonorum quamdiu statum viduitatis non mutant licite regunt; dicunt enim jura originalia: folgt Art. 29 der Jura Originalia. (Siehe die vorige Note.) Iglauer Schöffenspruch 297 (Tomaschek, Oberhof, S. 205): Mater quamdiu in sede viduitatis permansit predictam filiam cum hijs, que ad eam pertinent, tenuit atque rexit. Rive II, 2, S. 320.

Vaters, sie erbt gewissermaßen die Gewalt von ihm, daher er sie ihr auch letztwillig vermachen kann[1], oder sie setzt ihre bereits bei Lebzeiten des Vaters bestehende Gewalt fort, die jetzt unbeschränkt ist, während sie früher durch die Oberhauptsstellung des Vaters beeinträchtigt gewesen war.[2] Die Folge dieser Auffassung ist, daß in der Stellung des Witwers und der Witwe zu den Kindern gar keine Verschiedenheit mehr zu finden ist. Und dies wirkt auf die Stellung der Eltern während der Dauer der Ehe zurück, es findet eine vollständige Gleichstellung beider Teile statt. Man nennt, wo früher der Vater allein genannt wurde, nunmehr beide Eltern als Gewalthaber über die Kinder.[3]

---

[1] Iglauer Schöffenspruch 269 (Tomaschek, Oberhof, S. 173): Das fuget sich also verre das derselbe ... starp und enphalch seyner hawsvrawen seyne kynder vnd seyn gut. Ähnlich Neuere Iglauer Schöffensprüche Nr. 34. Tomaschek S. 301; vgl. auch das Testament eines provençalischen Bauern von 1541: Laysso ma moher Margarido donna et maistressa de la persona de nos enfans et de nos bens ... Vol que, quand nos enfans saran grans et que non continuguesson istar eme ela, siegne dama et maistressa ... Viollet S. 508. Etwas ähnliches finden wir in der Bestimmung Albrechts V. von 1421, womit er den bisher geltenden Beisitz des Wiener Stadtrechts abändert. Es wird nämlich Teilrecht bestimmt und für die unmündigen Kinder Bestellung eines Vormunds angeordnet, der dem Rat jährlich Rechnung zu legen hat, „es were dann das der mit tod abgeth, seine chind mit leib und mit guet seiner hausfrawen schuef, die inne zu haben und zu verwesen, doch also, das sie dem genanten rath auch von derselben chinder gut raitung thue in aller massen als vor gemelt ist.“ (Tomaschek, Rechte und Freiheiten der Stadt Wien, S. 129 f.). Vgl. noch ein Lüb. Testament von 1300: Si morte preventus fuero et si uxor mea permanere voluerit sine viro, tunc ipsa, cum filio nostro residens, dominabitur omnibus bonis meis secundum nostre justiciam civitatis.

[2] Dies ist die Auffassung der französischen Schriftsteller. Salis S. 151, 159. So Laboulaye S. 385.

[3] Am deutlichsten sprechen dies die französischen Quellen aus. Beaumanoir 21. 20: quant pere et mere ont lor enfans avec eus en lor garde ou en lor mainburnie. Amiens, Coutume aus dem 13. Jahrh. (bei Bouthors, Coutume locale de la ville d'Amiens 1845): Derechief, père et mère a le warde des enfans tant com il sont désaaigié et de toz lor biens qu'il ont ... tant que il seront desaagié en lor mainburnie. Grand coutumier f. 87. R°: Item par l'usage et coutume notoire gardée et observée en la ville et banlieue de Paris le survirant de deux conjoints par mariage ... a la garde de leurs enfants. Salis S. 150 f. Laboulaye S. 370. Ebenso die Coutumes von Berry ch. 5, Chartres 103, Chateau neuf en Thimerais 133, Dreux 93, Montargis ch. 7 art. 3, Vitry 63 etc. Vgl. Viollet S. 508.

Durch diese Auffassung der Rechtsstellung der Mutter erlangt sie eine bedeutende Autorität im Hause. Hatte sie schon früher die Erziehung der Kinder geleitet, wenn auch nicht de jure, so doch de facto, war ihr früher eine Erziehungs- und Züchtigungsgewalt über die Kinder nur als Mandatarin des Vaters zugestanden, so übte sie nunmehr dieses Recht als eigenes an der Seite des Vaters aus. Darüber lassen die Quellen keinen Zweifel bestehen.[1]

So erklärt es sich auch, daß von Waisen erst gesprochen wurde, wenn nicht bloß der Vater, sondern auch die Mutter gestorben war. Erst jetzt ergab sich das Bedürfnis nach einer Vormundschaft.[2]

Für das Verhältnis der Witwe zu den Kindern tritt schon im 13. Jahrhundert vielfach die Bezeichnung Vormundschaft auf.[3] War die Vormundschaft alten Rechts ein Gewaltrecht der Agnaten gewesen, das Frauen unzugänglich war, so müssen wir bedenken, daß einerseits infolge der Umgestaltung der Vormundschaft diese nunmehr vorwiegend ein Schutz- und Vertretungsverhältnis geworden

---

[1] Ebenso Stobbe IV, § 252, II. Dagegen Kraut II, S. 603. Augsb. St. von 1276, Art. 68: Swaz ein chint getut, daz ze sinen tagen niht chomen ist, daz sol nieman rihten wan sin vater u. sin muter. Kl. Kaiserr. 2. 4: Der Keiser hat geboten dem vater u. der muter, daz sie sullen die kint ziehen mit friedlicher bescheidenheit ... Westerw. Ldr. 12. 4: de olderen moegen oer kinderen dwingen sunder broke. Brünner Schöffenspruch 636 (Rössler II, S. 296): Der Vater hat zwei amici zu Vermögensverwaltern für seine Kinder bestellt. Diese wollen auch die Erziehung der Kinder. Mater autem puerorum pro se sententiari petivit, cum ejus pueri adhuc essent infantes et subsidio materno plurimum indigentes et ipsa naturali pietate mota ipsos vellet alere et in propriam custodiam recipere. Es wurde trotz des Testamentes zu Gunsten der Mutter entschieden.

[2] Steier. Landlauf (Bischoff S. 102) Art. 62: Er haissent all lewt waisen wie alt sew sind, die nicht vater und mûter habent. Kl. Kaiserrecht 2. 32: Wo kint sint, den vater u. mutter sint gestorben, da hat der keyser gebodin ..., daz die nestin ... sollen der kinder formunde sin. Kraut, Grundriß, § 214.

[3] Kraut II, S. 669 ff. Zahlreiche Quellenstellen daselbst S. 675, Note 15 u. 16. Siehe auch Rive II, S. 177 ff. Ruber S. 120 ff. Rechtsbuch nach Distinctionen I, 49. 3: In kayserwichbilde ist eyn iczlich bederwip formunde orer kinder. Schweriner Statuten von 1222 § 20: Si mater securitatem praestare poterit manebit tutrix. Goslarer Stat. S. 19, Z. 28—32: Kindern ... in der moder brode unde vormunscap. Vgl. Göschen S. 280 ff. Im slavischen Landrecht war nicht nur die Mutter, sondern auch die Schwester zur Vormundschaft berufen (Czyhlarz 11, 12) oder doch wenigstens zugelassen. (Ruber S. 42, 49.)

war, dem allerdings als Rest der älteren Formation zum Teil noch das Recht auf Besitz und Genuß des Mündelguts, die Vormundschaftsgewere, anklebte. Die Stellung der Mutter entsprach in beiden Beziehungen der eines Vormunds.[1] Man konnte sie darum um so eher als Vormund bezeichnen, als damit durchaus nicht ihre Stellung gegenüber dem Vater gedrückt wurde; wurde doch auch sein Verhältnis zu den Kindern allgemein als Vormundschaft bezeichnet.

Die vollständige Gleichstellung beider Eltern ist zwar überall das deutlich erkennbare Ziel der mittelalterlichen Rechtsentwicklung; doch ist sie selten vollständig verwirklicht. Oft findet sich fakultatives Teilrecht für den Vater mit obligatorischem Teilrecht der Mutter kombiniert, oder Verfangenschaftsrecht für den Vater und Teilrecht für die Mutter gleichzeitig nebeneinander. Namentlich in der Frage der Wiederverheiratung zeigt sich häufig die Mutter gegenüber dem Vater zurückgesetzt; für jene bedeutet die Wiederverheiratung sehr oft Ende des Beisitzes, also Teilungszwang; für diesen ist das weit seltener der Fall.[2] Ferner findet neben der

[1] In Frankreich, wo die Tutel vom bail geschieden war, ist die Tutel gleich der des römischen Rechts eine Last, weil ihr der Genuß des Kindergutes fehlt. „La tutelle était une charge pour le père ou la mère survivants, quand la communauté ne se continuait pas.“ Laboulaye S. 369 und 395.

[2] Goslarer Stat. S. 16, Z. 29, 30: Wanne en vrowe enen anderen gaden nimt, so valt irer kindere vormuntscap an iren neysten und eldesten swertmach. Nach dem Wiener Rudolfinischen Freiheitsbrief von 1278 Art. 46 (Tomaschek, Rechte und Freiheiten, S. 48) konnten die Kinder nur dann Abteilung mit der Mutter verlangen, si lascive nupserit, et despecte et suis pueris indecenter. Ebenso in der Bewidmungsurkunde Rudolfs III. für die Städte Krems und Stein von 1305 Art. 46 (Tomaschek S. 82): so daz si (die Witwe) der stat nutzlich heirat und ir chinden zimleichen und noch in eren. Ist aber daz si versmech und hurlustich heirat, ... solen die chinde ... sich ir erbes genzleich underwinden an ir morgengab. Schröder II, 1, S. 209. Dem überlebenden Ehegatten stand übrigens frei zu teilen. Wiener Stadtr. 1340 Art. 52 (Tomaschek, Rechte und Freiheiten, S. 111): Ez mag ouch ein igleich witib oder witiber durch ehaft not mit seinen chinden wol getailen, ee ez heiraet, ez sei danne daz im die chind oder die vreunt ehaft not erleichen verziehen unz an seinen tot, aber die chint mugen weder vater noch mueter dhainer tailung genotten. An Stelle dieses Verfangenschaftrechts trat 1421 Teilrecht, s. oben S. 108, Anm. 1. Ungleiche Stellung der Eltern, insofern der Beisitz der Mutter, nicht aber der des Vaters durch Wiederverheiratung erlischt, galt z. B. in Augsburg (Schröder II, 1, S. 166 ff.), Brünn (ebenda 202), Freiburg im Uechtland, Murten, Diessenhofen (II, 2, S. 96), Braunschweig, Bremen, Verden, Oldenburg (II, 3,

Mutter ein weit stärkeres Eingreifen der Obervormundschaft, sei es von seiten der Verwandten, sei es von seiten der Obrigkeit als neben dem Vater statt.

Dagegen ist aber wieder zu betonen, daß das Beisitzverhältnis an sich mit der Erreichung einer gewissen Altersstufe der Kinder nicht aufhört, und darin liegt ein Hauptunterschied des mit dem Beisitz verbundenen Gewaltverhältnisses von einer wirklichen Altersvormundschaft, die Auflösung dieses Verhältnisses erfolgt vielmehr wie der Austritt aus der väterlichen Gewalt durch Abteilung. Allerdings gewähren viele Rechte dem großjährig gewordenen Kind ohne weiteres das Recht, die Teilung zu verlangen[1]; aber damit ist die Gewalt noch nicht erloschen, und wenn das Kind von seinem Anspruch auf Abteilung keinen Gebrauch macht, kann das Beisitzverhältnis fortdauern.

So sehen wir in der zweiten Hälfte des Mittelalters allenthalben eine Rechtsentwicklung vor sich gehen, die uns hochmodern anmutet. Überall ist man im Begriffe, die Fesseln zu lösen, die die Frau bisher gebunden hatten. Die Munt des Vaters verwandelt sich gegenüber der Frau in ein Genossenschaftsverhältnis, gegenüber den Kindern in eine auf Schutz und Vertretung berechnete Vormundschaft, die Mutter aber rückt in eine dem Vater gleichstehende Position, sie gewinnt Anteil an der Leitung und Führung des Hauses. Die Entwicklung hielt nicht überall gleichen Schritt, weit voran waren der Westen und Südosten. Die fränkischen Rechte rechts wie

S. 154 f.). Dagegen gleiche Stellung der Eltern a) indem der Beisitz auch in der 2. Ehe fortdauert: in den meisten schwäbischen Rechten (Schröder II, 1, S. 183) in Frankfurt, doch hier neben der Witwe ein besonderer Vormund für die unmündigen Kinder (II, 2, S. 129), Dortmund (II, 3, S. 146), Osnabrück (ebenda S. 153), Hildesheim (ebenda S. 167), Mühlhausen (ebenda S. 188), Erfurt (ebenda S. 198) etc.; b) indem der Beisitz für beide Elternteile mit der Wiederverheiratung erlischt: Ingolstadt (Schröder II, 1, S. 202), Herford (Rechtsbuch aus dem 14. Jahrh., II, 3, S. 112 ff.), Brilon (II, 3, S. 116), in den meisten thüringischen Städten (II, 3, S. 201). Fakultatives Teilrecht bei Verrückung des Witwenstuhls: Heiligenstadt II, 3, S. 192 f. Absolutes Teilrecht für beide Teile: Wimpfen 1404, Wertheim 1466 (II, 2, S. 139 ff.). Vgl. Kraut II, S. 678; Laboulaye S. 385.

[1] Schwsp. 53, 159. Dies galt unter anderm in Brünn (Schöffenspruch 344, 356), Ingolstadt (s. S. 105, Anm. 1), Schröder II, 1, S. 202, 221 f., 2, S. 240. Dies tun ferner die meisten französischen Rechte in späterer Zeit, Salis S. 145. Dies war auch slavisches Recht. Czyhlarz S. 4 f.

links vom Rhein, und die deutschen Kolonien in Böhmen, Mähren und Ungarn haben der Geschlechtsvormundschaft ein Ende gemacht, sie haben das Wartrecht der Erben, wenn nicht beseitigt, so doch stark zurückgedrängt. Es ist erklärlich, wenn gerade in Kolonialgemeinden der Einfluß der Sippe verschwindet, hatte doch der Auswanderer die Beziehungen zu den Verwandten im Stammlande abgebrochen; um so näher stand ihm die Gattin, den Kindern die Mutter, kein Wunder, daß manche Selbständigkeit, deren sich die Weiber der slavischen Landbewohner erfreuten, vorbildlich für die Rechtsbildungen in den deutschen Städten wurden. Wenn auch das sächsische und schwäbische Recht weiter zurückstehen, konservativer an alten Einrichtungen hängen und insbesondere die Mumie der Geschlechtsvormundschaft fortdauernd erhalten, so ist doch auch in diesen Rechten die Tendenz zur Weiterentwicklung vorhanden. Wenn die Entwicklung sich nicht ungestört weiter vollzog, so ist ein Ereignis die Ursache, welches in der Geschichte des deutschen Rechts die tiefsten nachhaltigsten Wirkungen hervorbrachte: Die Rezeption des römischen Rechts.

Siebentes Kapitel.

Das rezipierte gemeine Recht.

Literatur: Stintzing, Geschichte der populären Literatur des römisch-kanonischen Rechts in Deutschland 1867. — Stintzing und Landsberg. Geschichte der deutschen Rechtswissenschaft. Drei Bde. 1880—1889. — Burchardi, Erziehungsrecht (Kap. 2). — Rudorff, Vormundschaft (Kap. 2). — Kraut, Vormundschaft (Kap. 4), namentlich II, S. 618 ff., 681 ff. — Goldenring, Das Recht des elterlichen und vormundschaftlichen Heiratskonsenses (in Rassow und Küntzels Beiträge zur Erläuterung des deutschen Rechts, 21. Jahrgang. 1877. S. 657 ff.) — Glück, Ausführliche Erläuterung der Pandekten (ad Dig. I, 6 und XXIII, 1 bis XXVII, 10). — Die Pandektenlehrbücher von Brinz, Dernburg, Vangerow und Windscheid siehe bei Kap. 2; die ältere Literatur im Register.

So ähnlich römisches und deutsches Recht in älteren Entwicklungsstadien einander gewesen waren, ebenso sehr waren sie im

Laufe der Zeit auseinandergegangen. Beiden hatte zwar die Loslösung der Frau aus den Banden der Geschlechtsvormundschaft vorgeschwebt, aber die Wege, auf denen sie sich dem Ziel zu nähern versucht hatten, waren verschiedene gewesen, und keines der beiden Rechte hatte das Ziel völlig erreicht. Das römische Recht hatte mit dem Verhältnis nach außen angefangen, indem es die Manusehe aufgab, dagegen fand es für die Stellung der Frau nach innen, für eine folgerichtige Entwicklung der Gewalt des Hausvaters keine Lösung. Das deutsche Recht begann von innen, es löste das Verhältnis nach innen, es gab der Gattin und Mutter eine hervorragende Rechtsstellung, aber nach außenhin blieb die Frau bevormundet durch den Mann, in Schwaben und Sachsen auch die Unverheiratete durch den Geschlechtsvormund. Die deutsche Familiengewalt und die römische potestas waren so zu zwei ganz verschiedenen Rechtsverhältnissen geworden, die nicht nur innerlich einander total fremd waren, sondern auch in einer großen Anzahl positiver Normierungen weit auseinandergingen. Bei dem großen Konservativismus, mit welchem ein Volk besonders im Familienleben an seinen nationalen Institutionen hängt, mußte darum gerade auf dem Gebiet des Familienrechts die Rezeption des römischen Rechts schwer fallen, und es ist allgemein anerkannt, daß nirgends so wenig das römische Recht durchzudringen vermochte als gerade auf diesem Gebiete.

Mehr als anderwärts bedurfte es hier scholastischer Kunst, Ungleiches einander gleichzusetzen. Mit dem höchsten Aufwand von Scharfsinn und Gelehrsamkeit hat die Wissenschaft des Mittelalters diese uns heute so unfruchtbar erscheinende Aufgabe gelöst. In Italien hatten die Gelehrten, speziell die Postglossatoren, das justinianische Recht überhaupt für die Zeitverhältnisse brauchbar gemacht, in Deutschland war man namentlich seit dem 14. Jahrhundert bemüht, das einheimische deutsche Recht für die Rezeption des modernisierten römischen Rechts vorzubereiten. Der Weg, auf dem dies geschah, war der der Konkordanz; die Vereinbarkeit des römischen und deutschen Rechts wurde vorausgesetzt, und es handelte sich nur darum, die deutschen Rechtssätze als Folgen der römischen Prinzipien aus dem römischen Recht abzuleiten. Die gezwungenste Konstruktion war willkommen, wenn sie zum ersehnten Ziele führte. Wo aber dieses Verfahren durchaus nicht gelingen wollte, wo man den Widerspruch konstatieren mußte, wurde das deutsche Recht von der Wissenschaft meist als „schädlicher Mißbrauch“ angesehen. Man ging daran, Stadt- und Landrechte von diesen Mißbräuchen zu säubern, und so entstanden im 15. und 16. Jahrhundert die zahlreichen reformierten Stadt- und Landrechte. Nur selten, namentlich in Sachsen, hielt man am deutschen Rechte fest, indem man in sonderbarer Verkennung der geschichtlichen Verhältnisse das deutsche Recht für dasjenige erklärte, das dem älteren römischen Recht derogierte. So hat der Sachsenspiegel als vermeintliches Gesetz Karls des Großen sich neben den Gesetzen Justinians zu behaupten vermocht.

Wenn auch das Familienrecht nur unvollkommen rezipiert wurde, und es im wesentlichen von deutschen Rechtsprinzipien durchdrungen blieb, eines wurde doch bewirkt, die einheitliche Ausgestaltung einer elterlichen Gewalt wurde zerstört. Die väterliche Munt wurde als patria potestas umgedeutet, für die eheherrliche Munt gab es keine Analogie im römischen Recht. Dafür wurden Einzelbestimmungen, die zu dem Gedanken des ehemännlichen Rechtes zu passen schienen, mit Freuden aufgegriffen: so das S. C. Vellejanum. Während es im römischen Recht eine singuläre Bestimmung war, ist die Darstellung in der Rezeptionszeit eine solche, als wäre es eine Konsequenz allgemein geltender Prinzipien. Im ehelichen Güterrecht behalf man sich mit Vermutungen. Die eheherrliche Verwaltung des Frauenguts wurde als Verwaltung der Paraphernen erklärt, die Gütergemeinschaft als eine Dosbestellung am gesamten Vermögen der Frau;[1] die Rechte der überlebenden Gattin am Mannesgut galten als Ausflüsse der Generalhypothek für die Dotalforderung. Der Beisitz des Vaters wurde als usufructus paternus an den bona adventicia erklärt; das Recht der überlebenden Mutter in Bezug auf die Kinder kam schlimmer weg, man nahm eine Tutela der Mutter an, wie sie in ganz unrömischer Weise seit Valentinian zulässig war, doch darüber hinaus gab es keine Analogie im römischen Recht. Das Teilrecht, das im deutschen Recht immer mehr Verbreitung gewonnen hatte, wurde allgemein und der Mutter ein Recht auf Genuß und Verwaltung nur so lange gewährt, bis die Teilung vollzogen, bis die Witwe mit dem

[1] Schröder, Rechtsgeschichte, S. 787.

Heiratsgut und ihren sonstigen Ansprüchen an das gemeinsame Vermögen abgefertigt war. Dieses einstweilige Genuß- und Verwaltungsrecht wurde aber gleichfalls aus dem Generalpfandrecht der Witwe abgeleitet. Man rezipierte das Institut der Emanzipation und erklärte den Austritt des Kindes aus dem väterlichen Hause durch separata oeconomia als eine besondere Form der Emanzipation.

So äußerlich uns alle diese Harmonisierungsversuche erscheinen, sie halfen über die größten Schwierigkeiten hinweg, welche sich einer direkten Anwendung römischen Rechts auf deutsche Rechtsverhältnisse entgegenstellten. In zwei Kardinalfragen jedoch konnte man zu keiner Einigung kommen: die eine betrifft das Verhältnis von Mann und Frau, die andere das der Mutter zu den Kindern. Das römische Recht erklärt die Ehefrau für unabhängig vom Mann, sie war entweder unter der Gewalt ihres Vaters, oder sie war sui juris. Das deutsche Recht stellte sie unter die Munt des Mannes. Hier war ein krasser Gegensatz, die Pandektisten schwanken, bald neigen sie dieser, bald jener Auffassung zu, die kirchliche Auffassung vom vir caput mulieris gibt in der Regel zu Gunsten des deutschen Rechts den Ausschlag, und kühn lehrt mancher eine potestas des Ehemannes. Und doch lag der Fortschritt hier zweifellos auf Seite des römischen Rechts. Das österreichische Recht und die mährischen Stadtrechte, die die Geschlechtsvormundschaft längst beseitigt und auch der Ehefrau eine besonders freie Stellung eingeräumt hatten, gehen den übrigen deutschen Partikularrechten voran, sie werfen sich dem römischen Recht vollständig in die Arme und lassen die eheherrliche Munt vollständig fallen. Sie sind auch die ersten, die die väterliche Gewalt auf die Zeit der Minderjährigkeit einschränken, überhaupt zuerst mit dem Prinzip der Vormundschaft gegenüber dem Vater Ernst machen.

Die Stellung der Mutter gegenüber den Kindern war womöglich noch unklarer als die des Mannes zur Frau. Nach römischem Recht gab es keine Spur einer mütterlichen Gewalt; im deutschen Recht war eine solche im Entstehen begriffen, aber nur unvollkommen ausgebildet. Die Pandektisten leugnen sie meistens, aber auch hier gibt es Erscheinungen, namentlich in der Lehre vom Ehekonsens, die man nur mit den subtilsten scholastischen Distinktionen mit dem römischen Standpunkt vereinen konnte, indem man z. B. erklärte, die Mutter habe zwar nicht de jure, wohl aber quoad honestatem eine Autoritätsstellung infolge des vierten Gebots.

Wieder waren es kirchliche Einflüsse, die seit Beginn des 16. Jahrhunderts die Anschauungen über die Familie trafen. Die Reformation verwarf die Askese und predigte die Ehe geradezu als Pflicht. Der Ehestand wurde als der Gott wohlgefälligste angesehen, dies bringt natürlich den Frauen eine Vermehrung ihrer Würde und ihres Ansehens innerhalb der Familie.[1] Die gleichzeitige Verwerfung der kirchlichen Tradition führt zu einer diesmal ungetrübten Renaissance des Neuen Testaments, und wenn sich damit die Reformation mit dem eindringenden römischen Rechte begegnet, so ruht ihre Lehre doch wesentlich auf einer voreilenden Entwicklung deutscher Kulturgedanken. Was im deutschen Recht und in deutscher Sitte noch unentwickelt lag, gebunden durch die überkommenen hergebrachten Formen, findet nun durch das Neue Testament seine volle freie Entwicklung.

Auch auf katholischer Seite erfolgte eine ähnliche Entwicklung. Hier aber ging sie aus von der uneingeschränkten Rezeption des römischen Rechts. Die katholischen Moraltheologen seit dem 16. Jahrhundert lehren über die Familie das römische Recht, wie es die Glossatoren entwickelt hatten. Die selbständige Stellung der römischen Ehegattin wirkt auf die Ansichten der Moralisten, und wenn auch die Herrschaft des Mannes unbestritten erhalten wird, so wird doch der Sozietätsgedanke der vorherrschende gegenüber dem herrschaftlichen oder vormundschaftlichen Element.[2] Die Pflichten der Ehegatten werden als gegenseitig gleich hingestellt und der Mutter im Hause eine gewisse Herrschaft eingeräumt. Allerdings bleibt auch jetzt das sinnliche Element im Vordergrund. Das debitum conjugale ist immer noch die Hauptsache, das man auf

[1] Sehr ausführlich und wiederholt betont diese Gedanken Luther, Tischreden, Frankfurt 1576. 43. Vom Ehestande. fol. 305 ff. Auch Pandektisten verbreiten sich über die Frage, ob die Ehe oder der Zölibat Gott angenehmer sei. So entscheidet diese Frage auf Grund ausführlicher Beweise zu Gunsten der Ehe Lauterbach ad Dig. XXIII, tit. 1, § 2. Über die hausherrliche Gewalt des Mannes über die Frau siehe Luther, „Hübsche erklerung der zehen Gebot" fol. 50 bis 55.

[2] Busembaum, Theol. moralis III, p. 1, tr. 3, c. 2, dub. 5: Uxor in iis, quae spectant ad domus gubernationem et bonos mores, tenetur obedire marito; hic vero uxorem non ut servam, sed ut sociam tractare.

die sonderbarste Weise in die herkömmlichen juristischen Begriffe zu kleiden versuchte, indem man es bald als Obligation, bald als dingliches Recht am Körper des andern Ehegatten definierte.[1] Nicht nur bei den Theologen, auch bei den Juristen tritt nun das genossenschaftliche Moment der Ehe in den Vordergrund. Die Gemeinschaft sämtlicher Lebensverhältnisse wird als das Wesen der Ehe anerkannt.[2]

Von einer Geschlechtsvormundschaft über Unverheiratete und Witwen finden sich außerhalb Sachsens nur noch Spuren. So behauptet die Summa legum des Raymund von Wiener-Neustadt[3], daß Witwen und Jungfrauen zwar über sich selbst jederzeit, über ihr Vermögen aber nur im Falle der Not frei verfügen können.[4] Allgemein rezipiert ist das Senatus consultum Vellejanum, es wird, wie oben erwähnt, von den Romanisten wie ein Ausfluß eines

---

[1] Laymann, Theologia moralis II, l. V, tr. 10, p. 1, c. 1: Ejusdem obligationis ac mutui juris, quod conjugi in conjugem competit ad petendum et praestandum usum corporis ob finem generationis, meminit Apostolus. Ebenda heißt es später: Notandum est, hanc potestatem in corpus conjugis esse quidem jus in rem, sed non proprie dominium ... Est igitur jus utendi corpore conjugis ad opus generationis ad eum modum, quo alicui jus utendi alieno horto, aliena vacca ad certum finem concedi solet. (!)

[2] Manzius Commentarius Institutionum I, 9 ad § 1: Dicitur (in der Definition der Ehe) consuetudinem vitae. Ratio est: quia inter conjuges jure communi inspecto non est societas bonorum, sed societas vitae, id est omnium, quae ad vitam pertinent, fortunarum, familiae, domicilii, rerum, casuum communicatio et participatio. Nihil enim tam humanum est, quam fortuitis casibus mulieris maritum, vel uxorem viri participem esse, quod pia uxor in secundis rebus socia sit, quae congratuletur: in adversis socia, ut auxilium consiliumque praestet. Wesenbek, Paratitla ad Dig. 23, 1, n. 6 führt unter den Zwecken der Ehe an: Ut homo omnium studiorum et laborum sociam habeat, quae vitae aerumnas leniat, et laboranti opem praestet.

[3] Siehe hierüber Tomaschek: Über eine in Österreich in der ersten Hälfte des 14. Jahrhunderts geschriebene Summa legum (Sitzungsber. der k. Akad. der Wissensch., phil.-hist. Kl. 1883, S. 241 ff.). Über einen seltenen Druck dieses Werkes (Krakau 1506) siehe Seckel: Beiträge zur Geschichte beider Rechte im Mittelalter I, S. 273, 369. Die folgenden Zitate aus diesem Werke sind dem genannten Druck unter Hinzufügung der wichtigsten Varianten der Pphs. N. 4477, saec. XV der Wiener Hofbibliothek (in Klammern) entnommen.

[4] cap. 43: Viduae cum corpore facere quidquid volunt sc. matrimonium contrahere, religionem intrare et similiter, ... res suas possunt vendere, obligare, donare, legare tempore necessitatis, cui volunt. Idem juris est de virginibus decem octo annorum.

allgemeinen Prinzips angesehen und von der Summa legum deshalb unter die Fälle der Handlungsunfähigkeit eingereiht.[1] Sonst findet sich regelmäßig die Unfähigkeit der Frauen zur Vormundschaft und gerichtlichen Stellvertretung ausgesprochen.[2] Auf sächsischem Boden wird dagegen streng an der Geschlechtsvormundschaft festgehalten, diese sogar gegenüber dem Sachsenspiegel verschärft, indem man auch für alle außergerichtlichen Rechtshandlungen die Zustimmung eines „Kriegischen Vormunds" erfordert.[3] Die katholische Kirche kennt keine Geschlechtsvormundschaft, ebensowenig die Pandektisten. Im Erbrecht ist die Gleichstellung der Geschlechter gemeinrechtlich überall anerkannt.

In der Ehe tritt, wie erwähnt, das herrschaftliche Element gegen das soziale zurück. Doch bleibt es bei der potestas des Mannes, er hat die Herrschaft, das Regiment im Hause.[4] Es wird anerkannt, daß seine Gewalt im römischen Recht nicht existiere, doch sei sie im göttlichen, natürlichen und im positiven deutschen Gewohnheits- und Statutarrecht begründet.[5] Die ehemännliche Gewalt umfaßt außer dem Anspruch auf reverentia und oboedientia auch das Recht der mäßigen Züchtigung der Gattin, nicht aber ein

---

[1] Summa legum cap. 42 zählt unter den Handlungsunfähigen auf: Quinto ratione juris legalis ut omnes mulieres, que propter gratias et favorem eis a lege datas fide jubere non possunt pro aliquo, neque debitrices se constituere nec res suas pro alio [impignorare i. e.] in pignus dare ...

[2] Laienspiegel fol. 11: Item weibsperson mögen nit gewalthaber sein aussgenommen in etlichen besonderen vällen.

[3] Carpzov, Definitiones forenses II, const. 15, def. 1: In foro Saxonico Mulier non solum in judicio, ubi personam legitimam standi non habet, sed et extra judicium absque consensu curatoris quicquam agere, donare, vendere, aliove modo contrahere prohibetur. Diese Regel findet aber zahlreiche Einschränkungen.

[4] Von Theologen: Laymann II, V, 10, 3, c. 2, n. 1: Vir caput uxoris. Luther, Tischreden, 43, fol. 49: Der Mann hat im Hause das Regiment. Von Juristen: Wesenbek, Parat. ad Dig. 23. 1, n. 6: potestas et cura. Lauterbach ad Dig. 23. 1 § 81: gubernatio domestica et imperium. § 82: potestas, nach sächsischem Recht: cura et tutela. Manzius, Comm. Inst. I, 13, § 1: potestas.

[5] Wesenbek l. c.: Maritus efficitur rerum dotalium dominus uxorque in ejus potestatem etsi non transit jure civili, tamen jure divino, canonico, consuetudinario et Saxonico in ejus est quasi potestate et cura.

jus vitae ac necis.[1] Sie ist geringer als die väterliche Gewalt[2], was man vorzüglich damit beweist, daß nach gemeinem Recht die Tochter durch Verehelichung aus der Gewalt ihres Vaters nicht ausscheide[3], ein Satz, der jedoch nach dem eigenen Geständnis der Pandektisten in Deutschland nicht rezipiert wurde.[4]

Eine Minderung der Handlungsfähigkeit der Frauen bewirkt die Ehe nach gemeinem Recht nicht, doch ist eine solche Minderung auch außerhalb Sachsens den Theoretikern bekannt und wird von ihnen nicht mißbilligt.[5]

---

[1] Laymann l. c. n. 1: Uxor mariti praeceptis in iis, quae ad convenientem familiae administrationem pertinent, obedire in conscientia tenetur. Eod. l. n. 6: Marito concessum est delinquentem castigare, debet tamen esse castigatio moderata magis, quam ea, quae est mancipiorum, quin et liberorum. Manzius l. c.: Maritus potestatem (habet) uxorem moderate corrigendi, operas et alia postulandi, rebus dotalibus utendi. Lauterbach § 83: Modica quidem castigatio marito non denegatur. § 87: Ex hac subjectione sequitur, quod uxor marito reverentiam et obsequium praestare debeat. Stryk ad Dig. 23. 2, § 43: Ex imperio vulgo deducunt jus moderate castigandi uxorem, modo castigatio talis fiat de justa causa nec eadem in saevitiam degeneret, sed moderate fiat. Vgl. auch Carpzov, Jurispr. eccl. II, def. 121, n. 1.

[2] Stryk l. c. § 36: Jus autem hoc secundum Leges non est absolutum sed restrictum et moderatum, ut uxor nihilominus adhuc sui juris maneat, licet sit sub potestate mariti: neque enim tale jus marito adscribi potest, quale competit patri in liberos.

[3] Perneder, Instit. fol. 17b: Deßgleichen so ein vatter sein tochter verheyrat | möchte gedacht werden dieselb wäre allein in jres ehewürts gwalt | das aber nit | sünder sie ist unnd bleibt allweg nichts in kindlicher gehorsam | sie werd denn derselben durch den Vatter entbunden und ledig gezölt. Also hat ein vatter mehr gewalts uber sein tochter denn derselben Ehewirt | dem sie allein ad debitum carnis & operandum, zu bedt, auch in verrichtung täglicher arbait und haußhaltung und zur beywonung verbunden. Lauterbach l. c. § 82: Haec tamen potestas, quam habet maritus in uxorem, non tollit patriam potestatem.

[4] Stryk l. c. § 40 zitiert Ssp. I Art. 45 und bemerkt dazu: Et haec praxis per universam Germaniam hodie obtinet ... atque semel liberata, sui juris manet ... Ex quo conspicuum redditur, apud Germanos semper plus valuisse maritalem potestatem quam patriam; utramque vero haud compatibilem fuisse. Stryk ad Dig. 26. 7, § 27: Etiam patria potestas ... per nuptias filiae solvitur. Lauterbach l. c. § 82: In foro tamen Saxonico filia contractis nuptiis, cum eadem in mariti curam et tutelam transeat, a patria potestate liberatur. Dazu bemerkt der Autor, daß dieser sächsische Rechtssatz beinahe überall rezipiert sei. Zasius Resp. I, cons. 7, n. 7: Filia si nubat, familiam mutat.

[5] Summa legum cap. 44: Conjuges non negotiantes nihil possunt facere

Die Frau ist dem Manne unterworfen, aber man betont es, daß ihre Unterwerfung keine Knechtschaft sei, sie muß zwar dem Mann ins Domizil folgen, sie erhält aber auch dessen Standesvorzüge, sie hat besondere ihr zugewiesene Funktionen, einen eigenen Wirkungskreis im Hause. Sie hat Anspruch auf Schutz des Mannes, aber auch auf dessen eheliche Treue und in Bezug auf das Recht der Scheidung der Ehe stellen Katholiken wie Protestanten beide Gatten gleich.[1]

---

per se neque cum persona sua aut cum rebus, quia sui juris non sunt, sed sunt sub potestate tutorum (Wr. Hs. virorum) suorum. Stryk l. c. § 47: Ex eadem potestate viri in uxorem fluit, quod secundum statuta nonnullorum locorum haud possit uxor contrahere absque expresso consensu mariti. Carpzov. II, Const. 15, def. 19. Dagegen ist die Verfügungsfreiheit der Frau über die Paraphernen bei Perneder fol. 53 und den Pandektisten anerkannt.

[1] Wesenbek ad Dig. 23. 1, n. 6. Lauterbach l. c. § 86 ff. Sehr energisch betonen die katholischen Moralisten die Gleichstellung beider Gatten in Bezug auf eheliche Treue und Leistung der ehelichen Pflicht. Laymann II, l. V, tr. 10, p. 3, cap. 1 und 3; ebenso in Bezug auf das Scheidungsrecht. Ebenda cap. 7 n. 8: In hoc jure divortii instituendi conjuges aequales sunt, ut non minus uxor ob adulterium mariti quam maritus ob adulterium uxoris divertere seu separari possit. Über Protestanten siehe Lauterbach ad Dig. 24. 2 § 12—15, namentlich 14 in fine. Vgl. die Carolina über Bestrafung des Ehebruchs (Art. 120): sie verweist aufs gemeine Recht. Über die Functionen der Frau im Hause, Luther, Tischreden 43, fol. 48: Ein Weib ist ein freundlicher | holdseliger und kurtzweiliger Gesell deß lebens. Weiber tragen Kinder | und ziehen sie auff | regiren das Hauß | und theilen ordentlich auß | was ein Mann hineinschaffet und erwirbet | daß es zu rahte gehalten und nichts unnütze verthan werde | sondern daß einem jeglichen gegeben werde | was im gebühret.

Ausführlich verbreitet sich der Verfasser der Summa legum über das Verhältnis der Ehegatten in dem Cap. 49 de regimine uxoris: Vir debet uxorem suam super omnia Deo facere servilem, (secundo) bonis moribus erudire, (tertio) susurra et cavillationibus prohibere, (quarto) taciturnam reddere, (quinto) pudicam et virtuosam facere, (sexto) circa ornatum corporis decenter se habere, (septimo) a discursu cohibere, (octavo) loca occulta ei interdicere, (nono) operosam facere, (decimo) humilitatem consulere, (undecimo) superbiam disuadere, (duodecimo) si fuerit prudens et adulta procurationem domus committere et ei bene confidere, si stulta, juvenis atque proterva debet eam non armis sed virgis et baculis severiter cedere (fortiter reddere) et (debet eam) ad omnia alia, que ad salutem anime corporisque decentiam (valetudinem) spectant, fideliter informare. Cap. 51: E converso debet uxor viro suo in omnibus licitis et honestis obtemperare (obedire), curam domus habere, operosa existere, suppellectilia (et omnia que in domo sunt), diligenter custodire, celaria, promptuaria, coquinam

Das eheliche Güterrecht ist bekanntlich eine jener Materien, in welcher das römische Recht am wenigsten Fuß fassen konnte. Zwar wird von den Pandektisten allgemein das römische Dotalrecht als das gemeine Recht betrachtet[1], doch kam es nur in verhältnismäßig kleinen Gebieten zur praktischen Geltung, es erhielten sich vielmehr die zahlreichen partikularrechtlichen Güterrechtssysteme bis in die jüngste Zeit. Das römische Dotalrecht bedeutete zweifellos einen Fortschritt für die Frauen, soweit es sich um ihre Lösung aus einer untergeordneten Stellung handelte, darum hat sich die moderne Frauenbewegung für das Dotalrecht erklärt[2]; allein es birgt auch die Gefahr einer Zerreißung der Familieneinheit und widerspricht dem deutschen Rechtsgefühl, das für die innige Zusammengehörigkeit der Ehegatten auch auf dem Gebiet des ehelichen Güterrechts einen Ausdruck verlangt. Man war daher genötigt, sich mit den bestehenden partikulären Rechten abzufinden, sie in romanistische Kategorien einzureihen und solchermaßen zu „konstruieren“. Eine Art gemeinrechtlicher Anerkennung hat auch hier nur das Sachsenrecht erhalten. Die Vormundschaftsgewere des

---

frequenter visitare, familiam prudenter et subtiliter dispensare, pie arguere, non male tractare, lites, jurgia, convitia in domo facta sedare et complanare. Cap. 52: Obligatur etiam vir uxori sue, ut eam honeste tractet, victum et vestitum secundum suum posse ei provideat, fidem ei datam firmiter custodiat et de ea sola stet contenter eamque suspectam non habeat, sed eam quasi sociam teneat, non quasi ancillam male tractet (teneat). Vice versa ipsa uxor tenetur virum suum (solum) diligere et ei non insultare et non injuriari: cum eo non contendere, sine eius voluntate nullum contractum peragere.

[1] So Wesenbek, Stryk, Lauterbach ad Dig. 23. 3 bis Dig. 25. 2. Manzius ad Inst. I, 10 § 12; II, 7 §3. So auch Carpzov II, const. 42. Doch tauchen auch Zweifel auf. Wesenbek ad Dig. 23. 2, n. 6 meint, daß auch nach gemeinem Recht eine ähnliche Gemeinschaft wie nach Sachsenrecht bestehe, wobei er sich auf die schöne, in ihrer Allgemeinheit aber nichtssagende Stelle aus Ulpian (l. 22 § 7. D. soluto matr. 24. 3) bezieht: quid enim tam humanum est, quam ut fortuitis casibus mulieris maritum, vel uxorem viri participem esse? vgl. auch Manz. ad Inst. I, 9, oben S. 117, Anm. 2. Stryk ad Dig. 23. 2 § 89 ff. läßt sich in eine lange Auseinandersetzung ein, ob eine Gütergemeinschaft aus dem Begriff der ehemännlichen Gewalt folge, oder ob im positiven römischen oder kanonischen Recht eine solche begründet sei; er kommt zu dem Resultat, daß alle diese Fragen zu verneinen seien.

[2] Petition des Allgemeinen Frauenvereins an den Deutschen Reichstag anläßlich der Beratung des Bürgerlichen Gesetzbuchs. Motive zum BGB. IV, S. 143.

Ehemanns wird als Ususfructus maritalis an den Paraphernen erklärt.[1]

Für das Verhältnis zu den Kindern ist nun die patria potestas maßgebend. Wenn auch die väterliche Munt des scheidenden Mittelalters damit nur einen andern Namen erhielt, so war damit doch die neben der väterlichen Alleinherrschaft sich langsam entwickelnde Teilnahme der Mutter an der Familiengewalt negiert und für lange Zeit in der Fortbildung und Ausgestaltung gehemmt. Man geht zwar der Frage nach einer Gewalt der Mutter regelmäßig aus dem Wege, wo man dies aber nicht tut, finden wir nicht nur die Methode, sondern auch die Argumente Thomas' v. Aquin wieder.[2] Wenn auch viele betonen, die Mutter stehe dem Vater sittlich gleich und genieße nach dem vierten Gebot gleichen Anspruch auf Ehrerbietung wie der Vater[3], so hat die katholische Moraltheologie trotzdem auch auf sittlichem Gebiete einen Vorzug des Vaters behauptet.[4] Einstimmig ist man aber der Ansicht, daß es rechtlich nur einen Gewalthaber, den Vater, gibt[5], und man weiß dies auch zu begründen.[6] Und doch wird von gemeinsamen Elternrechten und

---

[1] Wesenbek ad Dig. 23. 3, n. 11. Stryk ad Dig. 23. 2 § 97; vgl. auch Carpzov II, const. 15, def. 25.

[2] Z. B. Manzius ad Inst. 1. 9 § 3: Dices: mater est potior pars procreationis ... Resp. negando matrem esse primariam, sive potiorem generationis causam.

[3] Lauterbach ad Dig. I, 6 § 4: Matri ... eadem pietas ... eadem obsequia debentur. Wesenbek ad Dig. 23. 2 n. 3: De jure porro Divino, et ex praecepto Decalogi idem debetur honor matri quam patri. Vgl. Luther, Hübsche erklerung der zehen Gebot, fol. 45—50.

[4] Laymann I, 2, tract. 3, c. 3 de ordine charitatis: Debet opitulari ... magis patri quam matri, quia ille excellentiorem principii rationem obtinet.

[5] Perneder fol. 18. Warum die Mutter nicht einen Vormund ernennen könne: „Und ist das die Ursach dises Underschids zwischen Vatter und mutter | das die kind allein in Vätterlicher und nit ih mütterlicher gewaltsam sein. Wesenbek ad Dig. 26. 1, n. 5: Mater autem, quae in potestate non habet liberos. ... Lauterbach ad Dig. I, 6 § 4 erklärt, Subjekt der väterlichen Gewalt sei ... non etiam Mater ... et hoc tam jure civili quam jure naturali, quia maritus natura Rex est et Monarcha familiae. Stryk ad I, 6 § 3 begründet die Meinung, daß die patria potestas rezipiert sei mit dem Argument, daß sonst inter patrem et matrem nihil diversi juris superesset. Siehe auch Mynsinger Schol. in Inst. I, 9 pr.

[6] Am ausführlichsten wohl Manzius ad Inst. I, 9 pr. von welchem wegen der charakteristischen scholastischen Methode folgender Auszug hier Platz finden möge: Ratio hujus potestatis est: quia liberi vitam a patre acceperunt,

Elternpflichten gesprochen[1], man spricht von einer Gewalt des Vaters und der Mutter[2], gewährt der Mutter das Recht der Züchtigung[3], ja man spricht auch von einer Teilnahme der Mutter an der Gewalt des Vaters, von einer Konkurrenz beider Teile.[4] Aber das sind

---

item pater tenetur filios alere. Unde merito debent ejus potestatis et correctioni subjacere. Dices: mater eodem munere fungitur in procreatione liberorum et longe plus accipiunt liberi a matre, nam infans ante partum matri est onerosus, in partu dolorosus, post partum laboriosus, quae et ipsa in casu necessitatis tenetur liberos alere, cur ergo non etiam mater liberos habet in potestate? Resp. Licet una omnibus parentibus servanda sit reverentia et idem obsequium nihilominus tamen, quia patria potestas non est circumscripta solius obedientiae et obsequii terminis, sed multi effectus a jure civili ei attributi sunt, videbatur illa illustrior, quam quae imbecilli foeminarum sexui committeretur. Ratio alia: quia incivile est, eos, qui alieno auxilio in rebus suis administrandis egere noscuntur et ab aliis reguntur, potestatem et imperium in liberos habere. atqui mulieres ipsae non solum sub potestate maritorum sed etiam propter sexus sui infirmitatem et rerum forensium ignorantiam in perpetua tutela fuerunt. — accedit quod mulieres perpetuo animi judicio laborent... Politici hanc rationem tradunt; quod familia sit instar alicujus parvi regni et corporis, cujus caput sit paterfamilias; membra liberi et servi: sicut ergo Reginae honor et reverentia quidem, non autem facile potestas et imperium tribuitur; ita quoque matrifamilias reverentia et honor (juxta illud: honora patrem et matrem) potestas autem et imperium patrifamilias tribuendum videbatur. Ratio non absimilis est haec: quia in familia unus tantum est Princeps nempe ipse paterfamilias et quia imperium domesticum est monarchia quaedam, cui duos praeesse, unum item in duorum esse potestate absurdum est.

[1] So die Summa legum Cap. 52. Luther, Tischreden 43, fol. 323b: Der Eltern liebe gegen den Kindern.

[2] Laienspiegel spricht fol. 41 von Kindern, die in jrer vatter und muter gewaltsam, Luther, Tischreden 3. Von der Schöpffung, fol. 46: ... Vaters und Mutters ist eine natürliche und freywillige gewalt | und selbsgewachsene Herrschafft uber die Kinder. Wörtlich gleichlautend ebenda 44. Von Oberkeit und Fürsten, fol. 330.

[3] Laymann II, lib. V, tract. 10, pars 3, cap. 2, n. 7: Qui praeest familiae, videl. paterfamilias et participative etiam materfamilias, habent potestatem coercendi et poenas inferendi domesticis tantummodo leves.

[4] Lauterbach ad Dig. 23. 1 § 86: Uxori tamen non omne denegamus imperium et potestatem, nam et ipsa aliquod jus habet et potestatem concurrentem cum marito familiam gubernandi. Die genossenschaftliche Auffassung der ganzen Familie tritt uns im Laienspiegel fol. 42 entgegen: So man und weib sich mit jrn leiben und guten on besonder furgedinng zusammen Eelich verbinden | so pflegen sy auch auß gutter gewonhait ir bayder hab und gut zu jrer gemainen notdurfft und haußhaltung mit jren eelichen kinden samptlich | mitainander zu nyessen und brauchen.

Ausnahmen, sie finden in der Theorie des gemeinen Rechts keinen Boden.

In Bezug auf den Inhalt der väterlichen Gewalt lehnt man sich sklavisch an die Glosse[1], selbst die Befugnis, Kinder im Falle der Not zu verkaufen, wird als praktisches Recht gelehrt(!).[2] Aber so sehr man den römischen Standpunkt der patria potestas zu wahren sucht, er ist nicht zu halten. Was die väterliche Gewalt von einer Vormundschaft scheidet, sind fast nur mehr minder bedeutende Dinge; nur der Vater kann sui haben[3], nur er kann im Testament einen Vormund ernennen[4], nur er kann eine Pupillarsubstitution anordnen.[5] Und schrittweise erobert sich auch im gemeinen Recht die Mutter diese Prärogativen.[6] Nur drei Punkte sind mehr von Belang: der Ususfructus am Kindervermögen, das Recht der Ehebewilligung und die Dauer der Gewalt.

Der Ususfructus paternus an allem Kindergut, das nicht peculium castrense vel quasi war, entsprach völlig der älteren

---

[1] Glosse ad Inst. de patr. pot. 1, 9, vgl. Brunnemann ad l. 3 u. 10 C.8. 47.

[2] So z. B. von Perneder Blatt 10. De patria potestate: Und damit man erkenn | was nutz solche Vätterliche gewaltsam auff ihr trag | ist erstlich zu wissen | das ain Vatter in Hungers not | seinen Son oder Tochter verkauffen mag, vgl. Lauterbach ad Dig. 1, 6 § 6. Auch die Moraltheologen halten den Verkauf der Kinder für zulässig. Laymann I, lib. III, tract. 4, pars 3, c. 8, n. 2.

[3] Zasius Resp. I, consil. 10, n. 17—19.

[4] Perneder fol. 11. Manzius ad I. 13 § 1. Wesenbek ad Dig. 13. 1, n. 5. Stryk ad Dig. 26. 1 § 4, ad Dig. 26. 2 § 1. Lauterbach ad Dig. 26. 2 § 5.

[5] Lauterbach ad Dig. 28. 6 § 23. Carpzov III, const. 8, def. 16. Stryk ad Dig. 28. 6 § 6. Über die Details der rezipierten väterlichen Gewalt siehe Kraut II, S. 618 ff.

[6] Das Recht jedes Erblassers, einen Vormund vorzuschlagen, hatte natürlich auch die Mutter. Sobald aber die staatliche Obervormundschaft so weit ging, die Ernennung im väterlichen Testament gleichfalls nur als Vorschlag zu betrachten, war damit der wesentliche Unterschied zwischen väterlicher und mütterlicher Ernennung beseitigt. Die noch restlichen Differenzen siehe bei Stryk ad Dig. 26. 3 § 4 und 5, der deren acht aufzählt. Lauterbach ad Dig. 26. 2 § 5 erklärt den Vorschlag der Mutter für bindend, vgl. ad Dig. 26. 3 § 2 und 7. Die Pupillarsubstitution der Mutter, welche partikularrechtlich vielfach zulässig war, wurde, wenn die Codicillarklausel vorhanden, als Fideikommiß aufrecht erhalten. l. 127 ff. de leg. I (30). Stryk ad Dig. 28. 6 § 6. Lauterbach eodem l. § 23. 4.

deutschen Gewere zu rechter Vormundschaft.[1] Wohl aber widersprach er der Fortbildung, der die deutsche väterliche Munt seit der letzten Zeit des Mittelalters unterworfen war, der Umwandlung des väterlichen Rechts aus einem nutzbaren Recht in eine Schutzgewalt. Die Theorie des gemeinen Rechts nahm von dieser Fortbildung wenig Notiz, sie befreit den Vater von der Pflicht, das Vermögen der Kinder zu inventieren, darüber Rechnung zu legen[2], und gewährt ihm den Ususfructus im römischen Umfange. Anfänglich kommt noch die Bezeichnung „Beisitz“ vor, aber bald ist sie beseitigt.[3] Daneben kann man sich doch nicht der Erkenntnis verschließen, daß die allgemeine Rechtsüberzeugung und das mit ihr in Verbindung stehende partikuläre Recht den Vater wirklich zum Vormund machen. Aber man betont noch die Unterschiede der väterlichen von der vormundschaftlichen Gewalt[4], oder man erklärt den Vater nach dem Vorbild des römischen parens manumissor zum Vormund bloß über die emanzipierten Kinder[5], nur wenige, wie z. B. der Laienspiegel, machen mit dem Vormundschaftsgedanken

---

[1] Perneder fol. 10: ... Item zum dritten | so hat der Vatter | in seiner kinder mütterlichen | auch andern erbgüttern | volkommene abnutzung unnd verwaltung | er ist auch solcher seiner verwaltung | einich rechenschafft zuthun | gar nit schuldig | unnd allein daß verpflicht | das er ihnen dieselben güter | nit verkauffen | noch vereüssern kan | er mag auch solliches nießlichen beysitz | keins wegs entsetzt werden | ob er gleich zu der andern Ehe greiffen wurde. Carpzov II, const. 10, def. 7: Patri in bonis liberorum adventitiis competit usufructus jure patriae potestatis, etiamnum hi de pane ipsius non vivant, sed aliunde habeant alimenta. ... In hoc tantum relicto discrimine (zwischen römischem und sächsischem Recht) quod de jure communi patri concedatur usufructus ad tempora vitae suae; jure vero Saxonico pater usumfructum in bonis liberorum adventitiis, eo usque saltem retineat, donec hi ab ipso separentur ut bonis liberorum uti frui liceat.

[2] Stryk ad Dig. 26. 7 § 19.

[3] Siehe oben Anm. 1 bei Perneder fol. 10. Siehe unten S. 126, Anm. 2 und S. 127, Anm. 8 aus dem Laienspiegel fol. 42 und 44.

[4] So Stryk ad Dig. 26. 1 § 3, der die Bezeichnung „natürlicher Vormund“ anerkennt, doch beifügt, die patria potestas sei lange potentior quam nuda tutorum vis ac potestas. S. auch Laymann I, lib. 3, tr. 4, p. 3, c. 9, n. 2.

[5] So hatte schon ganz sinnwidrigerweise die Glosse Ssp. I, 11 zu erklären versucht. Perneder fol. 19 in fine: Item wo ain Vatter ain oder mer seiner unvogtbarn kind des vätterlichen gewalts entlediget, so ist er derselben gesatzlicher vormundt.

Ernst und betrachten den Vater nach dem Tode der Mutter als Vormund der Kinder.[1]

Die Beigabe des Ususfructus ist ein kennzeichnendes Merkmal der väterlichen Gewalt vor wie nach dem Tode der Mutter. Der Beisitz der Mutter dagegen zerfällt in zwei Teile; soweit er eine Nutzung des Kindergutes enthält, verschwindet er allmählich[2], er hat sowohl das römische Recht wie die neuere Entwicklungstendenz gegen sich. Zuerst wird der Witwe Rechnungslegung und Kontrolle durch Mitvormünder auferlegt[3], später jedes Recht auf Genuß des Vermögens der Kinder entzogen.[4] Die übrigen Bestandteile des Beisitzes, das Recht auf Verwaltung des Vermögens und Vertretung der Kinder wird zur Vormundschaft im Sinne des justinianischen Rechts.

In Bezug auf diese Vormundschaft schließt man sich ganz an das römische Recht an. Man ist darüber einig, daß Frauen zur Vormundschaft im allgemeinen ungeeignet seien, „quia tutela et

---

[1] Laienspiegel fol. 44: Wär also ain fraw on geschäfft abgestorben | und het eeliche kinder bey irem eewürt hynder jr verlassen | so würdet an meer enden der man mit etlicher hab | für ainen versorger der kind und sonst kain ander vormunder gesetzt | sonder richt auffs fürderlichest ain Inventari auff | in beywesen ettlicher mütterlichen freünd | und die von der Obernhand dartzu verordnet werden. ... Ob aber ain vater ain wissentlicher zerstreuer der güter wär | soll er nit zu der vormundschafft gelassen.

[2] Der Laienspiegel kennt ihn noch ganz in der alten Gestalt. So fol. 42: Item Stürb aber ain man vor seinem weib on geschäfft | und ließ bey ir Eeliche kind | will dann die fraw unverruckt jrs wittiblichen stands und unendtricht jres heyratguts bey den kinden | als ir vormünderin sitzen | so mag sy mit jne das väterlich gut niessen und brauchen | und sollen jr sunst meer vormünder zugeordnet werden | mitt derselben radt soll die wittib der kind vätterlichen hab halben | wo sy mercklich oder groß wär | handeln unnd järlich rechnung thun | auch die kind so sy erwachsen | zu gaistlichem oder weltlichem stand bringen. Fol. 44 siehe unten S. 127, Anm. 8.

[3] So schon im Laienspiegel nach dem Vorbild mittelalterlicher Stadtrechte, siehe die vorige Anmerkung. Carpzov II, const. 11, def. 12 kennt facultative Mitvormünder.

[4] Das gemeine römische Recht hatte nie einen Genuß der Mutter vom Kindesgut gekannt. Doch wollte noch Wesenbek ad Dig. 26. 1, n. 5 von den Müttern mit Rücksicht auf Ssp. I, 11 behaupten: quin moribus Sax. etiam jure paterno administrant et fructus lucrantur, donec liberi adolescant et abi iis separentur. Dagegen polemisiert Carpzov II, const. 10, def. 13: Mater licet bona liberorum ceu tutrix administret, eorundem tamen usumfructum non habet, unter Anführung von Belegen aus der Praxis des Leipziger Schöffenstuhls.

aliorum defensio est munus masculorum"[1], und daß nur ein kaiserliches Privilegium eine Frau zur Vormundschaft zulassen könne.[2] Nur Mutter und Großmutter sind zugelassen durch kaiserliches Gesetz und allgemeines deutsches Gewohnheitsrecht.[3] Gleichwohl ist die Tendenz vorhanden, diese Vormundschaft möglichst eng zu interpretieren, der Kreis der Berufenen wird durch strikte Interpretation der Bezeichnung mater et avia umgrenzt[4], die Tutel ist eine irreguläre[5], man zweifelt, ob die Mutter nur den Seitenverwandten oder auch den Ascendenten, z. B. dem Großvater vorgehe[6], man zweifelt, ob die Vormundschaft der Mutter als legitima oder dativa zu betrachten sei[7], man verlangt, wie im römischen Recht, Verzicht auf die Rechtswohltat des S. C. Vellejanum und auf Wiederverehelichung, wenn auch nicht mehr eidlich.[8] Die Mutter hat keinen Ususfructus

---

[1] Lauterbach ad Dig. 26. 1 § 15.

[2] Stryk ad Dig. 26. 1 § 21, ebenso Wesenbek ad Dig. 21. 6, n. 5.

[3] Die Summa legum cap. 34ff. erwähnt eine Vormundschaft der Mutter nicht. Der Laienspiegel kennt sie bereits und bringt auch folgende Angelobungsformel fol. 14: Di N. als weilunt. A. eelicher kinder B. und C. leipliche mutter begerend jr vor andern solcher verweißter kinder vormundtschafft zuzustellen etc. Hat sich auch dabei wissentlich verzigen der freyhaiten Velleiani auch ander heyrat und ander hilff des sy zuvor wol underricht. Perneder fol. 19: ... wo der jungen unvogtbarn personen mutter oder anfraw im leben ist | das dieselben vor allen andern freunden zur vormundschafft gelassen werden ... Lauterbach ad Dig. 26. 3 § 2. Auf allgemeines deutsches Gewohnheitsrecht berutt sich Stryk ad Dig. 26. 4 § 9. Nach sächsischem Recht war es zweifelhaft, ob die Mutter Vormünderin sein kann, weil sie selbst unter Vormundschaft steht, doch haben sich sowohl die Glosse zu Ssp. I, 11, als auch die sächsische Praxis dafür erklärt. Carpzov II, const. 11, def. 11: Quod enim matri defertur tutela filii, non tam jure fit, quam intuitu pietatis, quae juris subtilitates respuit.

[4] So ausdrücklich Lauterbach ad Dig. 26. 5 § 10; vgl. auch Perneder fol. 19: Die andern weibspersonen | als schwestern, basen oder ander | ob sie gleich die nechsten freünd weren hieinn nit zugelassen werden.

[5] Stryk ad Dig. 26. 4 § 9. Lauterbach ad Dig. 26. 3 § 2. Brunnemann ad l. 1. D. 26. 4.

[6] Für die engere Auffassung Lauterbach ad Dig. 26. 3 § 6 durch strikte Interpretation der Nov. 118, c. 5, für die weitere Stryk ad Dig. 26. 4 § 31. Brunnemann l. c.

[7] Lauterbach ad Dig. 26. 4 § 3, vgl. Laienspiegel fol. 44 in der folgenden Anmerkung.

[8] So schon der Laienspiegel fol. 44: Stürb aber der man und ließ also kind bey der frauwen | die sich der vormundschaft als obsteet verfahen wölt | wo sy dann durch die obernhand darzu aufgenommen wurd sol sy sich dar auf

am Kindergut, sie muß darüber Rechnung legen[1], muß ein Inventar errichten, doch begnügt man sich auch mit eidlichem Vermögensbekenntnis.[2] In der Führung der Vormundschaft war die Mutter jedem andern Vormund gleich. Das Institut des Mitvormunds, das dem Corpus juris und dem Sachsenspiegel unbekannt war, so verbreitet es war[3], ist auch dem gemeinen Recht fremd geblieben. Dagegen hat das gemeine Recht konform dem römischen, die Mutter ohne Rücksicht auf die Vormundschaft, zur Erziehung der Kinder in erster Linie berufen.[4] Zweite Ehe macht sie zwar dieses Amtes regelmäßig verlustig, doch kann ihr das Gericht causa cognita die Erziehung weiter belassen.[5]

Zu keiner festen Gestaltung kam das Recht der Ehebewilligung. Vor allem gingen hier die Konfessionen auseinander. Die katholische Kirche formulierte die Unwesentlichkeit des elterlichen Konsenses als Dogma, indem das tridentinische Konzil das Anathem über

---

freilicher freihait ander heyrat und hilff des rechtens verzeihen | auch ir aigen gut verpfenden | die vormundschafft über der kind väterliche hab | getreulich außzurichten und jarlich davon rechnung zu thun. Aber sy hatt nit macht on erkantnuß des rechtens | dieselben noch ander ligend hab zu verenderen. ... Deßgleichen wo sich die mutter sollicher vormundschafft nit annemen | noch dartzu tuglich | sonder die kind mit andern vormunden besetzt | doch jn der beysitz und genuß vorbehalten werden. Vgl. die Angelobungsformel oben S. 127, Anm. 3. Perneder fol. 19: Und wiewol in den eltern Kaiserlichen satzungen geordnet | das ain mutter | so es zu solchen fall kummen sollt | die andere ee und beheyratung vor gericht verschweren sol. So ist doch solchs in den new auffgerichten rechten wider abgenummen und fürsehen worden daß die mutter oder anfraw solchs ayds halben nit mer angemut | unnd doch so bald sie zur andern Ee greifft | der vormundschafft entsetzt werden soll. Ebenso Carpzov II, const. 11, def. 13. Lauterbach ad Dig. 26. 3 § 16–18. Stryk ad Dig. 26. 4 § 35—37.

[1] Carpzov II, const. 10, def. 13, const. 11, def. 5; vgl. dagegen Laienspiegel in der vorigen Anmerkung a. E.

[2] Stryk ad Dig. 26. 7 § 13.

[3] Siehe oben Laienspiegel in Anm. 126. 2; vgl. auch Carpzov II, const. 11, def. 12. Stryk ad Dig. 26. 4 § 10 mit zahlreichen Beispielen aus Partikularrechten.

[4] Laienspiegel oben S. 126, Anm. 2. Wesenbek ad Dig. 27. 2, n. 2. Stryk ad Dig. 27. 2 § 1, dort ein Spruch der Hallenser Juristenfakultät. Lauterbach ad Dig. 27. 2 § 2 und 3. Carpzov II, const. 11, def. 42. Auch die Moraltheologen Laymann I, lib. 3, tr. 4, p. 3, c. 9, n. 2.

[5] So Lauterbach l. c. Carpzov l. c., def. 43.

diejenigen verhängte, welche behaupteten, matrimonia a filiis familias sine consensu parentum contracta irrita esse et parentes ea rata vel irrita facere posse.[1] Dementsprechend lehren die Moraltheologen, daß alle staatlichen Gesetze, welche den Konsens der Eltern verlangten, diesen nur de honestate erfordern, oder durch den Kanon des tridentinischen Konzils derogiert seien. Doch wird den Kindern zur Gewissenspflicht gemacht, den Rat der Eltern einzuholen.[2] Anders auf protestantischer Seite. Schon Luther hatte sich mit großer Heftigkeit gegen die Auffassung erklärt, daß der Wille der Eltern nur ein accidens sei[3], man verlangte den Konsens eorum, quorum in potestate sunt, im Anschlusse an das römische Recht als notwendig, und erklärte ohne solchen Konsens geschlossene Ehen für ungültig.[4]

Vom katholischen Standpunkte aus war man leicht geneigt, die Pietätspflicht der Einholung des Konsenses nicht auf den Vater zu beschränken, sondern, dem vierten Gebot entsprechend, die beiden Eltern gleichzustellen. Als Rechtsfolge der gegen den Willen der Eltern eingegangenen Ehe blieb nur dem dissentierenden Elternteil die Befreiung von der Dotationspflicht, was für die Mutter oft belanglos war, da diese Pflicht sie ja nur subsidiär im Falle des Unvermögens des Vaters traf.[5]

Auf protestantischer Seite war man nicht im klaren, welche

---

[1] Conc. Trid. sessio 24. cap. 1 de reform. matrim.

[2] Laymann I, l. 1, tr. 4, c. 4, n. 14; II, l. 5, tr. 10, p. 1, c. 1 n. 12: Liberi peccant quidem contra pietatem et reverentiam parentibus debitam, si ipsis insciis et inconsultis sponsalia temere contrahant. Sanchez, De s. matrimonii 4. c. 23. Busembaum, Theol. mor. VI, tr. 6, cap. 1, dub. 2 und III, p. 1, tr. 3, cap. 2, dub. 1.

[3] Tischreden 43, fol. 316: Der Kanon . . . „daß der ältern Authoritet | raht und will wol ehren halben möge dabey seyn | aber niht auß noth | daß es also seyn müsse . . . ist ein Gottloser Canon und der Canonisten wahn wider Gott“. Ähnlich fol. 318, 320; vgl. auch „Von Ehesachen“ Art. 1.

[4] So Wesenbek ad Dig. 23. 2, n. 3. Lauterbach ad. Dig. 23. 1 § 21, ad Dig. 23. 2 § 23; so auch Perneder fol. 11: Und wo also die kind wider | und on willen jrer eltern sich beheyraten | hette solcher heyrat kein krafft | . . .

[5] Dies der Standpunkt des Laienspiegels Bl. 41: Wölche kind nämblich di Sün under dreissig jarn und die töchter under fünffundtzwaintzig jaren, die in ihrer vatter unnd muter gewaltsam hynder jn oder jrn vormündern und durch dieselben unbestätet sich selbs verheyraten so seind an meer enden auß guter gewonhait die öltern nit schuldig jne ainich heyratgut zu geben.

Stellung die Mutter zum obligatorischen Konsens einnehmen sollte. Jure divino, erklärte man, sei zwar auch ihre Zustimmung erforderlich, aber jure civili doch nur die des Gewalthabers, weil man die Ehebewilligung als Ausfluß der väterlichen Gewalt betrachtete; man griff also auch hier, soweit es sich um gemeines Recht handelt, auf das katholische Auskunftsmittel zurück, indem man mütterlichen Konsens nur propter reverentiam, oder de honestate, nicht aber de necessitate verlangte.[1] Bei vaterlosen Kindern wurde dagegen der Konsens der Mutter auch neben dem der Vormünder regelmäßig verlangt.[2] Gewohnheitsrechtlich wurde auch bei Lebzeiten des Vaters von protestantischen Kirchenrechten Konsens der Mutter verlangt[3], und man verlangte den Konsens auch bei Kindern, die gar nicht mehr in der väterlichen Gewalt standen.[4]

---

[1] Wesenbek ad Dig. 23. 2 n. 3. Lauterbach ad Dig. 23. 1 § 21 i. f.; ad Dig. 23. 2 § 21 u. 25.

[2] Perneder fol. 12: So aber weder vatter noch anherrn im leben ist | so sollen alsdann die töchter mit und nach Rath jrer Muter und nechsten freund verheurat werden ... Ebenso Wesenbek l. c.

[3] Wesenbek l. c.: Moribus autem nostris utrorumque parentum suffragium in liberorum, praesertim minorum 25 annis, ... nuptiis contrahendis necessarium est nec absque eo contrahi possunt. Ähnlich Lauterbach ad Dig. 23. 2 § 23: Moribus hodiernis et jure consuetudinario adhuc parentum consensus est necessarius, ita tamen ut ... magis respiciatur ad reverentiam parentibus debitam quam ad patriam potestatem ... ex quo sequitur quod etiam matris consensus requiritur.

[4] Lauterbach l. c.; auch Perneder fol. 11: Doch wo dieselben persönen der vätterlichen ... gewalts nit bemüssiget wären | gebürt sich menschlicher | und natürlicher vernunfft nach | daß sie solche verehelichung | mit rath und willen derselben jrer eltern fürnemen. Vgl. über die ganze Materie die Auseinandersetzungen in Manzius Institutionenkommentar: ad pr. I. de nuptiis 1. 10, S. 89: Quarto requiritur de jure civili consensus parentum, ut illi qui contrahere volunt nuptias, consensum habeant parentum, quorum in potestate sunt. Für die Notwendigkeit des väterlichen Konsenses wird nun eine Reihe von rationes civiles und naturales angeführt. S. 90: Requirit autem Imp. ... eorum tantum parentum consensum, in quorum potestate sunt liberi. Ex quo a contrario infertur, quod matris et cognatorum consensus de jure civili non requiratur, sed tantum patris et avi ... Ratio est: quia licet una omnibus parentibus servanda sit reverentia tam patri quam matri; juxta illud decalogi: honora patrem et matrem ... tamen ratio civilis in matre cessat atque in solo patre et tamdiu donec filium in potestate habet obtinet. ... Itaque validae sunt nuptiae absque consensu parentum contractae sic ut liberos neque impedire neque cogere (nam coactae nuptiae plerumque tristes habent exitus), non tamen

In der Lehre von der Endigung der väterlichen Gewalt schloß man sich enger an das römische Recht an.[1] Sie dauerte regelmäßig auf Lebenszeit, eine Verheiratung des verwitweten Vaters beendigte weder die Gewalt, noch den Ususfructus.[2] Von einem Abteilungszwang ist keine Rede mehr. Das Institut der Emanzipation galt als rezipiert, wirklich vorgekommen scheint jedoch eine solche nur sehr selten zu sein, nicht nur weil die Pandektisten es behaupten, sondern vor allem darum, weil alle sich nur auf ein einziges Beispiel berufen: die Emanzipation des Grafen Löwenstein.[3] Dagegen blieb die deutschrechtliche Beendigung der väterlichen Gewalt durch Ausscheidung des Kindes aus dem Hause bestehen. Die Konstruktion machte Schwierigkeiten. Man versuchte anfänglich die väterliche Gewalt durch Verjährung erlöschen zu lassen[4], allein dies traf nicht zu, weil die Gewalt durch Ausscheidung sofort und nicht erst nach Ablauf einer längeren Zeit als erloschen galt. Man suchte nun die Ausscheidung als eine besondere Form der Emanzipation aufzufassen und diese Konstruktion, welche für das Sachsenrecht infolge einer Konstitution von 1572 als authentische

---

sunt licitae, sic ut filius contra quartum praeceptum peccet, qui parentis utriusque, tam patris quam matris consensum negligit. Lex enim divina ad jus naturae nos revocat, vult eundem honorem matri juxta ac patri exhiberi.

[1] So Lauterbach ad Dig. 1. 7 § 20ff.

[2] Siehe oben S. 125, Anm. 1. Perneder fol. 10. Das Übergangsstadium vom deutschen ins römische Recht zeigt der Laienspiegel fol. 43: Item wo aber das weib vor dem mann also gestorben wär | so mag er in aller hab unnd gutt seins weibs | die weil er lebt | sitzen | er verruck seinen wittiblichen stand oder nit | auch den genieß | mit ertzyehung und fürsehung der kind | daran haben. Also das die aigenschaft müterlicher hab den kinden beleib. Wölt aber das lebend eegemächt die kind alle oder ainßtails der abgestorben erbschafft in seinem leben entrichten | oder so es sein selbs leibs not auß rechter Eehafft zu bussen vermaint | das sol mit der kind vormünder willen und wissen fürgenommen und voltzogen werden | als gewonhait und recht ist.

Ehel. Gütergemeinschaft mit Halbteilung „auch nach jrem absterben dafür geerbt | mit vorbehalt dem belyben seinen beysitz und ander geding wie recht ist."

[3] Lauterbach ad Dig. I, 7 § 33: Hodie rarissima est Emancipatio. Stryk ad Dig. 26. 4 § 3: Interim rarius continget, ut parentes impuberes liberos suos a se dimittant. Exemplum, quod supra de Comite de Löwenstein adductum est, admodum rarum est. Siehe auch Kraut II, S. 643, Anm. 1.

[4] So meinte Perneder fol. 11 im Anschluß an die Glosse zu l. 1 C. de patr. pot. 8. 43.

Interpretation galt[1], erhielt gemeinrechtliche Geltung als emancipatio Saxonica oder Germanica.[2] Verehelichung der Tochter galt an sich zwar gemeinrechtlich nicht als Aufhebungsgrund der väterlichen Gewalt, allein nach Sachsenrecht bewirkte die entstehende Munt des Gatten das Ende der väterlichen Gewalt.[3]

Für die Mutter war die Wiederverheiratung notwendigerweise Ende der Vormundschaft über ihre Kinder, und damit auch die Veranlassung zu einer Auseinandersetzung mit den Kindern, wo eine solche bisher nicht stattgefunden hatte.[4] Die Erziehung, wie erwähnt, konnte ihr ausnahmsweise gelassen werden, außerdem beendigte die Großjährigkeit der Kinder wie jede andere Vormundschaft so auch die der Mutter.

Während so das gemeine Recht sich deutschen Rechtsgedanken gegenüber im allgemeinen recht spröde zeigte und vorwiegend römischen Ursprungs war, hat es sich doch in einem Punkt vom römischen Recht stark entfernt. Es ist das im Vormundschaftsrecht. Die Reichspolizeiordnung von 1548 brach entschieden mit dem Gedanken, daß die Vormundschaft ein Recht, eine Macht und Gewalt sei. Sie beseitigte den Unterschied zwischen Tutela und Cura, sie stärkte die Obervormundschaft, die zwar auch das römische Recht gekannt hatte, die aber, aus dem Königsschutz hervorgehend, nunmehr an Bedeutung wesentlich gewann.

Durch diese Neugestaltung des Vormundschaftsrechts erlangte die mütterliche Vormundschaft bis zur Großjährigkeit Ausdehnung. Der zweite Schritt, die Ausdehnung der vormundschaftlichen Auffassung auf die väterliche Gewalt und ihre Unterordnung unter die Ober-

---

[1] Const. elect. Sax. II, 10: Da sich Kinder, so zu ihren mündigen Jahren kommen, von dem Vater mit Anstellung ihrer eigenen Haushaltung und Nahrung, scheiden, daß alßdann solches für eine Emancipation zu achten und derselbigen Wirkung haben soll. Siehe hierüber Carpzovs Erläuterungen, namentlich def. 7 (oben S. 125, Anm. 1).

[2] Lauterbach ad Dig. I, 7 § 34. Stryk ad Dig. I, 7 § 18.

[3] Lauterbach ad Dig. I, 7 § 25. Carpzov II, 10, def. 2 u. 3.

[4] Laienspiegel fol. 43: Wo sy aber jren wittiblichen stand verendern oder sunst nit lenger bey den kinden im vätterlichen gut sitzen wolt | so sol man sy jrs heyratguts | unnd was jr von gewonhaytt oder Rechtswegen zugehörig oder verschriben ist | endtrichten. Carpzov II, const. 11, def. 42 u. 43. Siehe oben S. 128, Anm. 4 und 5.

vormundschaft wurde nicht gemeines Recht; wir werden ihr im nächsten Kapitel begegnen. Die väterliche Gewalt blieb römisch trotz der vielen deutschrechtlichen Verbrämungen, mit denen man sie verzierte.

Achtes Kapitel.

Das Partikularrecht vom XVI. bis in das XVIII. Jahrhundert.

Literatur: Stobbe, Handbuch IV (Kap. 4). — Gengler, Das deutsche Privatrecht in seinen Grundzügen. 4. Aufl. 1892. — Glück, Ausführliche Erläuterungen (Kap. 7). — Orelli, Das eheliche Güterrecht nach den Rechtsquellen der östlichen Schweiz (Ztschr. f. schweiz. Recht III, S. 3 ff., 83 ff.; VI, S. 3 ff. — Wächter, Handbuch des im Königreiche Würtemberg geltenden Privatrechts. 1. Bd. 1. Abt. 1839. — Roth, Bayerisches Civilrecht. 1871. — Roth und Meibom, Kurhessisches Privatrecht. 1858. — Heise und Cropp, Juristische Abhandlungen. 1827. 1. Bd. XVI. Gibt es nach deutschem und insbesondere nach frankfurtischem Recht eine potestas der Mutter über ihre Kinder? 2. Bd. XVI. Über die Vermögensverhältnisse der Eheleute nach den Grundsätzen des Hamburgischen Rechts. — Ogonowski, Österreichisches Ehegüterrecht. 1880. — Czyhlarz, Zur Geschichte des ehelichen Güterrechts im böhmisch-mährischen Landrecht. 1883. S. 126 ff. — Ruber, Beiträge zur Geschichte des Vormundschaftsrechts in Mähren. 1883. S. 164 ff. — Schenk, Die österreichische Vormundschaft im 16. und 17. Jahrhundert (in Haimerls Vierteljahrsschrift. XII. 1863). — Chorinsky, Das Vormundschaftsrecht Niederösterreichs. 1878. — Pfaff, Die potioris nominatio im österreichischen Vormundschaftsrecht. 1902. — Sartori-Montecroce, Beiträge zur österreichischen Reichs- und Rechtsgeschichte I. 1895.

Das gemeine Recht, abgesehen vom sächsischen, war, wie wir sahen, auch in unserer Materie, wesentlich römisch. Um so mehr hatte das partikuläre Recht deutschrechtliche Einrichtungen aufbewahrt. Die um die Wende des 15. Jahrhunderts rege werdende und das ganze 16. Jahrhundert hindurch rührige Territorialgesetzgebung, die allerdings in erster Linie sich der Polizei, dem Straf- und Prozeßrecht zuwendete, hat auf dem Gebiete des Familienrechts, namentlich des ehelichen Güterrechts, direkt konservierend gewirkt, indem sie manches, was bisher Gewohnheitsrecht war, kodifizierte, andrerseits aber auch echtes deutsches Recht einer durchaus entsprechenden, modernisierenden, mittelalterliche Beschränktheit abstreifenden Umgestaltung unterzog und das deutsche Recht dadurch fähig machte, der Rezeption des römischen Rechts die Spitze zu bieten. Während die „Reformationen“ der Stadt- und Landrechte im allgemeinen, besonders aber im Obligationen- und Erbrecht, bestrebt waren, das deutsche Recht zu verdrängen und das römische an seine Stelle zu setzen, haben sie im Familienrecht meist nur äußerlich, z. B. in der Terminologie, romanisiert, inhaltlich aber deutsches Recht erhalten und fortgebildet. Also nicht nur erhaltend, auch weiterbildend hat das Territorialrecht gewirkt und darin liegt seine Hauptbedeutung. Es hält die deutschrechtliche Tradition während einer Zeit wach, während der es nur eine römische Doktrin, nur römisch gebildete Richter gab, als die römischen Doktoren in den Fakultäten den weitreichendsten Einfluß auf die Praxis ausübten, bis nach dem dreißigjährigen Krieg Conrings und Grotius' Schüler die deutschen Rechtsgedanken wieder einer wissenschaftlichen Behandlung fähig machten, die einen von antiquarischen Studien ausgehend, anknüpfend an die Geschichte, die anderen aprioristisch konstruiered, anknüpfend an die im Rechtsgefühl des Volkes fortschlummernden deutschen Rechtsgrundsätze.

Daß aber das partikuläre Recht so viel deutsches Recht in sich enthält, ist nicht unbewußt geschehen. Oft entsprang es einer direkten Opposition der Stände gegen das römische Recht. Die Stände betrachteten das fremde Recht ebenso mißtrauisch wie dessen gelehrte Vertreter, durch die sie aus dem Rate der Landesherrn verdrängt wurden. Wo aber die Initiative zur Kodifizierung von oben ausging, wo Rechtsgelehrte den maßgebenden Einfluß darauf ausübten, wurde meistens das römische Recht stärker betont, das deutsche vernachlässigt und selbst vorhandenes Material verächtlich beiseite geschoben.[1]

Die Geschlechtsvormundschaft über Unverheiratete und Witwen erhielt sich nur auf sächsischem und schwäbischem Boden fort. Nicht nur, daß das gemeine Sachsenrecht daran festhielt und den Frauen, die früher nur der persona standi in judicio entbehrt

---

[1] Besonders charakteristisch hiefür ist die Entstehungsgeschichte des ersten Würtembergischen Landrechts. Wächter I § 35 u. 36.

hatten, auch die Verpflichtungsfähigkeit entzog[1], was durch eine kurfürstliche Konstitution ausdrücklich festgestellt wurde[2], sondern auch die partikulären sächsischen Rechte, namentlich das Lübecker[3] und Hamburger Recht[4] erklären Frauen für verpflichtungsunfähig. Die treffliche literarische Bearbeitung des Lübecker Rechts[5] durch Mevius bewirkte aber, daß der Inhalt der Geschlechtsvormundschaft, wo eine solche bestand, nach lübischem Muster bestimmt wurde. Eine ähnliche Geschlechtsvormundschaft bestand in Schwaben. Sie blieb im Gebiet des württembergischen Landrechts[6] und in zahlreichen kleineren Territorien schwäbischen Stammes, namentlich in den Reichsstädten[7] und vielen Schweizer Kantonen[8] erhalten. Auch die tirolische Landesordnung von 1532, sowie deren Neuauflage von 1603 bestimmt, daß Frauen zu allen rechtsverbindlichen Akten, die nicht reine Erwerbsakte für sie sind, der Zustimmung eines Anweisers bedürfen.[9]

Die Wahl des Geschlechtsvormunds (Vogts) stand der Frau regelmäßig frei, sie konnte zu jedem Akt, zu welchem ein Vogt nötig war, einen andern wählen, wo gerichtliche Bestellung gefordert wurde, war diese doch nur eine Bestätigung der von der Frau getroffenen Wahl. Dadurch wurde man dem vorgeblichen Zweck des Instituts, die Frau vor Unbesonnenheit und den Folgen der Unerfahrenheit zu schützen, den man nunmehr dem Institut unterlegte, kaum gerecht. Die Frau konnte, da sie ja den Vogt nur ad actum brauchte, stets den gefälligsten Vogt wählen, und ihn, wenn er nicht

---

[1] Siehe oben S. 118, Anm. 3.

[2] Const. elect. Sax. II, 15.

[3] Kraut II, S. 291 ff.

[4] Hamburger Statuten von 1603 III, 6. 21: Die Frauen können keine Sache fördern vor Gericht, noch Gut auflassen oder geben ohne Vormund. Siehe auch Stat. I, 9. 1. Vgl. Heise und Cropp, Juristische Abhandlungen II S. 459 ff. Ebenso die Henneberger LO. II, 3. 2.

[5] Ad jus Lubec. namentlich I, tit. 7.

[6] Würtemb. L.R. I, tit. 16 § 17; tit. 18 § 2; II, tit. 29. Wächter I § 65.

[7] Aufgezählt bei Roth, Bayer. Civilrecht I, S. 165.

[8] Orelli, Das eheliche Güterrecht nach den Rechtsquellen der östlichen Schweiz in der Ztschr. für schweiz. Recht III, S. 3 ff., S. 83 ff.; VI, S. 3 ff.

[9] III, tit. 56. Siehe auch III, 2 und III, 52. Über die Geschichte der Tiroler Landesordnungen siehe Sartori, Beiträge. Ebenso herrschte Geschlechtsvormundschaft in Salzburg. Roth, Bayer. Civilrecht I, S. 165. Siehe auch Rauriser Weistum (Siegel und Tomaschek, Salzburgische Taidinge, S. 204).

biegsam genug war, mit einem andern vertauschen. So wurde die Geschlechtsvormundschaft einerseits zu einer leeren Formalität, andrerseits zu einer Erschwerung und Gefährdung des Rechtsverkehrs, da der Mangel eines gehörig bestellten Vogts die Anfechtung der von der Frau eingegangenen Verbindlichkeiten nach sich zog.[1] Trotzdem erhielt sich die Geschlechtsvormundschaft vielfach bis ins 19. Jahrhundert[2] und die letzten Reste hat erst das bürgerliche Gesetzbuch für das Deutsche Reich beseitigt. Auf fränkischem und bayerisch-österreichischem Boden war die Geschlechtsvormundschaft schon seit dem Mittelalter verschwunden.[3] Es findet dort keine

---

[1] Wächter I, S. 464 f.

[2] So wurde die Geschlechtsvormundschaft in Würtemberg 1828, in Baden 1835, im Königreich Sachsen 1838, in Sachsen-Weimar 1839, in Neuvorpommern 1855, in den Gebieten Bayerns, wo sie noch galt (meist schwäbische Reichsstädte) erst 1861 aufgehoben. Kraut II, S. 321, N. 17; Roth, Bayer. Civilrecht I, S. 165; Förster, Preuß. Privatrecht I, S. 105, n. 26.

[3] Kurhessen: Roth und Meibom S. 125. Bayern: Bayer. Reformation von 1518 tit. 5, Art. 9 (gleichlautend mit Gerichtsordnung von 1514 tit. 4, Art. 9): Es mag ain yede fraw in sachen sy selbs oder Ir besonndere hab und guet berüerennd | persöndlich oder durch jren anwalld clagen | und hanndlen | in aller dermassen alls der man sein selbshalb thun mag | unnd in disen sachen mag sy der man on jren gwallt nit vertretten. Der Cod. Max. bav. I, 3. 2, n. 1 stellt die Geschlechter in Bezug auf Rechts- und Handlungsfähigkeit gleich. Roth I, S. 165. Österreich: Ogonowski S. 87. Chorinsky S. 417—427 weist das Fehlen jeder Geschlechtsvormundschaft für Niederösterreich nach. Die oberösterreichische Landtafel hebt in III, tit. 31 § 2 ausdrücklich hervor, daß jedermann schenken könne, „er sei mann oder weibspersohn". Über Testamente von Frauen siehe Ferdinands I. Alte Ordnung und Freiheiten der Stadt Wien 1526 (Cod. Austr. II, 489): „Nemblich ein jede Frau, sie sey verheurath oder Wittib, die mag auch inmassen hievor auff die Männer gestellt ihr Geschäfft thun (hier folgt eine unbedeutende Formerschwerung) auch mit den mündlichen Geschäfften wie oben bestimbt den Mannen zugeben ist, die Weibsbilder auch und nicht anders thun mögen. Dann mit den Jungfrauen so von Rechtens wegen schaffen auch denen, die mit Abreden auf künfftig ehelich zusammengeben und Beyligen verstrickt und ihr Vatter und Mutter mit Todt abgehen, und nicht mehr in der Gerhaben Handen sondern durch ihren versprochenen Haußwirth versehen seynd, dieselben mögen auch ... Geschäfft so vil sie daß Fug haben, machen und thun." Eine eigentümliche Reminiszenz an die Vormundschaft über Witwen findet sich in derselben Rechtsquelle (Cod. Austr. II, 487), indem Witwen, die ohne Zustimmung der Verwandten eine standeswidrige Ehe eingehen, ihren Anteil an der Fahrhabe zu Gunsten der Kinder resp. Verwandten des ersten Mannes verlieren.

In Böhmen und Mähren ist gleichfalls keine Geschlechtsvormundschaft

Minderung der Handlungsfähigkeit infolge des Geschlechts statt und es ist den Frauen auch die volle Prozeßfähigkeit zuerkannt.

Fast überall aber, mochte nun Geschlechtsvormundschaft bestehen oder nicht, wurde das S. C. Vellejanum rezipiert und zum Teil partikularrechtlich fortgebildet, indem die Bestimmung des kanonischen Rechts, daß ein eidlicher Verzicht auf die exceptio S. C. Vell. zulässig sei, vielfach in eine bloße Certiorationspflicht sich verwandelte.[1]

Die ehemännliche Gewalt hat im allgemeinen das Schicksal der Geschlechtsvormundschaft geteilt, sie hört meist auf, eine Schranke der Handlungsfähigkeit zu sein und beschränkt sich auf Leitung der ehelichen Gemeinschaft. Im persönlichen Verhältnis der Ehegatten finden es nur wenige Rechte mehr am Platze, dem Mann das Züchtigungsrecht zu geben.[2] Vielfach aber, und nicht bloß dort, wo Geschlechtsvormundschaft herrscht, ist die Frau prozeßunfähig und verpflichtungsunfähig[3], während anderwärts die Ehe-

vorhanden. Dort hat sich sogar aus dem slavischen Recht die Fähigkeit der Frauen (nicht bloß der Mutter) zur Vormundschaft erhalten. Stadtrecht D. 7, mähr. L.O. fol. 161, Vorm.-Ordnung für den böhm. und mähr. Herrenstand 3. Art. 3 § 5, Vorm.-Ordn. für den mähr. Bürgerstand Art. 10 § 9. Ogonowski S. 86. Ruber S. 176 ff., 199.

[1] Neben der Geschlechtsvormundschaft, z. B. in Hamburg und Lübeck. Heise und Cropp, Juristische Abhandlungen I, S. 144—162. Hamburger Stat. III, 6, art. 5. Ohne Geschlechtsvormundschaft, z. B. Bayer. L.R. (1616) 1, art. 14. Niederösterr. Landtafel II, 18. Oberösterr. Landtafel III, 26 § 2: „Den Frauen und weibsbildern ihrer blödigkhait und weiblichen schwachhait halber." Die spezielle Ausgestaltung in Niederösterreich bei Chorinsky S. 424 ff., in Würtemberg: Wächter I, S. 465. Bayern: Roth I, S. 165. Böhmen: LO. M. 41, Mähr. LO. fol. 158. Stadtrecht J. 22.

[2] Böhmisches Stadtrecht C. 45 gestattet der Frau vom Ehemann „wegzugehen", „weil ihr der Ehemann mit unmässiger Straff Ursach darzu gegeben". Cod. Max. Bav. I, 6. 12, n. 2: Insonderheit wird der Ehemann für das Haupt der Familie geachtet, dahero ihm seine Fran nicht nur in domesticis subordiniert und untergeben, sondern auch zu gewöhnlich und anständigen Personal- und Hausdiensten verbunden ist, wozu sie von ihrem Mann der Gebühr nach angehalten und benöthigenfalls mit Mäßigkeit gezüchtigt werden mag. Vgl. Roth I, S. 293. Hamburger Stat. IV, 48; vgl. Heise und Copp, Juristische Abhandlungen II, S. 467.

[3] So vor allem im Gebiet des sächsischen Rechts. Const. elect. Sax. II, 15: „Der Mann in allewege seiner Frauen rechter Vormund ist". Hamburger Stat. I, 9. 5; III, 6. 9 und 21 in fine. Heise und Cropp II, S. 466 ff. Auf bayrischem Boden hat sich in nur wenigen Statuten eine eheliche Vormundschaft erhalten. Roth I, S. 165. Nach würtembergischem Recht (Wächter I,

frauen diesen Beschränkungen nicht unterliegen und nur durch das eheliche Güterrecht Einschränkungen in ihrer Dispositionsfähigkeit erleiden.[1] Die Güterrechtsordnungen des Mittelalters wurden fast unverändert beibehalten, das gemeine Dotalrecht galt wohl subsidiär, doch kam es infolge der auf diesem Gebiete besonders fruchtbaren partikulären Rechtsbildung nur selten zur praktischen Anwendung.

S. 461) war der Mann Vormund seiner Frau, jedoch konnte diese für Dispositionen über ihr Vorbehaltsgut (recepticia) einen besonderen Vogt haben. In der Schweiz ehemännliche Vogtei. Orelli a. a. O. Eine successive Fortentwicklung in dieser Richtung zeigt das bayerische Landrecht. Die Reformation von 1518 erklärt die Ehefrau noch schlechthin für veräußerungsunfähig. Tit. 44, Art. 9: Es hat kain fraw macht | on jres manns willen unnd wissen jchts mercklichs zu verkauffen. Wo es aber beschähe | so hat es doch nit krafft. Und der man mag alßdann sölichen kauff wol widersprechen. Das Landrecht von 1616 beschränkt diese Unfähigkeit auf dasjenige Vermögen der Frau, das sie dem Manne zugebracht hat und nimmt die recepticia ausdrücklich davon aus. (Tit. 1, art. 16.)

[1] Der Cod. Max. Bav. kennt Beschränkungen der Handlungsfähigkeit von Ehefrauen nur soweit, als die besondere Form des Güterrechts eine solche bedingt (I, 6. 12 n. 4) vgl. Roth I, S. 293. Ebenso gibt es in Kurhessen keine Ehevogtei; Beschränkungen nur infolge des Güterrechts (Roth und Meibom S. 342, 378). Das gleiche gilt von Böhmen und Mähren. Wenn man dort auch sagt, die Frau sei in Macht und Gewaltsam des Mannes, so bezieht sich dies doch nur auf dessen unbeschränktes Verfügungsrecht über das Heiratsgut, die Frau bleibt prozeßfähig und für ihr anderweitiges Vermögen verpflichtungsfähig. Der Mann hat daran nur Rechte, wenn und soweit ihm die Frau solche einräumt. St.R. D. 4, F. 52. Böhm. L.O. M. 45. Czyhlarz, Eheliches Güterrecht im Böhmisch-Mährischen Landrecht, S. 131. Ruber S. 179 f. Vgl. Ogonowski S. 66 und 86. Auch in Österreich gab es keine ehemännliche Vormundschaft mehr. (Nachgewiesen von Chorinsky S. 428—440.) Ogonowski S. 100. Im Gegenteil, die unvogtbare Frauensperson wird von der Vormundschaft durch Verehelichung frei. So die Wiener Freiheiten 1526 (Cod. Austr. II, S. 490). Die Gerhabschaftsordnung von 1669 Tit. 16 § 4: Wann sich ein Pupill Manns- oder Weibspersohn vor obbemeldter Zeit verheurathet (nämlich 22 resp. 20 Jahre) ... wird sie auch der Gerhabschaft entbunden. Dispositionsbefugnisse der Frau über Paraphernalgut Niederösterr. Landtafel II, 28 § 26, über das Heiratsgut bei Abrede auf gesamte Hand ebenda § 56 u. § 5; über die Ehevogtei siehe auch unten S. 139, Anm. 2. Zessionen zwischen Eheleuten Niederösterr. Landtafel II, 20 § 13. Beckmann, S. 114 ff., Art. Dos. Prozeßfähigkeit: Oberösterr. Landtafel II, tit. 8 § 8: Zum vierten, chein weib wierdt zuegelassen anstatt ihres manns zu clagen und demeselben zu vertretten, es seie denn sach, daz sie ihres oder ihrer kinder einigen interesse halb darzu verursacht worden ... Siehe auch Bayer. Reformation tit. 5, Art. 9 (oben S. 136, Anm. 3), 10 und 11.

Überall bleibt eine stärkere Einwirkung des Mannes auf das Vermögen der Frau zurück, als sie das gemeine Recht kennt. Neben der Dos, die des Mannes Eigentum ist, teilen ihm viele Partikularrechte auch Verwaltung und Nießbrauch an den Paraphernen zu, und lassen der Frau Verwaltung und Genuß nur an den Gütern, die sie sich ausdrücklich vorbehielt (recepticia).[1] Selbst da, wo der Frau das Recht zuerkannt wurde, ihr Gut selbst zu verwalten und zu genießen, statuierte man bis zum Beweise des Gegenteils eine Vermutung dafür, daß die Frau dieses Recht dem Manne überlassen und ihn von einer Rechnungslegung befreit habe.[2] Stärkere Beschränkungen der Frau bringen natürlich die verschiedenen Formen der Gütergemeinschaft hervor. Meist ist dem Manne ein weitgehendes

---

[1] Dies wurde von manchen sogar für gemeines Recht gehalten. Suarez i. d. Jahrb. f. die Preuß. Gesetzgbg. 41, S. 110: Nach allgemeinen deutschen Gewohnheitsrechten . . . (ist) der Mann legitimus administrator et usufructuarius des Paraphernal-Vermögens der Frau, insofern sie sich nicht über eins oder das andere Vermögensstück facultatem disponendi vorbehalten. Dies galt z. B. in Bayern Cod. Max. Bav. I, 6. 22; in Tirol LO. 3. 1. Die Disposition über die Paraphernen steht dem Manne jedoch nicht zu. Cod. Max. I, 6. 26. Nürnberger Ref. 28. 2. Mainzer LR. 23. 7 (Roth I, S. 352 ff.).

[2] Sehr starke Annäherung an das Dotalrecht weist das österreichische Recht auf und doch, welchen Widerstand leistet der „Landsbrauch" gegen das römische Recht! Niederösterr. Landtafel II, 28 § 59 äußert sich hierüber folgendermaßen: Deren haab und gueter, welche ein ehefraw uber ihr zugebrachtes heuratguet vermag, ihr auch bei der heuratsabredt frei und ledig vorbehalten, mag sich ein ehemann als seiner ehefrauen volmechtiger ehevogt mit der administration oder verwaltung dem lantsbrauch nach wohl mechtigen, doch das er nit geringer treu und vleiß brauch als mit seinem aignen haab und güetern, sonsten stünd ihme die verantwortung und abtrag aller erlittnen schäden zu. do ihme aber seine ehefraw solche verwaltung nit vergunstigen wolt, soll er derselben absteen. was aber solche vorbehaltne gueter ertragen das gehört der ehefrauen oder ihren erben aigenthumblich neben den haubtguetern zu, es were dann sach das die ehefraw solche fruchtgeniessung ihrem ehewirt zu besserer underhaltung des ehestants guetwillig ervolgen liesse, alßdann ist er von restitution oder abtrag derselben allerdings entbunden, doch das er solchen geniess zu chonlicher notturft braucht und sonsten nindest anwende. es solle auch umb solche vorbehaltne haubtgueter des ehemans haab und gueter der ehefrauen verpfendt sein aus befreiung der rechten. Im 17. Jahrhundert ist in Österreich bereits Genuß und Verwaltung des Mannes auf dem Gut der Frau auf das beschränkt, was diese ihm vertragsmäßig als heiratsgut bestellt oder sonst zur Nutzung überläßt. Ogonowski S. 91 ff.

Dispositionsrecht eingeräumt, welches der Frau versagt ist.[1] Hin und wieder ist allerdings auch der Mann in den Dispositionen über sein eigenes Vermögen an die Zustimmung der Frau gebunden.[2]

In der Auffassung der väterlichen Gewalt gelangte seit Beginn der Neuzeit ein Entwicklungsprozeß zum Abschluß, der im Mittelalter bereits begonnen hatte und sich nunmehr auf dem Gebiet des partikulären Rechts fortsetzte. Man übertrug den ideellen Inhalt der Vormundschaft, wie sie sich seit dem 13. Jahrhundert entwickelt hatte, auf das Verhältnis des Vaters zu den Kindern.[3] Der Grund der väterlichen Gewalt wurde in dem Schutzbedürfnis der Kinder, in dem Mangel der Handlungsfähigkeit erblickt, Zweck der Gewalt ist die wirksame Gewährung des Schutzes. Die nächste Konsequenz war, daß die staatliche Obervormundschaft auf das Ver-

---

[1] Am weitesten geht hier das Hamburgische Recht, welches nicht einmal zur Veräußerung von Immobilien der Frau deren Zustimmung fordert. Heise und Cropp II, S. 487. Die verschiedenen bayerischen Statuten siehe bei Roth I, S. 342 ff.

[2] So in Nürnberg, wo kein Ehegatte für sich allein verpflichtungsfähig war. Nürnb. Ref. 28. 1: Es hat auch ihr keins Macht außerhalb des andern und on desselben Wissen und Willen ainiche Schulden zu machen und zu verschreiben etc.

[3] Dabei unterlief den Theoretikern des Statutarrechts allerdings der Irrtum, im deutschen Recht sei die väterliche Gewalt von jeher ein auf Schutz berechnetes Institut gewesen. So begründet der für die österreichische Rechtsgeschichte so wichtige Vossius (§ 207) aus Tacitus, daß die väterliche Gewalt bei den Germanen longe mitiorem quam Romanorum fuisse, wobei er natürlich die lex Wisigothorum nicht vergißt, ubi ... et matri in liberos potestas communis cum patre tribuitur. Ex illis autem Germanorum moribus — fährt er fort — id patere existimo illos patriam potestatem tanquam tutelam, quam suorum sibi gerendam quisque intelligit considerasse. Ista autem tutela per verbum „mundium“ exprimebatur: unde „Vormundschaft“ defluxisse videtur, quod quasi pro alio loqui, senalium verbis defendere significat ... Fuit itaque patria potestas id fere, quod tutela Romanorum (§ 208). (Über die Etymologie von „mundium“ siehe oben S. 60, Anm. 1.) Considerato hoc patriae potestatis origine nec non hodierno jure civitatum illam definimus, quod sit potestas tanquam capiti familiae competens liberis imperandi, quae recta sunt, cum officio illos alendi, tuendi, instituendi et saluti illorum prospiciendi conjunctum. (§ 209). Während hier die Definition aus dem alten deutschen Recht und dem geltenden Recht abgeleitet wird, geschieht dies in der zweiten Auflage (1774) aus dem Naturrecht, indem dort der § 209 beginnt: Illam itaque ex praeceptis Ethices definire licet, quod sit etc.

hältnis des Vaters zu den Kindern den gleichen Einfluß zu gewinnen strebte, den sie auf das Vormundschaftsverhältnis nahm. In dieser neuartigen Auffassung wich das deutsche Recht vom römischen stark ab, dieses hatte wohl in der Vormundschaft den gleichen Schutzgedanken wie das deutsche Recht zu verwirklichen versucht, die väterliche Gewalt aber trotz manches obrigkeitlichen Eingriffs als unantastbares Privatrecht des Vaters betrachtet. Die moderne Auffassung blieb daher auf das Partikularrecht beschränkt. In diesem ist aber eine eigentümliche Tendenz zu bemerken. War es dem mittelalterlichen Recht eigentümlich gewesen, das ganze öffentliche Recht privatrechtlichen Kategorien zu unterwerfen und alle Verhältnisse einer privatrechtlichen Auffassung zu unterziehen, so ist seit der Neuzeit, im Zusammenhang mit dem Umschwung in den staatsrechtlichen Theorien das Umgekehrte der Fall. Auch in rein privatrechtliche Verhältnisse dringen öffentlichrechtliche Gedanken ein, die Kompetenz des Landesfürsten, der früher fast nur vertragsmäßig von den Ständen bewilligte Rechte hatte, und dafür diesen Gegenleistungen zusichern mußte, erweitert sich zur absoluten Fürstengewalt, die sich nicht scheut, in alle Verhältnisse einzugreifen, um den ihr vorschwebenden Zweck, mochte dieser nun eine Herrscherlaune oder das allgemeine Beste sein, herbeizuführen. Die römische patria potestas paßte schlecht zu diesen Anschauungen. Man sah sie immer mehr als ein fremdartiges, zu den modernen Anschauungen in einem Mißverhältnis stehendes Institut an, und der allgemeine Zug, zu schablonisieren, ging dahin, väterliches Recht, mütterliches Recht und eigentliche Vormundschaft einander gleich zu machen. War es vorher eine bevorzugtere Stellung der Mutter infolge des Beisitzes gewesen, was ihr eine Art Gewalt über die Kinder gegeben und sie über die Mutter des römischen Rechts erhoben hatte, so ist es jetzt die Veränderung der väterlichen Gewalt, was den Vater unter den römischen paterfamilias herabdrückt. Mehr als eine Stärkung und Vermehrung der Rechte der Mutter ist die Einengung der Rechte des Vaters der Grund einer fast völligen Gleichstellung der Eltern.

Bei dieser großen Verschiedenheit zwischen der modernen, einer konsequenten Fortbildung des deutschen Rechts entspringenden und der dem römischen Recht entlehnten Auffassung der väterlichen Gewalt schien es von Anfang an fraglich, ob die Gewalt, welche die partikulären Rechte kennen, mit der römischen identisch sei, ob sie die römische patria potestas rezipierten.[1] Für die Bejahung der Frage sind im allgemeinen die Pandektisten[2], ihre Argumente sind die Rezeption der Bezeichnung „väterliche Gewalt“, sowie einiger Folgen der römischen Gewalt, die wir oben (S. 124ff.) kennen gelernt haben. Aber auch diejenigen, welche die Rezeption der römischen Gewalt behaupten, müssen zugeben, daß diese im modernen Recht den einschneidensten Veränderungen unterlag nach zwei Richtungen, erstens in der Auffassung als Vormundschaft im heutigen Sinne, und zweitens durch Ausscheidung gewisser Befugnisse zu Gunsten der Mutter.[3]

Daß ein Partikularrecht die römische väterliche Gewalt ausdrücklich rezipiert, ist selten. In dieser Beziehung ist außer der (Note 2 dieser Seite) zitierten kursächsischen Konstitution das bayerische Landrecht von 1616 hervorzuheben, welches offenbar unter Perneders Einfluß eine Exemplifikation der Befugnisse des Vaters zu geben versucht, allein gerade durch diese taxative Aufzählung von Rechten einen ganz andern Begriff als den römischen aufstellt.[4] Meist ist die väterliche Gewalt gar nicht definirt, sie wird nur ge-

---

[1] Verneint hat diese Frage Thomasius, De usu practico tituli Institutionum de patria potestate. Halle 1712.

[2] So Stryk ad Dig. 1. 6 § 4 mit besonderer Beziehung auf Const. elect. Sax. II, 10: Weil in den Sächsischen Rechten nirgend zu befinden, daß die Vätterliche Gewalt insonderheit auffgehoben, so bleibet auch dieselbe nochmals nicht unbillich bestehen. Lauterbach ad Dig. I, 6 § 7 in fine mit besonderer Beziehung auf das Würtemb. Landrecht II, tit. 28 und III, tit. 12.

[3] So Kraut II, S. 618. Roth und Meibom, Kurhessisches Privatrecht, S. 472. Roth, Bayer. CR. I, S. 418.

[4] Bayer. LR. III, 1: Der Vätterlich Gewalt ist ein Recht | welches ein Vatter | oder Anherr | so dem Römischen Reich underworffen | gegen seinen Eheleiblichen Kindern oder Sohns Kindern und Enigcklein | oder auch angewünschten Kindern | zu latein adoptivi genant | hat | daß dieselbige | ohne sein bewilligung | von jemanden kein Gelt | oder anders | für sich selbs | entlehnen | noch vor Gericht erscheinen | auch kein ordenlich Testament | wann der Vatter gar darein bewilliget | machen | sondern allein mit seiner bewilligung ein schanckung von Todts wegen thun könden. Item und daß der Vatter die Nutzniessung hat | in seiner Kinder angefallenem Mütterlichem oder anderm Guet | außgenommen was ein Kind durch Krieg | oder lehrung freyer Künsten erobert | zu Latein peculium Castrense, vel quasi Castrense genannt | von welchen Gütern sie dann auch unverhindert deß Vätterlichen Gewalts testiern könden.

legentlich erwähnt und dann so, daß man meist nicht weiß, in welchem Sinne sie gemeint ist.[1] Es kommt aber auch vor, daß das geltende Recht trotz der Bezeichnung „väterliche Gewalt" die deutschrechtliche väterliche Vormundschaft meint[2], oder daß direkt gegen das römische Recht polemisiert wird.[3] Die Frage, die angesichts dieser völligen Umgestaltung des Charakters der väterlichen Gewalt auftaucht, ist nun, ob nicht der Mutter eine gleiche vormundschaftliche Gewalt zustehe und man daher eigentlich von einer elterlichen Gewalt sprechen müsse. Tatsächlich sprechen die Rechtsquellen der neueren Zeit oft von einer Gewalt der Eltern, die sie im Gegensatz zur Gewalt der Vormünder stellen, und tatsächlich hat es in der Theorie seit dem Beginn einer Wissenschaft des deutschen Rechts nicht an Stimmen gefehlt, die eine materna potestas als deutsches Rechtsinstitut lehrten.[4]

Allein in erster Hinsicht ist große Vorsicht am Platze. Der Ausdruck Eltern bedeutet durchaus nicht immer Vater und Mutter, sondern oft Aszendenten überhaupt, oft die väterlichen männlichen Aszendenten, also Großvater, Urgroßvater, kurz diejenigen, welche nach römischem Recht Gewalthaber sein können.[5]

Wesentlich römisches Recht enthält auch das Freiburger Stadtrecht von 1520, das Werk Ulrich Zasius', so z. B., daß Söhne unter väterlicher Gewalt miteinander nicht kontrahieren können (fol. 45).

[1] Chorinsky S. 373 f.

[2] So z. B. in der Tiroler LO. von 1603, III, 59, wo plötzlich der Name „väterliche Gewalt" in ganz unrömischem Sinne auftaucht. Freiheiten der Stadt Wien von 1526 (Cod. Austr. II, 487) siehe unten S. 148, Anm. 1.

[3] So in der niederösterr. Landtafel III, 2 § 15: Wann ein suhn oder tochter under ihres vattern gewaltsamb ist, so geben die kaiserlichen rechten nit zu, das solche kinder ihr haab und gueter ihres gefallens verschaffen mögen, aber dem landtsbrauch nach ist ihnen, do sie anderst vogtbar, das testiren sowohl als andern freien persohnen zugelassen. Über die Auffassung der väterlichen Gewalt als Vormundschaft siehe Chorinsky S. 376 ff. Roth und Meibom S. 472, 485, 496. Roth I, S. 418, 445. Ruber S. 164 ff.

[4] So schon Beyer, Delineatio juris Germ. lib. 1, cap. 26 §§ 69—71; namentlich Rothhahn, Dissertatio de potestate materna in liberos ex Germanorum legibus et more, Göttingen 1772. Banniza siehe unten S. 144, Anm. 1.

[5] Heise und Cropp II, S. 297. Kraut I, S. 260. Chorinsky S. 77. Goldenring S. 659. Roth I, S. 484. Siehe auch Cod. Max. I, 4 § 3 und § 42 des österr. allg. bgl. Gesetzbuchs. Schon bayer. Reform. tit. 46, a. 3: „Wie

Dagegen lassen zahlreiche Stellen keinen Zweifel übrig, daß man der Mutter eine Gewalt zuschreibt, die der väterlichen gleich oder doch ähnlich ist.[1]

---

vatter und muetter und annder Elter jre kind erben. Ein Beispiel dafür, daß die Mutter unter den Eltern nicht verstanden wird, ist Nürnb. Ref. 39. 2. 1: Ein jeder Vater Anherr und andere Eltern haben das Recht ... solche Macht und Freiheit hat auch die Mutter und Anfrau, so sie ihre Kinder zu Erben einsetzet. Vgl. dazu Würtemb. LR. III, tit. 12: „Die Mütter und andern Eltern von der Mutter Linie her . . .“ Streitig ist namentlich die Bedeutung in Reichspolizeiordnung 1577, tit. 32. 1: „Da ihnen von ihren Eltern in Testamenten oder letzten Willen nit verordnet“ (nämlich Vormünder) vgl. unten S. 154, Anm. 1.

[1] Es mögen hier einige Beispiele genügen, von einer auch nur annähernd vollständigen Aufzählung kann keine Rede sein. Mühlh. Stat. B. 4, Art. 31 § 1: Obwohl in denen Römischen Rechten die Gewalt über die Kinder und Enkel, Söhne und Töchter bloß denen Vätern und väterlichen Anherren gegeben und die Mütter darvon gänzlich ausgeschlossen werden; wir aber dennoch wahrgenommen, daß unsre alte Willkühr und bisheriger Stadtgebrauch hierinnen unter Vatter und Mutter keinen Unterscheid gemachet, ausser daß dem Vater als Haupt der Familie der Vorzug, wie die Verwaltung oder Administration der gemeinschaftlichen Güther, also auch in Erziehung der Kinder gegönnet worden; also lassen wir es auch dabei vor jetzo bewenden, und wollen daß so wohl die Mutter als der Vater Gewalt über ihre Kinder haben soll. — Bamberger LR. von 1769, S. 14 § 2: Die elterliche Gewalt und Rechten stehen zwar bei Lebzeiten beider Eheleute dem Vater vorzüglich zu, jedoch ist das Weib oder Mutter — nicht gänzlichen davon ausgeschlossen, also zwar daß sie in nachfolgendem ihrem Wittibstand die nämliche elterliche Gewalt, wie diese vorhero dem Mann und Vater zugestanden ist, fortzusetzen befugt sein soll. Eisenacher Statuten I, 4, Art. 2: Stirbt eines der Eheleute, so ist das Überlebende Herr der Kinder und Güter aller. Bayer. Reform. 49. 4 siehe unten S. 148, Anm. 1. Salzburgische und Tirolische Weistümer, Bayer. Polizeiordnung siehe unten S. 147, Anm. 2. „Gewalt der Eltern“ findet sich erwähnt im Mainzer LR. tit. 30 § 2; Frankfurter Reformation III, 8, 9. Tiroler LO. 3. 2; 3. 3; 3. 36. „Jugend, so noch in ihrer Eltern oder fürgesetzten Gerhaben und Tutoren Gewalt und Sorg“, Personen, „welche sich unter ihrer Eltern, Gerhaben oder Befreundten Macht“ befinden. Sog. Senatus Consultum Macedonianum Rudolfs II. von 1589 (Cod. Austr. II, 297), siehe auch niederösterr. Landtafel II, 8 § 1 unten S. 151, Anm. 2. Die oberösterr. Landtafel (III, 1 § 6) spricht von den „eltern und iren kindern, die sie noch bei sich in iren heüßern, irem broth und völligen gwalt haben“, Grenek, Theatrum jurisdictionis Austriacae, Wien 1752, S. 273 von „einem minderjährigen und in Vätterlichen Gewalt oder Mütterlichen Brod noch stehenden Sohn oder Tochter;“ S. 275 von einem Kind, das „vor seiner Vogtbarkeit aus dem Vätterlichen oder Mütterlichen Brod“ geht. Banniza Disquisitio de Analogia juris germanici

Gegen die deutschrechtliche Theorie hat sich aber Widerspruch erhoben.[1] Man wies nach, daß das ältere deutsche Recht eine mütterliche Gewalt nicht gekannt habe, man wies namentlich nach, daß eine solche mit der Geschlechtsvormundschaft unvereinbar sei, man bewies, daß sich aus Ssp. I, 11 weder eine Vormundschaft der Mutter nach des Vaters Tode, noch eine mit diesem konkurrierende mütterliche Gewalt nachweisen lassen. Dies alles ist vollkommen richtig, die elterliche Gewalt ist kein altgermanisches Institut, sie ist ein Ergebnis eines modernen Entwicklungsprozesses, der sich in den letzten Jahrhunderten ziemlich unbeachtet von der Wissenschaft, die sich offiziell nur mit dem gemeinen Recht befaßte, vollzogen hat.

Eine Ausgleichung mit dem römischen Recht versuchte man ganz im Geiste der Scholastik durch eine Distinktion. Statt einzugestehen, daß die römische potestas für moderne Verhältnisse unanwendbar sei, suchte man sie durch eine Ausscheidung gemeinsamer Elternrechte zu retten.[2] Man unterscheidet Elternrechte, die beiden Teilen gemeinsam sind, und die väterliche Gewalt, welche alle diejenigen Befugnisse umfaßt, die der Mutter während der Dauer der Ehe nicht zustehen. Im Grunde genommen ist diese väterliche Gewalt nichts als die Leitung der gemeinsamen Angelegenheiten, die Direktorialstellung des Mannes. Aber um die Ruine der römischen potestas zu stützen, scheute man die künstliche Konstruktion nicht. Der Vater hat nach dieser Theorie, die das preußische und öster-

---

civilis communis cum jure provinciali Austriaco etc. quoad tutelam Wien 1761. S. 28: Matri non minus competit in liberos potestas quam patri, adeoque in sensu Juris Germanici stricto non patria sed parentum potestas dicitur. Haec vero potestas, cum etiam in mundio seu tutela consistat, viventibus parentibus communis est, uno vero conjuge mortuo superstiti sola remanet. Zahlreiche bayerische Statuten, die die mütterliche Gewalt anerkennen, mit Quellenzitaten bei Roth I, S. 453 ff.

[1] Zuerst von Pufendorf, Observ. jur. I, obs. 98 § 14. Heise und Cropp I. XVI: Gibt es nach deutschem und insonderheit nach frankfurtischem Rechte eine potestas der Mutter über ihre Kinder, S. 283—313. Kraut II, S. 681 ff. Roth und Meibom S. 472. Roth, Bayer. CR. I, S. 419, vgl. S. 452 ff. Förster, Preuß. Privatrecht IV, S. 132.

[2] Über diese Unterscheidung siehe Roth und Meibom S. 472. Roth, Bayer. CR. I, S. 457. Glück, Ausführliche Erläuterungen ad Dig. 1. 6, 2. Bd. § 137 u. 138. Über das österreichische Recht siehe meinen Vortrag: Die Stellung der Frau innerhalb der Familie. Wien 1903, S. 22 f.

reichische Recht adoptiert haben, Elternrecht + väterliche Gewalt, die Mutter nach dem Tode des Vaters Elternrecht + Vormundschaft. Daß diese Distinktion weder dem römischen noch dem älteren deutschen Recht, noch auch dem modernen Rechtsbewußtsein entsprach, welche alle von einer solchen Unterscheidung nichts wissen, verschlug nichts. Sie erhielt sich fort, bis das bürgerliche Gesetzbuch von 1896 die elterliche Gewalt an ihre Stelle setzte. In Österreich ist sie heute noch geltendes Recht.

Eine ganz ähnliche Entwicklung hatte das elterliche Recht in Frankreich erfahren. Während im Süden im Geltungsgebiet des droit écrit die patria potestas des römischen Rechts galt[1], hatte sich im Norden, aus dem vermögensrechtlichen Gemeinschaftsverhältnis ganz wie in Deutschland eine Teilnahme der Mutter an der Hausgewalt herausgebildet; nur fand nicht die störende und eine normale Entwicklung kreuzende Vorstellung von einer heute noch geltenden absoluten Familiengewalt des Vaters statt, wie dies nach der Rezeption in Deutschland der Fall war. So kam die Theorie bereits im 17. Jahrhundert zu den zwei Regeln des coutumiären Rechts: 1) Droit de puissance paternelle n'a lieu, 2) les enfants sont en la vourie et mainbournie de leurs père ou mère, soit francs ou serfs, majeurs ou mineurs.[2] Die elterliche Gewalt ist im 18. Jahrhundert bereits ein ganz unbezweifelter Bestandteil[3] nordfranzösischen Rechts und ist von da in den Code civil übergegangen.

Zu den unbestrittenen Elternrechten gehört das Erziehungsrecht. Allgemein wird der Mutter ein Einfluß auf die Erziehung gewährt, man läßt sie am Züchtigungsrecht teilnehmen, ebenso ist ihr Einfluß auf die Bestimmung des Religionsbekenntnisses der Kinder an-

---

[1] Beispiele hiefür aus den Statuten von Bordeaux und Marseille bei Salis S. 151.

[2] Antoine Loysel († 1617), Institutes coutumières ed. Dupin et Laboulaye 1846, I, règle 55 & 177.

[3] „Notre puissance paternelle (!) est commune au père et à la mère.“ Pothier († 1772) Kommentar zur Coutume von Orléans § 1 n. 3. „. . . Puisque les mères ont leur part de la charge des enfants, il etoit juste aussi, qu'elles participassent à la puissance paternelle.“ Fleury, Précis historique du droit français I, 225. Über die französischen Juristen siehe Brunner, Überblick über die Geschichte der französischen, normannischen und englischen Rechtsquellen in Holtzendorffs Encyklopädie § 8.

erkannt.[1] Ordnung im Hause aufrecht zu erhalten ist sowohl Vater als Mutter verpflichtet.[2] Der Einfluß der Obervormundschaft ist bedeutend, namentlich in religiöser Hinsicht war während und nach der Reformationszeit hierin den Landesherrn weitgehende Ingerenz gegeben.[3] Auch der Eintritt in ein Kloster gehört hierher.[4]

Zur Verehelichung verlangen die Partikularrechte regelmäßig den Konsens beider Eltern; allerdings gibt bei Dissens die Stimme des Vaters den Ausschlag und der vormundschaftliche Charakter des Elternrechts bringt es mit sich, daß bei ungegründeter Ver-

---

[1] Glück II, S. 259 ff. Kraut II, S. 621. Beseler § 135. Stobbe IV, § 252. 2. Roth, Bayer. CR. I, 438. Roth und Meibom S. 485 f. 489. Cod. Max. Bav. I, 4 § 3: Die Eltern sollen ihre Kinder christlich und ehrlich ... erziehen, mögen sich auch hierunter nöthigen Zwangs und allenfalsiger Züchtigung ... gegen sie gebrauchen .... Böhm. Stadtrecht D. 41.

[2] Z. B. Haftung für Delikte der Kinder. Weisthum von Haunsberg (Salzburgische Taidinge von Siegel und Tomaschek, Wien 1870, S. 55): "bschiecht aber sölchs von ainem kind (nämlich ein Delikt) und kumbt nach der that wiederumb in seines vattern brot, so ist vatter und mueter fur ir kind schuldig zu antworten, kombt aber das kind nach der that nicht in seines vattern oder mueter brodth, so ist auch ir kains dafür schuldig zu antworten. Weisthum von Kufstein (Tirolische Weisthümer I, S. 43): ... jeder haußvater und haußmueter | haben Sorge zu tragen, daß dieses (Besuch der Predigt und Messe) von denen kinderen und ehehalten ebenfahls befolgt werde. Ebenda S. 54: die haußvätter und haußmüetter sollen iren kindern und ehehalten zur leichtförtigkeit keinen unterschlaif gestatten etc. Bair. Lands und Polizeyordnung von 1616, V, 7. Art. 2: Von fluechen und schwören ... demnach wöllen wir ernstlich | den Haußvättern | bey ihren Kindern und Ehehalten | endlich darob zu sein | daß solch Laster verhütet | und mit Vätterlicher straff geandet werde | ... mit rechtem ernst befohlen und aufferlegt haben ... Würden aber die Kinder | Ehehalten und anders Haußgesind | auch die Gäst | umb der Haußvätter und Müetter | auch Wirth straff und warnung nichts geben ... etc. V, 8, Art. 8. Straff der Spiler. ... sol Vater und Muetter | die solch unzimblich Spil ihren Kindern wissentlich gestatten | oder in ihren Häusern halten | für dieselben ihre Kind, wo sie aignes Guets nit haben ... solch Bueß und Straff zu bezahlen auch verwirckt haben.

[3] Über österr. Bestimmungen im Interesse des Katholizismus s. Chorinsky S. 168—175. Ruber S. 211 ff.

[4] Ordnung und Freiheiten der Stadt Wien 1526 (Cod. Austr. II, 488): Wenn ein Kind „in ein Closter zugehen und ein Clösterlich Wesen anzunemmen geneigt und begierlich, mag Vatter und Mutter, wo aber Vatter und Mutter nicht mehr in Leben wären die Freundschafft darinnen handeln. Rothhahn § 48.

weigerung des Konsenses dieser von der Obrigkeit suppliert werden kann. Ein weiterer Ausfluß dieses Charakters ist es, wenn viele Partikularrechte den Konsens nur für Ehen minderjähriger Kinder verlangen.[1]

---

[1] Zahlreiche Quellenstellen bei Heise und Cropp I, S. 301 und Stobbe IV § 253. Roth, Bayer. CR. I, S. 281 u. 289. Roth und Meibom S. 320. Roth-hahn §§ 25—41. Ruber S. 168. Frankf. Ref. III, 8. 9: Ordnen, ... daß die Kindere — welche noch in Gewalt jrer Eltern — seyndt, ohne derselben Eltern Raht, Vorwissen und Willen — an niemand sich heimlich zur Ehe verloben — sollen. Hamburger Stat. II, 11. 2: Weil, vermöge göttlicher, natürlicher und weltlicher Rechte, der Eltern Beliebung und Vollbort zu der Kinder Ehe nöthig. Älteres bayerisches Recht: Reformation 49. 4: Ob ain Sun oder Tochter | die in Fürsehung unnd gewalltsam jrer leyplichen Elltern | vatter oder mueter sein | sich selbs verheyraten | on derselben jren Eltern willen und wissen, nämlich Söhne unter 30, Töchter unter 25 Jahren, so sind die Eltern nicht schuldig ein Heiratsgut zu geben. Bayerisches Landrecht 1616, 40, Art. 9: Wenn ein Sohn oder Tochter | die in gewaltsam oder Fürsehung ihrer leiblichen Eltern | Vatter oder Muetter sein | sich selbs | uneracht solche Eltern ihnen ehrliche Heurat angetragen | an denselben sie nit verhindert hetten | ohne ihr der Eltern willen und wissen | zu solchen Personen | welchen ihnen am Stand und Herkommen nit gemäß | verheurathen | so sein ihnen dieselben ihrn Eltern | Vatter und Muetter | in ihrem leben nit schuldig | ainich Heuratguet | fertigung | oder Haimstewr zu geben | oder andern Hülff zu thun | sie wöllen es dann gern thuen | biß solang dieselben ihre Eltern sterben.... Erklärung der Landtßfreyheitt der Fürstenthumben Obern und Nidern Bayern 1616, III, 11: Deßgleichen sollen wir durch uns selbs | noch jemandt ander | kein Frawen oder Jungkfrawen | on ihren | und ihres Vatters und Muetern | oder ob die nicht im leben weren | on ihrer nechsten Freund und Gerhaben willen verheuraten. Älteres österreichisches Recht: Ferd. I, 1550 (Cod. Austr. S. 470): Vater und Mutter brauchen kein Heiratsgut zu geben, können auch die Kinder enterben, wenn diese „... außerhalb ihrer Vatter und Mutter oder aber nach Absterben deß Vatters außerhalb ihrer Müttern, nechsten Freund Gerhaben oder Obrigkeit Vorwissen und Bewilligen ...“ sich verheiraten. Ordnung und Freiheiten der Stadt Wien 1526 (Cod. Austr. II, S. 487). Nachdem die Vätter ihre Kinder nach Ordnung der Rechten in Gewalt haben, wöllen wir, daß die Kinder nach ihrer Vätter Willen verheurath werden ... und ob der Vatter mit Todt abging, und unverheurathe Kinder hinder ihme auch derenselben Mutter in ihren Wittibstand verließ, sollen die Kinder auch mit Rath derselben ihrer Mütter und der nächste Freund ... sie verheurathen. Niederösterr. Landtafel II, 27 § 18: Die Kinder sollen sich ohne vorwissen und bewilligung ihrer eltern in ainige eheliche Versprechung sponsion oder heurat nit einlassen, wo sie aber dahin beredt würden oder solches für sich selbst thetten, solle die ehelich zusag dem lantsbrauch nach nichtig und craftloß sein.... § 19: Wenn ein Mädchen unter 25 Jahren

Die Folgen der nicht konsentierten Ehe sind verschieden; in protestantischen Territorien meist Ungültigkeit der Ehe, in katholischen dagegen dem Kirchenrecht des Tridentinums entsprechend nur vermögensrechtliche Nachteile, meist Verlust des Anspruchs auf ein Heiratsgut oder eine Aussteuer.[1]

Von einem Nießbrauch der Eltern am Kindesvermögen bei Lebzeiten beider ist selten die Rede. Zum Teil finden wir das römische Pekulienrecht doziert[2], aber wirklich praktische Geltung und Ausgestaltung scheint es nicht erlangt zu haben. Allein, da wir den Nießbrauch des überlebenden Ehegatten sehr häufig finden, ist daraus wohl zu schließen, daß auch bei Lebzeiten beider Eltern ein solcher bestanden haben muß. Wo ein solcher Nießbrauch besteht, suchte man ihn mit den herrschenden vormundschaftlichen Ideen dadurch in Einklang zu bringen, daß man ihn als Entgelt für die den Kindern geleisteten Alimente auffaßte.[3] Im

---

„außerhalb ihrer vatter und mutter oder aber nach absterben des vattern ohn ihrer mutter negste befreundt, gerhaben oder obrigkeit vorwissen und bewilligung in heürat einlest und gibt", so brauchen Vater und Mutter kein Heiratsgut zu geben. Oberösterr. Landtafel III, 37 § 1: Demnach der eltern ambt zuestehet daß sie ihren Kindern zu rechter zeit nach gueten und gelegenen heirathen trachten ... so sollen vatter und muetter ... ihre Kinder ... erlich zu verheirathen bedacht sein. sonsten aber solle wider der eltern oder nechst befreunden willen und consens, verdruß zwischen jungen persohnen so noch ihre 25 jahr nit erreicht khein ehe bindig sein. Siehe über das österreichische Recht Chorinsky S. 177 ff. In Böhmen: LO. M. 27; Mähren: LO. fol. 54 f. Stadtrecht C. 34, 35.

[1] Für das protestantische Kirchenrecht ist wichtig: Boehmer, De necessario parentum consensu in nuptiis liberorum (Electa juris civ. I, 1767, exerc. 16, S. 642 ff.) Stobbe IV § 253, N. 28, ebenda Note 17—23. In Österreich galt noch im 16. Jahrhundert der „Landtsbrauch", daß die unkonsentierte Ehe nichtig sei; siehe die Stellen aus der niederösterr. und oberösterr. Landtafel in der vorigen Note; erst später schloß man sich unter mannigfachen Zweifeln dem gemeinen Recht an (Chorinsky S. 177—185). Im böhmischen Stadtrecht (C. 35) ist der Mangel des Konsenses bloß impedimentum impediens mit vermögensrechtlichem Nachteil. Siehe übrigens die vorige Note.

[2] So im Bayer. LR. 3, 1, siehe oben S. 142, Anm. 4. Siehe auch Roth, Bayer. CR. I, S. 448 ff. Roth und Meibom S. 506.

[3] Grenek, Theatrum jurisdictionis Austriacae, S. 273: Ereignet es sich nun, daß einem minderjährigen und in Vätterlichen Gewalt oder Mütterlichen Brod noch stehenden Sohn oder Tochter durch Schanknuß oder Testament ein Eigenthum zufallet, solle der Vatter hievon die Nutz-Niessung bis zu des

allgemeinen darf man wohl annehmen, daß bei Konkurrenz beider Eltern der Vater als der Leiter der Familie und ihr Vertreter nach außen als derjenige anzusehen ist, dem die Fruchtnießung zufällt. Das Nähere hierüber wird unten anläßlich der Besprechung der Stellung des überlebenden Elternteils erörtert werden.

In betreff der Vormundsernennung sind für die Partikularrechte zwei Gesichtspunkte maßgebend. Die einen stehen auf dem römischen Standpunkt, sie gestatten dem Vater oder sonstigen Gewalthaber, im letzten Willen Vormünder zu ernennen, und lassen der Mutter nur das auch jedem Dritten zustehende Recht, im Testament einen Vormund vorzuschlagen (sogenannte Tutela testamentaria imperfecta)[1]; die anderen gewähren sowohl dem Vater als der Mutter das Ernennungsrecht.[2] Gemeines Recht ist aber das letztere nicht geworden.[3] Auch das Recht, einen Pupillarsubstituten zu ernennen, wird ein Recht beider Eltern in vielen Partikularrechten.[4] Allerdings ist

Kindes Vogtbarkeit, die Mutter aber bey denen Knaben bis auf das vollführte 20ste Jahr, und bey denen Mägdlein bis auf das 18de Jahr für sich haben; denn weil in diesen Jahren die Kinder ihr Brod selbsten verdienen, kan die Mutter wegen ihrer Ernährung den Fruchtgenuß nicht mehr fordern. Siehe auch oben S. 144, Note 1.

[1] So nennt sie Glück 29. S. 255, siehe auch Rudorff I, S. 318. Auf diesem Standpunkt stehen die bayer. Reformation 51. 1; Nürnberger Reform. 39. 2. 1 [siehe oben S. 143, Note 5 (144)] Cod. Max. bav. I, 7. 5; Frankf. Reform. I, tit. 1 § 3; Lübeck I, tit. 7, art. 1; österr. Gerhabschaftsordnung tit. 2 § 1: Ein jeder Vatter, Anherr oder Uranherr kann seinen Unvogtbaren ... Kindern ... in seinem Testament oder letzten Willen Gerhaben benennen ... § 2: Außer obgedachten Eltern kann niemand auch so gar die Mutter oder Anfrau ihren Kindern ... keinen Gerhaben verordnen. Böhmisches Stadtrecht C. 58, D. 8—10. Siehe auch Stryk ad Dig. 26. 2 § 1. Roth und Meibom S. 520. Roth, Bayer. CR. I, S. 484 f. Chorinsky S. 77 f.

[2] So kann nach Freiburger Stadtrecht 1520, fol. 49 der Vater im Testament „vögt setzen, das auch der mutter und großmutter — zugelassen ist. Solmser LO. II, 21 § 2. Die Tiroler LO. von 1603, III, 46 spricht von Eltern im allgemeinen, doch läßt der Zusammenhang erkennen, daß die Mutter mit gemeint sei. Ebenso die oberösterr. Landtafel III, 42 § 1. Leipziger Vorm.-Ordnung bei Stryk art. 26. 2 § 1. Viele bayerische Statuten bei Roth, Bayer. CR. I, S. 485. Stobbe IV, § 252 IX. Rothhahn § 44.

[3] Dagegen Rudorff I, S. 331.

[4] So im Würtemb. Landrecht III, 12 [siehe oben S. 143, Note 5 (144)]. Frankf. Ref. IV, 4 § 4, 5. Stryk ad Dig. 28. 6 § 6. Rothhahn § 12. Kraut II, 683, N. 5. Österreichisches Recht bei Chorinsky S. 403, Note 9. Stobbe IV § 252 X.

dabei zu bemerken, daß die Gleichstellung beider Eltern in diesem Punkte auch auf andere Weise erfolgte, nämlich dadurch, daß man auch dem Vater einen Pupillarsubstituten nur für das von ihm hinterlassene Vermögen zu ernennen gestattete, womit aber das Prinzip der Pupillarsubstitution aufgegeben und fideikommissarische Substitution an ihre Stelle getreten war.[1]

Ein Punkt, in dem das partikuläre Recht vom gemeinen bedeutend abwich, betraf die sogenannte unitas personae zwischen Vater und Kind, eine Konsequenz des römischen Familienprinzips, wonach der Vater das einzige Rechtssubjekt der Familie im Vermögensverkehr war, und der zufolge Geschäfte zwischen Vater und Kindern oder unter Kindern, die derselben Gewalt unterstanden, undenkbar waren. Dem deutschen Recht, das die Kinder immer als vermögensfähig angesehen hatte, war diese Auffassung fremd, und so kommt es, daß manche Partikularrechte, besonders solche, die die väterliche Gewalt auf das vormundschaftliche Niveau herabdrücken, wie das österreichische, direkt gegen die Unitas personae Stellung nehmen.[2] Von einer Unitas personae zwischen Mutter und Kind war nie die Rede.[3] Nur bei Minderjährigen finden sich scheinbare Ausnahmen hievon, insofern die Eltern nicht im Namen der Kinder mit sich selbst Kontrakte schließen dürfen, sondern hiezu eines Kollisionskurators bedürfen.

Nach dem Tode eines Elternteils behält der Überlebende die bisher geteilte Gewalt allein. In vermögensrechtlicher Hinsicht bleibt es in vielen Partikularrechten bei dem Beisitz, der überlebende Elternteil verwaltet und genießt lebenslänglich oder bis zur Großjährigkeit oder bis zur Wiederverheiratung das bis dahin ungeteilte Gut, sei es, daß er die Gütergemeinschaft fortsetzt, sei es, daß das Eigentum den Kindern zufällt und das ihm daran zustehende Recht als Ususfructus betrachtet wird. Die Eltern stehen sich hierin

---

[1] So in Österreich, Chorinsky S. 403.

[2] So hebt die niederösterr. Landtafel hervor, daß Kaufverträge (II, 1), Bestandverträge (II, 7), Darlehensverträge (II, 8) zwischen Eltern und Kindern möglich sind. Siehe Roth, Bayer. CR. I, S. 448. Chorinsky S. 409 ff. Dagegen ist nach der oberösterreichischen Landtafel (III, 1 § 6) dazjenige, so zwischen eltern und iren kindern, die sie noch bei sich in ihren heüßern, irem broth und völligen gwalt haben contrahiert wierdt, unbündig und uncreftig. . . . Ebenso erklärt das Freiburger Stadtr. von 1520 Bl. 45, daß Söhne in väterlicher Gewalt miteinander nicht kontrahieren können.

[3] Siehe Rothhahn § 7—11; Kraut II, S. 618 ff., 681 f.

meist gleich. Der Überlebende hat in der Gemeinschaft gegenüber den Kindern die Stellung, die in der Ehe der Mann gegenüber der Frau einnahm.[1] Dabei ist es oft so, daß eine Vormundschaft gar nicht eintritt, solange eines der Eltern lebt; wenn der Vater der Überlebende ist, so ist dies vom Standpunkt des gemeinen Rechts nicht auffallend, eine Vormundschaft ist ja nach römischen Begriffen nur Ersatz der mangelnden väterlichen Gewalt. Allein wir finden auch, daß beim Tode des Vaters die Mutter die Familiengemeinschaft fortsetzt, und daß während der Dauer dieser Gemeinschaft von keiner Vormundschaft die Rede ist.[2] Wir haben oben (S. 103, Anm. 1) gesehen, daß nach Sachsenrecht ein Recht der Mutter auf Beisitz nicht bestand, daß aber ein solcher üblich war. Er mußte jedoch dem römischen Recht weichen. Wesenbek hatte ihn noch ver-

---

[1] Bayern: Roth, Bayer. CR. I, S. 324 ff., 367, 387, 391, 442 ff. Bayer. LR. 1616, 3. 3. Hessen: Roth und Meibom S. 373. Böhmen und Mähren: Böhmisches Stadtrecht C. 58, F. 49. Böhmische LO. M. 2. Mährische LO. fol. 158. Ruber S. 186 ff. Ogonowski S. 71. Hamburg: Heise und Cropp II, S. 571. Ebenso Freiburger Stadtrecht 1520. Tirol. LO. 1603, Art. III, tit. 6, tit. 42, tit. 48, tit. 51. Stobbe IV § 250. 4, § 270, I. Hess. Ger.-Ordng. von 1497, Art. 31 . . . will dann die Frau, unverrückt ihres Witthumstuls und unentricht ihres Witthums, bei den Kindern als eine Vormünderin sitzen, so mag sie mit ihnen die väterliche Haab genießen, nicht als ein Erbe, sondern als eine Vormünderin. Auch in Österreich, wenigstens bei den Gutsunterthänigen Grenek Theatrum jurisdictionis S. 273 (siehe oben S. 149, Note 3). Bei Tod des Mannes im Falle beerbter Ehe S. 267: Da nun aber die Fruchtnießung der nöthigen Unterhalt und Erziehung zulänglich und die Erbschaft nicht gar zu groß . . ., ist dieser der Mutter zu überlassen. . . . Da hingegen der Vater nach Ableiben seines Weibs im Leben verbliebe, wäre das nemliche zu beobachten, nur mit diesen Unterschied, daß dem Vatter dem allgemeinen Rechten (wann auch die Mutter in ihren letzten Willen keine Erwehnung gemachet) der Fruchtgenuß bis zu der Kinder Vogtbarkeit verbleibe.

[2] Böhm. Stadtrecht C. 58 § 1: Es hat auch ein Vatter Recht und Macht | daß er wegen der Verschreibung und gemeiner Ausgabe der Güter seinen Kindern einen oder mehr Vormündern verordnen möge | welche | da die Mutter sich anderweit verehlichet | sie die Waisen | und ihre Antheil in Versorgung nehmen können. § 2: Aber so lang derselben Waisen Mutter in ihren Wittiben Stand verbleibet | und die Waisen ihr Jahr nicht erreichten | und sie versorgete das Gut | ohne Minderung | wie sichs gebührte | sowol auch die Waisen | so soll das Gut | zusamt den Waisen | in ihrer Versorgung bleiben. Daselbst auch F. 49: Nießbrauch der Witwe am Kindergut. Ruber S. 199 ff. Grenek, Theatrum jurisdict. Austr. definiert S. 244 Pupill als „Vatter und Mutterlose Waisen".

fochten, Carpzov bestritt ihn auf Grund der gegenteiligen Praxis, eine kurfürstliche Decision schloß sich Carpzovs Meinung an und seitdem ist von einem Ususfructus der Mutter im Sachsenrecht nicht mehr die Rede.[1]

Während einige Partikularrechte mehr den älteren deutschen Standpunkt bewahrten, haben andere, und hier ist namentlich das österreichische zu erwähnen, die moderne Auffassung der väterlichen Stellung dadurch zum Ausdruck gebracht, daß sie den überlebenden Elternteil einfach als Vormund auffassen.[2] Man scheut

---

[1] Siehe hierüber Kraut II, S. 681 ff. Wesenbek ad Dig. 26. 1, n. 5 (oben S. 126, Note 4). Carpzov II, const. 10, def. 13 ebendort. Decis. elect. Sax. 62 ex 1661. Eine ähnliche Fortbildung zu Gunsten des römischen Rechts fand auch in Althessen statt, wo gleichfalls der mütterliche Beisitz wegfällt und der väterliche als Nießbrauch nach römischen Grundsätzen geordnet wird. Roth und Meibom S. 472, Nr. 3, S. 506. Gleichfalls unter römischem Einfluß wird ein väterlicher Ususfructus angeordnet im Bayer. LR. 1616, 3. 1. Roth, Bayer. LR. I, S. 448. Ruber S. 169. Überall ist hier der Vater von Rechnungslegung befreit.

[2] So finden wir eine Vormundschaft des Vaters: Niederösterr. Polizeiordnung von 1552, fol. XXII v. und XXIII (Chor. S. 376): daß „wenn es sich zutrüge, das unvogtparen Kindern Mueterliche oder andere aigene Guetter erblichen anfallen, derselben Eheleiblichen Vater, wo der im leben sei, auch one erkhentnuß der Obrigkhait Gerhab sein solle". Niederösterr. Gerhabsch. Ordnung 1669 3, § 5 (Cod. Austr. I, 412): Wenn ein Eheweib vor ihrem Mann ohne Testament mit Tod abgienge und eheliche Kinder, die sie mit einander erzeugt hätten, verließe, so ist der Mann in denen Mutterlichen Guetern seiner unvogtbahren Kinder Gerhab und Verpfleger, doch der Obrigkeit die Erkantnuß vorbehalten, ob dem Mann Mit-Gerhaben zuzuordnen oder nicht. Vossius § 749: Legitima parentum tutela est, quae defertur patri vel avo in bonis adventitiis liberorum minorennium. Siehe oben S. 143, Note 3. In ganz Deutschland verbreitet finden wir die Vormundschaft der Mutter. Hess. GO. (siehe oben S. 152, Note 1). Bayer. Ref. 51. 2. Nürnb. Ref. 39. 3, selbst wo Geschlechtsvormundschaft herrschte, wie Magdeb. Vorm.-Ordn. c. 43 § 2. Hambg. Stat. III, tit. 6, art. 5, meist im Hinblick auf das römische Recht Stryk ad Dig. 26. 4 § 9 siehe oben S. 127, Note 3. Anders in Lübeck. Stadtr. lib. I, tit. 7, art. 12: daß ein jegliche Witfraue nach Absterben ihres Ehemannes binnen ein viertel Jahr Vormünder vor sich und ihre Kinder erwehlen solle. Siehe Mevius zu dem zitierten Artikel n. 6 ff.; ferner: oberösterr. Landtafel III, 42 § 19. Niederösterr. Polizeiordn. 1552 fol. 22. Suttinger, Consuetudines Austriacae, S. 279: Eine Mutter ist ohne das Legitima Tutrix auch bißhero im Land Herkommens, daß sie Ober-Gerhabin gewesen. Niederösterr. Gerhabsch.-Ordn. 1669. 3 § 2: Ist der Kinder leibliche Mutter noch am Leben, so gebührt ihr, wann sie die Vergerhabung der Kinder begehrt und sonsten kein Bedenken wider sie vorhanden,

sich nicht, alle Konsequenzen daraus zu ziehen: Wegfall des Nießbrauchs, statt dessen Rechnungslegung[1], Notwendigkeit einer obrigkeitlichen Bestellung[2], Pflicht der Anlage eines Inven-

dem alten Herkommen nach die Obergerhabschafft. Beckmann, Idea juris statutarii etc., S. 517: Wann die Mutter der Pupillen will die Obergerhabschafft (nach Österreichischen Recht) oder Noth-Gerhabschafft (nach Steyrischen Rechten) selber führen, und keine erhebliche Bedenken wider sie seynd, so kan sie solches thun. Vossius § 751: Extraordinaria legitima tutela est, quae prae omnibus defertur matri. Wiener Pupillen Raitcammerreformation 1715 siehe unten S. 155, Note 2 (156). Siehe auch noch böhm. LO. M. 2; mähr. LO. fol. 158; Ruber S. 199 ff.; Chorinsky S. 84 f.; Roth und Meibom S. 520 ff.

[1] Dies entstand in Österreich aus dem Teilungszwang, der sich für beide Eltern entwickelte. Bis zur Teilung bestand Beisitz. So Niederösterr. Landtafel III, tit. 83: Die geschribnen rechten vermügen das ein vatter seiner kinder mütterlich guet nach absterbung der mutter solang er im leben nutzen und genießen müge. aber dem lantsbrauch nach haben solche geschribne recht nitt statt, sonder der vatter ist schuldig nach absterben der muttern seinen kindern ihren mütterlichen erbtail ervolgen zu laßen und mag ihme an solcher haab und guetern kein fruchtnießung zuziehen, es were dann sach das ihme die mutter solcher haab und gueter fruchtgenießung bis auf der kinder vogtbarkeit verschafft. Ebenso oberösterr. Landtafel III, 40 § 1. Ähnlich bei der Witwe; auch sie hat „inhabung und nutzung" bis zur Abfertigung, weil man eine stillschweigende Verpfändung des gesamten Vermögens des Mannes für die Ansprüche der Frau annimmt. Niederösterr. Landtafel III, 84 § 1 u. 2. Oberösterr. Landtafel III, 40 § 2. Es ist aber nicht gestattet, daß die Witwe unabgefertigt in den Gütern bleibt, diese „nutzt und nießt", ohne Gerhaben für ihre Kinder zu fordern. Ebenda § 15. Wenn damit dem Vater wohl kein Nießbrauch mehr zustand, scheint ihm doch in Österreich noch während des 18. Jahrhunderts Befreiung von der Rechnungslegung zugestanden zu sein, vgl. Gh.O. 17 § 1: „Ein jedwederer Gerhab, auch die leibliche Mutter seyn verbunden" jährlich Rechnung zu legen, und tit. 8 § 4: „Wenn ein Gerhab von deß Pupillen Vatter ... im letzten Willen aller Verraittung entlaßen, so solle es darbay sein Verbleiben haben." Es ist doch unwahrscheinlich, daß der Vater andern die Rechnungslegung erlassen könnte, wenn er selbst rechnungspflichtig wäre. Später hat sich das allerdings geändert. Beckmann S. 519: „Der Vatter — hat nach seiner Frauen Todt seiner unmündigen Kinder Gütter h. e. bona materna quoad usumfructum jure Rom. zugeniessen ... Diese positio juris R. hat nach J.O. und österreichischen Landes Gebrauch regulariter kein statt.... Weßhalben der Vatter von diesen Güttern gar keine Fruchtgeniessung zu erwartten noch zu praetendiren hat ..." Vossius § 211 zählt zu den nicht mehr geltenden Bestimmungen des römischen Rechts quod parentes bona adventitia sine satisdatione et rationibus administrant. Siehe Chorinsky S. 404 f. Ogonowski S. 101.

[2] Obrigkeitliche Bestellung ist für alle Vormünder seit der R.P.O. 1548

tars[1], Beigabe von Mitvormündern.[2] Alles dies war für die Mutter vom Standpunkte des römischen Rechts aus leicht verständlich, für

gemeines Recht; daher für die Mutter allgemein üblich, wo man ihr eine dem römischen Recht entsprechende Vormundschaft gab. Der Vater bedarf dagegen nirgends einer obrigkeitlichen Bestellung. So sagt die Gh.O. in 3 § 2: Der Mutter „gebührt" die Gerhabschaft, in 3 § 5: Der Vater „ist" Gerhab. Nur einige österreichische Schriftsteller des 18. Jahrhunderts wollten auch hier die äußersten Konsequenzen aus dem Vormundschaftsbegriff ziehen und begehrten obrigkeitliche Bestellung. Vossius § 746: Confirmantur omnes tutores, quin etiam ipse pater; quia tutela omnis decreto magistratus defertur. Donner, Die österreichischen Rechte I, S. 13: „Diese sowohl, als andere, ja der Vater und die Mutter selbst, wenn sie zu Gerhaben ihrer Kinder aufgestellt werden, müssen von der Oberkeit bestätigt werden. ... Wenn die minderjährigen Kinder eigene Güter haben, bona adventitia, so wird auch der Vater oder Großvater als Gerhab seiner Kinder aufgestellt."

[1] Die Pflicht des Vaters zu inventieren war im bayer. LR. 1616 enthalten 1. 3; 3. 4. Dagegen schloß sich der Cod. Max. II, 9 § 6, n. 7 dem gemeinen Recht an. Roth, Bayer. CR. I, S. 448. Zahlreiche Partikularrechte statuieren die Inventarspflicht teils allgemein, teils für den Fall der Wiederverheiratung; wo fortgesetzte Gütergemeinschaft galt, vertritt die Stelle des Inventars die sogenannte „Papierteilung". Roth und Meibom S. 500. Stobbe § 255, III, 2. Roth, Bayer. CR. I, S. 87. Niederösterr. Gerh.Ordn. tit. 3 § 7: „Es muß aber auch der leibliche Vatter das Mütterliche Gut ordentlich inventiren lassen, damit er solchem Inventario nach das Eigenthumb ungeschmälert seinen Kindern zur gebührenden Zeit abtretten möge...." Tit. 8 § 5: „Wie dann auch ein leiblicher Vatter seiner Kinder Mütterliche oder anderwerts ihnen zugefallene Verlassenschaft zu Verhütung künfftiger Strittigkeiten Gerichtlich beschreiben lassen soll".

[2] Ein Mitvormund neben der Mutter ist etwas ganz gewöhnliches und findet sich in den meisten Partikularrechten obligatorisch (nach Sachsenrecht nur fakultativ, Carpzov II, const. 11, def. 12 siehe oben S. 126, Note 3). Hamburger St. III, 6. 5. Magdeb. Vorm.O. c. 43 § 2. Nürnb. Ref. 39. 3 § 2. Cod. Max. I, 7 § 6 n. 7. Niederösterr. Polizeiordn. 1552, fol. 22. Oberösterr. Landtafel III, 42 § 19. Niederösterr. Gerh.-Ordn. tit. 3 § 2. Grenek S. 265. Beckmann S. 517. Vossius § 751. Böhm. Stadtrecht F. 49. Stryk ad Dig. 26. 4 § 10. Roth und Meibom S. 528, N. 1. Chorinsky S. 137 f. Stobbe IV, § 270. 1. Ruber S. 200. Rudorff I, S. 178ff. Im bayerischen Recht (Cod. Max. I, 7 § 6) war die eigentümliche Modifikation, daß der Mutter, wenn sie kraft väterlicher Disposition die Vormundschaft erhielt, nur zwei „Beyständer", sonst zwei „Mitvormünder" zugeordnet wurden. Ein Mitvormund neben dem Vater ist dagegen eine Rarität. Die niederösterr. Gerh.-Ordn. überläßt die Bestellung eines solchen dem Ermessen der Obervormundschaft: tit. 3 § 5 siehe oben S. 153, Note 2, namentlich bei Wiederverheiratung des Vaters tit. 3 § 8: „Wann ein Vatter zur andern Ehe schreitet, so wird ihme diese Gerhabschaft dardurch nicht benommen; jedoch stehet bey der Obrigkeit Er-

den Vater war es neu und der Theorie der patria potestas diametral widersprechend.

Entsprechend der vormundschaftlichen Auffassung der Gewalt der Eltern gestaltet sich auch die Aufhebung dieses Verhältnisses. Immer mehr konzentriert sich die Gewalt auf die Zeit der Minderjährigkeit der Kinder. Mit zunehmender Reife der Kinder gehen manche Bestandteile der Gewalt als zweckwidrig unter. Wo der Nießbrauch fortbestand, wird er als Entgelt für die Alimente gedeutet; wenn die Alimente aufhören, hört dann auch oft der Nießbrauch auf. Dieses Aufhören der Alimente trat aber regelmäßig mit Erreichung einer gewissen Altersstufe seitens der Kinder oder mit deren Absonderung von dem Elternhause ein.

Es tritt uns also eine doppelte Abweichung vom römischen Recht entgegen, eine Veränderung im Inhalt der väterlichen Gewalt bei einem bestimmten Alter des Kindes durch Wegfall der Nutznießung am Kindergut[1] und eine besondere Be-

kantnuß, ob sie in solchem Fall nach Befund der Umbständ aus denen Mütterlichen Befreundten gleich oder mittler Zeit einen Mit-Gerhaben adjungiren wolle." Nach der Stadt Wiener Pupillen Rait-Cammer Reformation von 1715 (Cod. Austr. Suppl. I, S. 787) ist das sogar Regel, indem es Sache der Obrigkeit ist, daß „nach Absterben der Eltern den hinterlassenen Pupillen, wann auch schon eines von den überlebenden Eltern, dem die Vormundschaft ex lege gebühret, vorhanden ist, nichts destoweniger Mit-Gerhaben verordnet, es wär dann Sach, daß die Verstorbene in die überlebende Con-Persohn ein sonderbahres Vertrauen disfalls gesetzet und der Stadt-Rath darwider keine absonderliche Bedencklichkeit hätte." Grenek, Theatr. jurisd. S. 265 berichtet über das Vormundschaftsrecht der untertänigen Waisen, „daß denen minderjährigen Kindern und Erben im Falle der leibliche Vater gestorben wär, nebst ihrer Mutter ein tauglicher wohlangesessener Gerhab, wo aber beede todt, zwei Gerhaben verordnet, und im Fall die Mutter gestorben, der Vatter aber noch am Leben, bloß allein zu dessen Vertretung ein Gerhab, so gemeiniglich aus der Freundschaft zu nehmen, benannt werden soll, welcher Gerhab, ob er zwar keine Disposition über das denen leiblichen Kindern zugefallene Vermögen hat, dannoch, damit denen Erben das von der Mutter Ererbte durch des Vatters Nachlässigkeit nicht verwürthschaftet werde, gehalten ist, fleißige Obsicht zu tragen." Also nicht bloß „im Verhinderungsfall des Vaters", wie Chorinsky (S. 377) meint, sondern als Kontrollorgan. Siehe auch Chorinsky S. 85.

[1] So in Böhmen Stadtr. E. 36, vgl. böhm. LO. O. 15. Mähr. LO. fol. 172. Ruber S. 169. Auch bei den Untertänigen in Niederösterreich finden wir dasselbe: Grenek S. 273, siehe oben S. 149, Note 3. Diese Einschränkung

endigungsart der väterlichen Gewalt durch Absonderung.[1] Das Recht der Mutter erlosch normalerweise, wo es mit dem deutschrechtlichen Beisitz verbunden war, in derselben Weise wie das des Vaters, es schränkt sich bei einem gewissen Alter des Kindes im Interesse der Selbständigkeit des Kindes ein und erlischt durch Absonderung. Wo die Mutter aber dem gemeinen Recht entsprechend nichts anderes als Vormund war, da erlischt ihr Recht wie jede andere Altersvormundschaft mit der Großjährigkeit des Kindes.

Eine Konsequenz des Vormundschaftsgedanken war es, auch die väterliche Gewalt mit der Großjährigkeit aufhören zu lassen, und tatsächlich haben einige Partikularrechte, darunter wieder vor allem das österreichische, diese Konsequenz gezogen.[2] Auch in den sonstigen Erlöschungsgründen der Gewalt nähert man sich immer mehr der Gleichstellung der Geschlechter. Die Wiederverheiratung der Mutter bewirkte zwar unter dem Einfluß des römischen Rechts

---

der väterlichen Gewalt auf eine bloße Vermögensverwaltung ging in den Codex Theresianus und in das preußische Landrecht über.

[1] Dies ist gemeines Recht geworden. Siehe oben S. 132. Außer der Const. elect. Sax. II, 10 mögen von den zahlreichen Quellen, welche für dieses Institut Zeugnis geben, noch erwähnt sein: Frankf. Ref. II, 1. 9. Würt. Landr. II, 18 § 7. C. Max. Bav. I, 5 § 7. Zahlreiche bayerische Statuten bei Roth I, S. 458f. Roth und Meibom S. 510. Kraut II, S. 644. Gengler S. 1202 ff. Stobbe IV § 259, VII. In Österreich findet sich dieses Institut nicht, nur Vossius erwähnt es im § 216. Siehe hierüber Chorinsky S. 397; vgl. dazu auch Grenek S. 275, wo von einer Absonderung vor der Vogtbarkeit die Rede ist, ohne daß man entnehmen kann, ob bloß die Nutznießung oder überhaupt die elterliche Gewalt erlösche: „Wann ein Kind vor seiner Vogtbarkeit aus dem Vätterlichen oder Mütterlichen Brod zu gehen, und anderwärtige Dienst zu suchen gezwungen wird, worüber von dem Verwalter die Untersuchung zu machen, ist dieses Kinds Geld von der Zeit, wo selbes also von den Haus vertrieben wird, zu verintereßiren."

[2] Dies war schon seit dem 16. Jahrhundert der Fall. Niederösterr. Landtafel II, 8 § 1: „Die kinder und leibserben so Ihre Vogtbare Jahr nunmehr erreicht und in ihrer eltern gewaltsamb nit mehr sein" etc. Oberösterr. Landtafel I § 4: „. . . khönen auch diejenige persohnen welche nit über 25 jahr alt, da sie nit sonderliche veniam aetatis und völlige einantwortung ihrer güeter mit vorwißen und bewilligung der obrigkheit erlanget sondern noch under ihrer eltern und gerhaben gewalt, ohne vorwissen und willen gedachter ihrer Eltern oder gerhaben zu ihren schaden nichts khrefticlichs vereüßern" etc. Siehe auch niederösterr. Landtafel III, 2 § 15 oben S. 143, Anm. 3. Chorinsky S. 392f. Vossius § 749, oben S. 153, Anm. 2.

gewöhnlich den Verlust der Vormundschaft, allein man ließ auch hier oft der Mutter wenigstens die Erziehung[1], oder machte doch die Fortdauer der Erziehung und der Vormundschaft vom Ermessen der Obervormundschaft abhängig.[2] Wo man zwischen Elternrechten und Vormundschaft unterschied, behielt die Mutter jene und verlor nur diese. Dort aber, wo der Beisitz auch durch die zweite Ehe nicht aufgehoben wurde, behält die Mutter auch nach ihrer Wiederverehelichung die volle Gewalt.[3] Die Wiederverehelichung des Vaters hat meist nur vermögensrechtliche Wirkung, insofern nach den meisten derjenigen Rechte, welche den Beisitz beibehalten haben, Pflicht der Abteilung oder doch wenigstens der Ausweisung des Kindesvermögens eintritt.[4] Nach österreichischem Recht bewirkt die zweite Ehe wohl für die Mutter Verlust der Vormundschaft[5], für den Vater ist sie dagegen nur ein Grund zur Beiordnung von Mitvormündern.[6]

Neuntes Kapitel

Das Naturrecht.

Literatur: Hinrichs, Geschichte des Natur- und Völkerrechts. Drei Bände. 1848—1882. — Gierke, Naturrecht und Deutsches Recht. 1883. Die ältere Literatur siehe im Register.

Was an dem Rechtszustand der Zeit vom 16. bis zum 18. Jahrhundert besonders auffällt, ist der Mangel einheitlicher Gesichts-

[1] Stobbe IV § 252 III. Kraut II, S. 128f. Roth und Meibom S. 487. Ruber S. 211. Niederösterr. Landtafel III, tit. 94 § 1: „Wann einer mit todt abgeet und unerzogne klaine kinder hinder sein verlest, so sollen dieselben kinder ihrer eheleiblichen mutter, ob sie gleich ihren wittibstant verkehret gelaßen, auch in ihrer zucht so lang bis die kinder siben jhar ihres alters erreichen nach altem hergebrachtem lantsbrauch vertrautt werden."

[2] Gerh.-Ordn. tit. 9 § 2.

[3] Roth und Meibom S. 568.

[4] Siehe oben S. 110, Anm. 2.

[5] Gerh.-Ordn. tit. 16 § 6.

[6] Gerh.-Ordn. tit. 3 § 8 siehe oben S. 155, Anm. 2.

punkte, das Fehlen einer Systematik. Das gemeine Recht besaß zwar eine Wissenschaft, die, technisch betrachtet, das Ihrige wohl leistete, die in allen Künsten der Scholastik ganz sattelfest war. Aber der Inhalt des gemeinen Rechts war ein zu fremdartiger, als daß das einheimische Recht in diesem Rahmen hätte erscheinen können. Aus den Prinzipien des gemeinen Rechts ließen sich nicht die partikulären Rechtssätze ableiten, und aus den partikulären Rechtssätzen, trotz aller Mühe, die man sich gab, eine Konkordanz herzustellen, ließen sich nicht die Prinzipien des gemeinen Rechts konstruieren. Was einer wissenschaftlichen Bearbeitung zugänglich gemacht wurde, war immer wieder nur das römische unmoderne Recht, und wo die Pandektisten versuchen, das partikuläre Recht zu besprechen, verfallen sie in die hilfloseste Kasuistik. Aus sich selbst heraus konnte aber das deutsche Recht zu keiner wissenschaftlichen Bearbeitung kommen. Die deutschrechtlichen Institute waren und blieben zusammenhangslose Bruchstücke. Und erst die Praxis! Diese wußte mit dem deutschen Recht schon gar nichts anzufangen. Wo sie mit der Wissenschaft in Verbindung trat, bevorzugte sie offenkundig das römische Recht (so bei den Rechtsgutachten der Gelehrten und bei den Rechtssprüchen der Fakultäten) und ein Ineinanderarbeiten beider Rechte erwies sich mangels wissenschaftlicher Vorarbeiten meist als unausführbar. Deutschrechtliche Sätze wurden subsidiär aus dem römischen Recht erklärt und mitten in rein deutschen Instituten finden sich zusammenhangslos abgerissen einzelne römische Folgesätze. Die väterliche Vormundschaft wird z. B. subsidiär aus der patria potestas ergänzt. Die Hauptschranke, die sich einer Lösung dieses unbefriedigenden Zustandes entgegenstellte, war aber die unantastbare Autorität der römischen Rechtsquellen. Solange sie als der einzige Hort der Zivilisation galten, war auch schlechterdings keine Aussicht auf eine Änderung der herrschenden Verhältnisse vorhanden.

Unter diesen Umständen wirkte eine Theorie, die mit allen Autoritäten brach, sowohl mit den menschlichen, wie mit der göttlichen und nur die Vernunft als solche anerkannte, wahrhaft befreiend. Diese Theorie war das Naturrecht. Wir können heute die Kühnheit gar nicht recht begreifen, mit der die ersten Lehrer des Naturrechts nicht nur die Statuten lokalen Rechts, sondern auch das Corpus juris, ja sogar die Rechtssätze der Bibel vor das Forum der Vernunft zitierten und sie nur dann akzeptieren, wenn sie dort einer kritischen Prüfung standgehalten hatten. Daß die dabei gewonnenen Resultate, soweit sie über das Analytische hinausgingen, durchaus nicht allgemein gültig waren, daß man statt dessen historisch und kulturell bedingte Postulate aufstellte, ist bekannt[1]; ebenso bekannt ist es, daß unter den Sätzen des Naturrechts viel altes deutsches Recht verborgen lag, das nun zum erstenmal eine vom Corpus juris absehende wissenschaftliche systematische Darstellung fand.

Unter den Prinzipien des Naturrechts sind es hauptsächlich zwei, die auf die Gestaltung der Rechtsverhältnisse innerhalb der Familie von Einfluß waren. Es ist vor allem der Satz, daß alle Menschen von Natur aus frei und gleich seien, und daß eine Unterordnung unter den Willen eines anderen, wie überhaupt jede Freiheitsbeschränkung, nur auf der Zustimmung des Unterworfenen, somit nur auf einem Vertrag beruhen könne. Dazu kommt als zweites, daß man alle Rechte nur als Korollarien von Pflichten betrachtete; das ganze Naturrecht ist ein System von Pflichten, und nur als Mittel zur Ausübung der Pflichten erhält man gewisse Rechte. Aus dem ersten dieser Grundsätze resultiert vor allem eine Gleichstellung der Geschlechter, Gleichheit von Mann und Weib außerhalb der Ehe, in der Ehe als Gatten und als Eltern. Aus dem zweiten Grundsatz aber folgt die Unmöglichkeit einer egoistischen Gewalt über Menschen, und wie nunmehr mit der Sklaverei entschieden gebrochen wird, mit der sich das Christentum noch abgefunden hatte, ebenso bricht man nun mit den Resten der römischen patria potestas.[2]

Von einer beständigen Vormundschaft über das weibliche Geschlecht ist keine Rede mehr, man macht wenigstens für das

---

[1] Ziemlich unabhängig von der Lehre des Naturrechts über die Allgemeingültigkeit seiner Sätze ist Montesquieu. Wiewohl sich auch er wiederholt auf die „loi naturelle" beruft, stellt er doch die geographischen, klimatischen und namentlich die politischen Verhältnisse in den Vordergrund. Seine Ausführungen über die privatrechtliche Stellung der Frauen sind darum, weil sie von einer einseitigen Betrachtung, von einem bestimmten theoretischen Standpunkt ziemlich frei sind, heute noch sehr lesenswert, so z. B. seine objektive Auffassung der Polygamie im Orient (Ésprit des loix 16, ch. 2—7. Siehe auch 7. ch. 9—17; 23. ch. 1—12, 22).

[2] Am prägnantesten vielleicht spricht dies die große Encyclopédie (Diderot und d'Alembert) aus: „Le pouvoir paternel est plutôt un devoir qu'un pouvoir". (XIII, 255.)

Privatrecht keinen Unterschied unter den Geschlechtern, damit werden alle Reste der Geschlechtsvormundschaft, die sich dem römischen Recht zum Trotz in den Partikularrechten erhalten haben mit dem Stigma der Widersinnigkeit und Barbarei versehen und das rasche Verschwinden dieser Reste durch Akte der Gesetzgebung, wenn auch nicht allein bewirkt, so doch unterstützt und beschleunigt.

In der Ehe wird die Freiwilligkeit der Eingehung und die Gegenseitigkeit der Pflichten als Hauptsache vorangestellt. Nach Grotius kann der Vertrag, durch den man einem andern Rechte über die eigene Person einräumt, entweder eine consociatio oder eine subjectio sein. Die Ehe gehört zur ersten Gattung.[1] Die Ehe selbst, ihr Begriff, ihr Zweck werden aus einer allgemeinen, beide Geschlechter treffenden Pflicht zur Fortpflanzung des Menschengeschlechts abgeleitet und als Mittel zur Erfüllung dieser Pflicht den Gatten eine Verfügung über den Leib des andern eingeräumt.[2] Nicht mehr Worte der Bibel, sondern Vernunftgründe führt man an, um die Unsittlichkeit polyandrischer und polygyner Geschlechtsverbindungen nachzuweisen, die eheliche Treue wird von beiden Geschlechtern gefordert.[3] Die Ehe ist nach den meisten Autoren eine gleiche Gesellschaft, societas aequalis, in welcher kein Glied ein Vorrecht vor dem andern, sondern alle dieselben Rechte und Verbindlichkeiten haben[4], das imperium conjugale steht daher beiden Gatten zu, es ist eine beiderseitige Herrschaft der Gatten übereinander.[5] Ob daneben nicht doch eine maritale Gewalt bestehe, darüber sind die Autoren nicht einig. Grotius kennt noch eine natürliche praestantia sexus des Mannes[6], ihm folgt Cocceji, der

---

[1] De jure belli et pacis II, cap. 5 § 8.

[2] Wolff § 854ff. Martini § 695. Kant, Rechtslehre § 24: „Ehe ist die Verbindung zweyer Personen verschiedenen Geschlechts zum lebenswierigen wechselseitigen Besitz ihrer Geschlechtseigenschaften."

[3] Grotius II, 5 § 9. Pufendorf, de off. hom. et civ. II, cap. 2 § 1—4; De jure N. et G. VI, cap. 1 § 1—8. Wolff §§ 857, 859, 860. Martini §§ 706—709. Kant § 26.

[4] Wolff § 870 (vgl. § 839). Martini § 701. Kant § 26.

[5] Wolff l. c.

[6] II, 5 § 8: Consociatio maxime naturalis in conjugio apparet: sed ob sexus differentiam imperium non est commune, sed maritus uxoris caput, nempe in rebus conjugii et in rebus familiae; nam uxor pars fit familiae maritalis. Ideo de domicilio constituere jus marito. Siquid ultra juris maritis conceditur ut lege Hebraea jus rescindendi quaevis vota uxoris, apud populos nonnullos

geneigt ist, eine ehemännliche Gewalt gleich der römischen Manus zu verteidigen[1]; die meisten aber glauben eine Hausherrschaft nur durch einen Vertrag erklären zu können, durch welchen die Frau freiwillig unter eine gewisse Herrschaft des Mannes tritt.[2] Man erörtert daher die Möglichkeit einer Amazonenehe, in welcher die Frau über den Mann herrscht, als des Gegenstücks zu der Ehe, in welcher der Mann als Haupt gilt.[3] Pufendorf meint allerdings, die letztere Form sei die natürlichere, schon deshalb, weil der Mann die Familie begründet und die Frau in sein Haus eintritt[4], aber er sowohl wie auch später Martini erklären, daß kein natürlicher Vorzug dem Manne ein Recht auf Herrschaft über die Frau gebe, wenn nicht deren Einwilligung dazu komme.[5] Darüber aber ist man einig, daß die Herrschaft des Mannes nicht weiter gehe, als es ihr Zweck erfordere und daß die Pflichten wesentlich gegenseitiger Natur seien.[6] Es wird darum nicht nur ein Recht

jus vendendi bona uxoria, non a natura est sed ab instituto. Dazu der Komm. des H. Cocceji prop. 5 u. 6.

[1] Sam. Cocceji, Introd. ad Grot. Diss. XII, lib. 3, cap. 4 §§ 141, 148.

[2] Pufendorf, Off. hom. et civis II, 2 § 4, J. N. et G. VI, 1 § 9. Thomasius, Inst. jur. div. III, 2 §§ 105ff. (in den Fundamenta j. N. et G. eod. l. ist er allerdings anderer Meinung). Wolff § 870. Martini § 701. Hobbes, De cive c. 9 § 6. Kant § 26.

[3] Bodinus de republ. I, c. 3 hatte eine solche Abrede für ungültig erklärt. Pufendorf, l. c., dagegen erklärt sie für zulässig; ebenso Hobbes, De cive c. 9 §§ 3 und 6.

[4] Pufendorf, Off. hom. et civis II, 2 § 4: Quia autem non solum naturali utriusque sexus conditioni maxime congruit, ut in matrimonio viri conditio sit potior; sed et maritus familiae a se utique constitutae, caput sit; consequitur, ut uxor in negotiis matrimonium et familiam concernentibus directioni mariti sit obnoxia. Ebenso J. N. et G. VI, 1 § 10.

[5] Pufendorf, J. N. et G. VI, 1 § 11. Martini § 701 in fine: Quod enim ajunt, majorem esse maris dexteritatem et prudentiam, id fallit saepenumero; dein hoc aptitudinem tantum daret imperii, non jus perfectum. Auch das göttliche Gesetz hat keine maritale Gewalt geschaffen (Pufendorf l. c. § 12).

[6] Pufendorf, Off. hom. et civis II, 2 § 10: Officium mariti est uxorem diligere, nutrire, regere atque defendere: uxoris maritum amare, honorare, adjutorio esse ei non solum in generanda et educanda sobole, sed et in parte curarum domesticarum capessenda. Utrimque autem indoles tam arctae conjunctionis requirit, ut conjuges tam prosperae, quam adversae fortunae sint socii, et si qua alterutri calamitas obtingat, ab altero subleventur: nec minus ut prudenter mores ad concordiam invicem tolerandam attemperet: qua tamen in parte concedere magis uxoris est.

des Mannes über das Leben der Frau, sondern auch jeder stärkerer Eingriff in ihre Vermögenssphäre perhorresziert, für das eheliche Güterrecht volle Vertragsfreiheit postuliert, und als natürliches Güterrechtssystem, je nachdem man die individuelle Freiheit oder die Innigkeit der ehelichen Genossenschaft in den Vordergrund stellt, entweder eine Art Dotalrecht oder die Gütergemeinschaft aufgestellt.[1] Cocceji dagegen betrachtet als Konsequenz seiner Manusidee Erwerbsunfähigkeit der Ehefrau.[2]

Darüber, daß den Eltern ein persönliches Recht über die Kinder zustehe, sind die Naturrechtslehrer einig, aber über den Grund dieses Rechtes und damit auch über dessen näheren Bestimmung gehen die Meinungen weit auseinander. Grotius findet das Recht einzig in der Zeugung begründet; darum steht es ebenso dem Vater wie der Mutter zu.[3] Hobbes dagegen, der davon ausgeht, daß der Naturzustand der Krieg aller gegen alle sei[4], und daß darum jeder, der eine Gewalt über den andern habe, diese zu seinem Vorteil ausnützen dürfe[5], meint, Gewalt über ein Kind habe derjenige, der es sich zuerst zueigne, in der Absicht, daß es ihm gehorche. Diese erste Gewalt über ein Kind hat aber die Mutter, und wenn sie das Kind aufzieht, tut sie es in der Absicht, daß das Kind nicht ihr Feind werde.[6] An diesem Zustand ändert prinzipiell auch die Ehe nichts, wie das Beispiel der Amazonen beweise; nur in Staaten, wo die Männer herrschen, pflege mit der Ehe vertragsmäßig die Herrschaft über die Kinder auf den Vater überzugehen.[7]

---

[1] Grotius II, 5 § 8 siehe oben S. 161, Anm. 6. Dazu der Komm. des H. Cocceji prop. 5 u. 6. Pufendorf, Off. hom. et civ. II, 2 § 4, meint eine Herrschaft des Mannes über die Frau, welche das jus vitae et necis und gravem coercitionem sowie plenam potestatem circa quaevis bona uxoris disponendi enthalte, entspringe nicht dem Wesen der Ehe und könne nur vertragsmäßig oder durch positive Gesetze errichtet werden. Wolff behandelt das Güterrecht in §§ 865—868. Vgl. Martini § 711. Kant § 26.

[2] S. Cocceji l. c. § 148.

[3] II, 5 § 1: Generatione parentibus jus aquiritur in liberos: utrique, inquam, parentum, patri ac matri. Siehe den Kommentar des Heinr. Cocceji zu dieser Stelle prop. 2 u. 4.

[4] De cive cap. 1 § 12.

[5] cap. 1 § 15.

[6] cap. 9 §§ 2 u. 3. Lev. c. 20.

[7] De cive cap. 9 § 6. Polemik gegen diese Theorie bei Pufendorf J. N. et G. VI, 2 §§ 2 u. 3. Martini § 729.

Pufendorf findet einen doppelten Grund für das Elternrecht. Zunächst den Naturtrieb, die erzeugten Kinder zu erhalten (lex naturalis), woraus folgt, daß die Eltern das Recht haben müssen, alles vorzukehren, um diesem Triebe nachkommen zu können, und dann in einem vermuteten Vertrag zwischen den Eltern und den Kindern. Es wird nämlich vermutet, daß die Kinder, wenn sie vernünftig wären und einsähen, daß sie von den Eltern abhängig seien, den Eltern freiwillig die Erziehungsgewalt einräumen würden.[1] Daraus folgt, daß die Gewalt beiden Eltern zugleich zusteht.[2] Die Vertragstheorie akzeptiert auch Wolff[3], während Martini[4] außer der Tatsache der Zeugung eine Erziehungspflicht aus dem Ehevertrage ableitet, somit gleichfalls beide Eltern verpflichtet und berechtigt. Anders wieder argumentiert S. Cocceji: Der Mann will sein Geschlecht fortpflanzen; zu diesem Zweck verbindet er sich mit einer Frau, die in sein Haus übertritt und ihm vertragsmäßig die Disposition über ihren Leib einräumt, damit der Mann Kinder daraus gewinne. Die Kinder gehören sonach dem Manne allein, wie die Frucht dem Pächter, sie sind gewissermaßen instrumenta patris und mit ihm quasi una persona.[5] Kant[6] endlich gründet das Elternrecht einzig auf die Tatsache der Zeugung und legt es daher beiden Eltern bei.

Wenn wir sonach von Hobbes und S. Cocceji absehen, von denen jener die Theorie des Mutterrechts vorahnt, dieser die altarische Auffassung des Patriarchats für Naturrecht ansieht, stimmen die angeseheneren Lehrer des Naturrechts darin überein, daß beide Eltern die Gewalt über die Kinder besitzen.[7]

---

[1] Off. hom. et civ. II, 3 § 2: Id imperium tacito quoque consensu prolis nititur. J. N. et G. VI, 2 § 4. Gegen diese Vertragstheorie Martini § 729.

[2] Cum autem ad generationem sobolis non mater minus quam pater concurrat (vgl. die entgegengesetzte Meinung des Aristoteles S. 55) adeoque physice proles utrique sit communis etc. Off. hom. et civ. l. c. § 3.

[3] § 909.

[4] § 726 und 727.

[5] Diss. XII §§ 141, 148 ff.

[6] Rechtslehre § 29.

[7] Auch hier spricht sich die Encyclopédie (XIII, 255) mit großer Bestimmtheit aus: Pouvoir paternel droit et jurisdiction d'un père et d'une mère sur leurs enfans ... Nous trouverons que les mères ont un droit et un pouvoir égal a celui des pères; car les obligations imposées aux enfans tirent

Über das Verhältnis beider Teile entscheidet regelmäßig die Ansicht über die maritale Gewalt; diejenigen, die dem Manne in der Ehe eine Vorzugsstellung vor der Frau einräumen, stellen seine Gewalt auch vor die der Mutter über die Kinder, während andere die Gleichheitsidee auch auf die elterliche Gewalt ausdehnen.

Grotius gibt dem Vater die Entscheidungsgewalt bei Meinungsverschiedenheiten [1], in Vermögensangelegenheiten speziell bei dem Erwerb der Kinder erklärt er eine Unterscheidung von Vater und Mutter als dem Naturrecht fremd.[2] Pufendorf hält es für notwendig, daß die gemeinsame Gewalt der Eltern einheitlich nur von einem Teil ausgeübt werde, außerhalb der Ehe sei dies die Mutter, in der Ehe entscheide der Vertragswille der Eltern: in der Amazonenehe Gewalt der Mutter, in civitatibus ... potius erit jus patris, weil hier meist der Mann die Herrschaft über die Frau habe.[3] Ihm schloß sich Thomasius anfänglich an[4], später behauptete er jedoch, daß der Vater ex mera ratione naturali partes principales in liberos habe[5] Nach des Vaters Tode hat nach Pufendorf die Mutter die Ausübung der vollen elterlichen Gewalt.[6]

Keinerlei Vorzug des Vaters mehr kennen Wolff und Martini. Die Herrschaft der Eltern wird aus der Verbindlichkeit, die Kinder zu erziehen, abgeleitet, darum kommt sie sowohl dem Vater als auch der Mutter gemeinschaftlich zu, wenn sie auch gewöhnlich patria potestas genannt wird.[7] An der Spitze des Hauses stehen

semblablement leur origine de la mère comme du père, puisqu'ils ont également concourru à les mettre au monde. ... Le devoir d'honneur de la part des enfans, heißt es später, appartient si inséparablement au père et à la mère, que l'autorité du père ne peut déposséder la mère du droit qu'elle y a, ni exempter le fils d'honorer celle qui l'a porté dans ses flancs.

[1] II, 5 § 1: Si contendant inter se imperia, praefertur patris imperium ob sexus praestantiam.

[2] Er spricht l. c. § 2 von den leges quorundam populorum, quae et patrem, a matre in hac re distinguunt ... quae discrimina natura ignorat; excepta ea, quam dixi, sexus praestantia, si imperia inter se contendant".

[3] Off. hom. et civ. II, 3 § 3. J. N. et G. VI, 2 § 5. Die gleiche Argumentation bei Hobbes s. oben S. 163, Anm. 7.

[4] Instit. jur. Div. III, 4 §§ 66 u. 67.

[5] Fund. jur. nat. et gent. Emendatio ad III, 2.

[6] Off. hom. et civ. II, 3 § 3: Defuncto tamen patre jus ipsius in prolem, saltem nondum adultam, matri videtur accrescere.

[7] Wolff § 888. Martini § 745: Cum jus parentale in generatione et

Vater und Mutter, sie sind die Häupter und Beherrscher der Familie. Nach dem Naturrecht sind sie einander gleich und machen zusammen eine sittliche Person aus. Die Ausübung der Gewalt kann vertragsmäßig geregelt, also auch einem allein übertragen werden und steht nach dem Tode des einen Teils ipso jure dem andern zu.[1] Diese Konsequenz ziehen auch die Encyklopädisten.[2]

Umfang und Inhalt der elterlichen Gewalt werden durch deren Zweck bestimmt. Wenn man von S. Cocceji absieht, finden wir allgemein eine mehr oder minder ausdrückliche Verwerfung aller über die Erziehung und die Vormundschaft hinausgehenden Konsequenzen der potestas, welche das gemeine Recht noch prätendierte.[3]

Vor allem wird die Gewalt auf ein bestimmtes Alter der Kinder beschränkt. Grotius unterscheidet drei Altersstufen, die Zeit des Mangels der Handlungsfähigkeit, der unvollkommenen Handlungsfähigkeit und der vollkommenen Handlungsfähigkeit.[4] Entsprechend

---

debito educandi fundatum sit, utraque autem haec causa in patre aeque ac matre obtineat, evidens est, potestatem in liberos utrique parenti naturaliter esse communem et alterutro autem mortuo ad superstitem devolvi seu ei adcrescere; ast modus, quo potestas ab uno vel ab altero exerceatur, pacto etiam tacito determinari potest.

[1] Martini §§ 745 (siehe vorige Note), 777.

[2] Les enfants — après la mort de leur père ne tombent pas sous la puissance de l'ayeul, mais ils restent sous l'inspection et la tutelle de leur mère (XIII, 256).

[3] Eine ausdrückliche Verwerfung der patria potestas als nicht auf der Natur, sondern auf positiven Gesetzen beruhend, finden wir bei Grotius II, 5 § 7. Wolff § 888 i. f. meint, die patria potestas sei durch Irrtum weit über ihre Grenzen ausgedehnt worden. Pufendorf, Off. hom. et civ. II, 3 § 4: Patri quum sit a natura injunctum, ut liberos bene educet, quo commoda humanae societatis membra evadant, quousque ipsi sibi prospicere queant; inde tanta eidem in liberos potestas concessa intelligitur, quanta ad hunc finem sufficit. Ebenso J. N. et G. VI, 2 § 6. Namentlich das jus vitae et necis wird verworfen. Pufendorf l. c. Wolff § 886. Bauer, Lehrbuch des Naturrechts (Marburg 1808) § 197, Note d: Eigentumsrecht an der Person der Kinder, und an allem, was die Kinder erwerben, das Recht, die Kinder auszusetzen, zu tödten oder zu verkaufen, willkürliche Bestimmung der Handlungen der Kinder, und ähnliche Rechte, sind den Eltern nur durch die positiven Gesetze solcher Nationen eingeräumt worden, welche, ohne Achtung für die Menschenwürde, die Kinder als bloße Produkte der Kräfte der Eltern betrachten.

[4] II, 5 § 2.

ihrem vormundschaftlichen Charakter ändert sich die Gewalt der Eltern, sobald das Kind eine höhere Altersstufe erlangt. Das jus regendi et coercendi, also die eigentliche Gewalt, ist auf die beiden unteren Stufen beschränkt.[1] Auf der ersten Stufe sind die Handlungen der Kinder vollkommen vom Willen der Eltern abhängig[2] und wenn die Kinder auch kein Recht ausüben können, so können sie doch Rechte haben; es ist wider das Naturrecht, daß der Erwerb der Kinder den Eltern gehöre.[3] Auf der zweiten Stufe ist das Kind nur in denjenigen Angelegenheiten an den Willen der Eltern gegebunden, quae ad familiae paternae aut maternae statum aliquid momenti habent.[4] Auf der dritten Stufe endlich, die das Kind erreicht, wenn es aus der Familie austritt, bleibt nichts als die Pietätspflicht gegenüber den Eltern bestehen.[5] Folgerichtig entwickelt hieraus Grotius seine Ansicht über das Erfordernis elterlicher Ehebewilligung. Wer heiratet, ist bereits handlungsfähig und tritt aus der Familie aus, er steht daher auf der dritten Stufe. Darum ist das Erfordernis des väterlichen Konsenses nur Reverenzpflicht und ohne Einfluß auf die Gültigkeit der Ehe. Das Gleiche gilt vom Konsens der Mutter.[6]

Ganz den gleichen Gedankengang finden wir bei Pufendorf. Vor allem ist hier zuerst das Prinzip ausgesprochen, daß die Gewalt nur so groß ist als es zur Erreichung ihres Zwecks notwendig ist.[7] Darum haben die Eltern statt des jus vitae et necis — modicam dumtaxat castigationem.[8] Wir finden die Dreiteilung des Grotius wieder, auch das unmündige Kind ist eigentumsfähig, der Gewalthaber ist nur Vermögensverwalter des Kindes, die Früchte des Vermögens darf er aber als Entgelt für die Erziehungskosten behalten.[9] Er-

[1] II, 5 § 4.
[2] II, 5 § 2: omnes liberorum actiones sub dominio parentum.
[3] l. c.: Ut res liberorum parentibus aquirantur, non naturale est.
[4] II, 5 § 3.
[5] II, 5 § 6: In tertio tempore filius in omnibus est αὐτεξούσιος suique juris, manente tamen semper illo pietatis et observantiae debito, cujus causa perpetua est.
[6] II, 5 § 10.
[7] J. N. et G. VI, 2 § 6.
[8] Off. hom. et civ. II, 3 § 4.
[9] Off. hom. et civ. II, 3 § 5; J. N. et G. VI, 2 § 7.

wachsenen Kindern steht der Austritt aus der Familie und damit aus der Gewalt frei.[1] Konsens der Eltern ist zur Eheschließung nicht nötig. Die unkonsentierte Ehe ist nach Naturrecht gültig.[2] Thomasius schließt sich an Pufendorf an. Er betont nur noch stärker, daß die Erziehungspflicht das primäre Element sei, daß damit das Elternrecht beginne[3], und er sieht gleichfalls die separata oeconomia als einen naturrechtlichen Erlöschungsgrund der elterlichen Gewalt an.[4]

Während so die älteren Naturrechtslehrer sich dem älteren deutschen Recht anschließen und die Beendigung der elterlichen Gewalt nicht direkt an Erreichung eines bestimmten Alters, sondern an den Austritt aus dem väterlichen Hause knüpfen[5], schränken dagegen die späteren Autoren von vornherein die Gewalt auf die Zeit der Minderjährigkeit ein. So Wolff, bei dem übrigens die ethischen Pflichten der Liebe und Ehrfurcht (reverentia filialis) im Vordergrund stehen.[6] Die Kinder haben den Eltern zu gehorchen und diese können den Gehorsam durch Züchtigungen (castigationes paternae) erzwingen.[7] Die väterliche Gewalt erhält mit zunehmendem Alter der Kinder immer engere Schranken und, sobald die Erziehung vollendet ist, wird die väterliche Gewalt aufgehoben, die Kinder werden sui juris. Doch bleibt die Reverenzpflicht, und solange die Kinder unversorgt im Hause des Vaters leben, sind sie dem Willen der Eltern in bezug auf alles, was das Hauswesen angeht, unterworfen.[8] Der Konsens der Eltern zur Eheschließung ist

---

[1] Off. hom. et civ. II, 3 § 8: Ubi proles familia paterna plane excessit — potestas quidem patria solvitur. Ebenso J. N. et G. VI, 2 § 13.

[2] Off. hom. et civ. II, 3 § 10; J. N. et G. VI, 2 § 14. Eine Aufzählung der officia parentum enthält Off. hom. et civ. II, 3 § 11, der officia liberorum ebenda § 12.

[3] Inst. jur. div. III, 4: de officiis parentum et liberorum.

[4] l. c. § 59.

[5] Ganz abweichend hievon S. Cocceji, der auch in diesem Punkt vollständig das römische Recht acceptiert. Diss. XII, l. 3, cap. 4 § 152, wo er die Erlöschungsgründe der patria potestas aufzählt und ausdrücklich sub Nr. 8 und 9 den Austritt aus der Familie und die Verheiratung des Sohnes nicht als solche anerkennt.

[6] Gegenseitige Pflichten der Eltern und Kinder §§ 889—897.

[7] § 889.

[8] §§ 910 und 911.

auch nach Wolff nur honestatis und nicht necessitatis causa erforderlich, daher Dissens der Eltern die Eheschließung nicht zu hindern vermag.[1] Noch weiter geht Martini in konsequenter Auffassung der Elternrechte als einer Vormundschaft. Nur um ihrer Erziehungspflicht genügen zu können, haben die Eltern das Recht, die Handlungen der Kinder zu bestimmen, und dieses Recht geht nur soweit, als nicht die Erhaltung des Kindes oder seine Erziehung darunter leidet.[2] Sobald die Kinder zur Vernunft kommen, treten sie zu den Eltern in ein Gesellschaftsverhältnis, diese Gesellschaft ist aber immer eine societas inaequalis, weil die elterliche Gewalt eine Herrschaft ist.[3] Die Eltern haben demgemäß das Recht, Gehorsam zu verlangen und die Züchtigungsgewalt. Die Kinder sind eigentumsfähig, die Eltern können sich aus dem Einkommen der Kinder bloß die Erziehungskosten nehmen.[4] Mit der Großjährigkeit endigt die Erziehungspflicht und damit auch die elterliche Gewalt. Nur die Pflicht der Ehrfurcht und Dankbarkeit bleibt bestehen.[5] Der Konsens der Eltern zur Eheschließung ist nur bei großjährigen Kindern für die Gültigkeit der Ehe ohne Belang. Die Heiraten Minderjähriger ohne Zustimmung der Eltern sind ungültig.[6] Auch nach Kant bewirkt die Erreichung des Großjährigkeitsalters seitens der Kinder ipso jure die Erlöschung der elterlichen Gewalt.[7]

---

[1] § 913.

[2] § 727; § 730: Cum soboles sit educanda, et juribus gaudeat connatis, habet sine dubio jus in vitae et corporis sui conservationem: adeoque potestas paternalis ad illas tantum actiones pertinet, quae salva prolis conservatione fieri possunt.

[3] § 734: ... inaequalis, siquidem parentum potestas imperium est, cui dependentia liberorum, seu subjectio filialis correlata est.

[4] §§ 735, 736.

[5] § 738: Durat igitur obligatio educandi et hinc imperium parentale, usque ad majorennitatem; quam si attingunt liberi, cessat societatis legalis finis et ipsa haec societas desinit. Vgl. § 741.

[6] § 741: Nuptiae a minorenni invitis parentibus contractae irritae sunt.

[7] Rechtslehre § 30: Die Kinder des Hauses ... werden auch ohne allen Vertrag der Aufkündigung ihrer bisherigen Abhängigkeit, durch bloße Gelangung zu dem Vermögen ihrer Selbsterhaltung (...) mündig (majorennes), d. i. ihre eigenen Herren (sui juris) und erwerben dieses Recht ohne besonderen rechtlichen Akt, mithin bloß durchs Gesetz (lege) ... hiermit ... die häusliche Gesellschaft aber, welche nach dem Gesetz notwendig war, nunmehr aufgelöset wird.

Mit dem Naturrecht schließt der Entwicklungsgang der Ideen über die Stellung der Frau als Gattin und Mutter. Das neunzehnte Jahrhundert hat in dieser Beziehung neues nicht mehr geschaffen: die Frauenbewegung dieses Jahrhunderts hat sich, soweit sie sich auf das Gebiet des Rechts erstreckt, mehr mit der Stellung der Frauen außerhalb der Familie befaßt. Andererseits hat aber das letzte Jahrhundert vielfach das praktisch verwirklicht, was das Naturrecht gefordert hat. Das Mittel dazu boten die Kodifikationen. Die Rechtsgeschichte hört aber damit auf eine innere zu sein, sie wird zur äußeren. Die Geschichte dieses Prozesses, des Kampfes der verschiedenen Ansichten über die Stellung der Gattin und Mutter im Schoße der Kodifikationskommissionen, das Hervortreten bald dieser bald jener Meinung in den Gesetzbüchern selbst würden den Rahmen dieser Arbeit überschreiten, sie bedürfte einer eigenen Bearbeitung. Soviel aber kann gesagt werden, ohne das Naturrecht wäre eine der modernen Auffassung entsprechende Behandlung der Frauen in den Gesetzen nicht möglich gewesen. Das Naturrecht hat zum erstenmal die Möglichkeit einer Verschmelzung aller historisch überkommenen Quellen geboten, aus denen das heutige Privatrecht fließt. An einseitigen, übertriebenen Auffassungen, an der Überspannung manches an sich richtigen Prinzips, hat es in der Frage der Stellung der Frauen niemals gefehlt und auch die Kodifikationen sind davon nicht frei geblieben. Sie vollzogen aber die Umwandlung naturrechtlicher Postulate vielfach in positives Recht und haben sich damit um die Klärung des bis dahin, wie wir sahen, verworrenen Rechtszustandes und um den allgemeinen Fortschritt ein bleibendes Verdienst erworben.

Register

der zitierten Quellen und der älteren Literatur (bis 1800).

(Die den Zitaten beigesetzte größere Ziffer bedeutet die Seite, die kleinere die Anmerkung.)

Corpus juris civilis.

Griechische und römische Schriftsteller.

Bibel:

Altes Testament.

Neues Testament.

Corpus juris canonici.

Decretum Gratiani.

Decret. Greg. IX. (Extra).

Konzilien, Päpste, Kirchenväter, Theologen etc.

Deutsche Volksrechte.

Formeln.

Deutsche Rechtsbücher seit dem 13. Jahrhundert.

Deutsche Land- und Stadtrechte des Mittelalters.

Weistümer, Urkunden u. s. w.

Populäre Rechtsliteratur im Mittelalter.

Dichter, Historiker u. s. w. im Mittelalter.

Französische Rechtsquellen und Literatur.

Slavische Quellen.

Glossen.

Deutsche Rechtsquellen des 16.—18. Jahrhunderts.

Literatur des gemeinen und partikulären Rechts vom 16.—18. Jahrhundert.

Literatur des Naturrechts.

Druck von Metzger & Wittig in Leipzig.

FSC
www.fsc.org
MIX
Papier | Fördert gute Waldnutzung
FSC® C083411

Kolibri 360 GmbH
Ferdinand-Jühlke-Straße 7
99095 Erfurt, Deutschland
produktsicherheit@kolibri360.de